# 广东省增材制造
# （3D打印）
# 产业技术路线图

The Additive Manufacturing (3D Printing) Industry
Technology Roadmap for Guangdong Province

杨永强　宋长辉 / 主编
钟世镇　张志彤 / 主审

华南理工大学出版社
SOUTH CHINA UNIVERSITY OF TECHNOLOGY PRESS
·广州·

## 内容简介

3D打印作为一项颠覆性制造技术正在进入普通人的生活，英国《经济学人》刊文认为，3D打印将与其他数字化生产模式一起，推动第三次工业革命的实现。相对传统减材制造技术，3D打印是增材制造技术，具有制造成本低、生产周期短等明显优势。3D打印技术发展前景如何？广东省能否抓住这一技术变革带来的机遇，打破目前广东省制造业面临的高质量高附加值的"海外制造"和更低成本的"东南亚制造"困境？本书是政府、高校、科研院所和企业界60多位专家集体智慧的结晶。书中系统分析了目前海内外3D打印发展布局，以及广东省3D打印市场需求与发展现状，明确了广东省未来几年内在3D打印产业发展的重点、应突破的技术壁垒以及对研发需求进行了凝练，对政府、高校、科研院所和企业的产业政策制定、产业技术研究、产业开发具有指导意义。

## 图书在版编目（CIP）数据

广东省增材制造(3D打印)产业技术路线图/杨永强，宋长辉主编. —广州：华南理工大学出版社，2017.4

ISBN 978-7-5623-5224-2

Ⅰ.①广… Ⅱ.①杨… ②宋… Ⅲ.①立体印刷－制造工业－产业发展－研究－广东 Ⅳ.①F426.4

中国版本图书馆CIP数据核字（2017）第062617号

**广东省增材制造（3D打印）产业技术路线图**

杨永强　宋长辉　主编

出 版 人：卢家明

出版发行：华南理工大学出版社

（广州五山华南理工大学17号楼，邮编510640）

http://www.scutpress.com.cn　E-mail: scutc13@scut.edu.cn

营销部电话：020-87113487　87111048（传真）

**责任编辑**：袁　泽

**印　刷　者**：佛山市浩文彩色印刷有限公司

**开　　本**：787mm×1092mm　1/16　印张：10.75　插页：2　字数：240千

**版　　次**：2017年4月第1版　2017年4月第1次印刷

**定　　价**：48.00元

版权所有　盗版必究　　印装差错　负责调换

# 前　言

　　3D 打印正在快速改变我们的传统生产方式和生活方式，许多人预测，如同蒸汽机、福特汽车流水线引发工业革命一样，3D 打印技术将作为"一项改变世界的技术"，带动新一轮的科技革命和产业革命。

　　欧美国家纷纷制定了国家战略以发展 3D 打印技术，已经形成较完善、基本成体系的产业政策，包括从国家战略到产业发展、行业标准的制定，等等。我国在国家层面的关于 3D 打印产业的整体推进工作才刚开始，2015 年 2 月，工信部、发改委及财政部联合发布了《国家增材制造产业发展推进计划（2015—2016 年）》，首次将增材制造（即 3D 打印）产业发展上升到国家战略层面。近两年国内各省市也相继推出 3D 打印路线图，但相对欧美路线图来说仍较为粗糙。

　　近年来，广东省大力实施自主创新战略，积极推进产业结构转型升级，成果丰硕，在各种严峻形势下，经济仍然保持平稳和较快的增长。然而广东发展也面临一系列的问题，如人力成本上升和外资投资门槛提高，外资制造业开始退出，欧美国家推行所谓"将制造业带回美国"的贸易保护主义政策促进了海外制造业的回流，同时部分外企制造业转向成本更低的区域谋求发展，广东制造业正遭遇高质量高附加值的"海外制造"和更低成本的"东南亚制造"的围剿。党的十八大提出了实施创新驱动发展战略，为新时期制造业发展指明了方向。加强自主创新能力，提升制造业竞争力势在必行。而 3D 打印产业正是推动广东省实现新一轮发展的重要推手。

　　为深入贯彻落实广东省委、省政府《关于全面深化科技体制改革　加快创新驱动发展的决定》，顺应增材制造（3D 打印）产业发展趋势，抢占 3D 打印产业制高点，广东省发布了《加快广东省 3D 打印技术和应用产业发展实施方案》，开展广东省重大专项——增材制造（3D 打印）专项研究。《广东省增材制造（3D 打印）产业技术路线图》的制定正是根据重大专项的要求，理清广东省重要产业领域中的 3D 打印技术开发现状，解决相关技术难题，整合 3D 打印领域相关研发力量，引导 3D 打印技术的开发和推进相关产业的快速发展。这对提升广东省 3D 打印产业的整体水平和竞争力具有重要的意义。

　　本书的编写依托于广东省省级科技计划项目——广东省重大科技专项增材制造（3D 打印）产业技术路线图（项目编号：2014A080802002）。由华南理工大学杨永强教授、宋长辉博士任主编，负责策划与编写，参与编写的还有张自勉、周权、肖然、王迪、李阳、黄延禄、林康杰、陈杰、付凡、吴世彪等。南方医科大学钟世镇院士和广东省科技厅产学研处张志彤对书稿进行主审。同时在编写的过程中还得到广东省科技厅监审处龚建文处长的大力支持和悉心指导，为书中路线图的制定和广东省重大科技专项的实施情况提供了积极建议和大量第一手资料；本书的出版得到了华南理工大学出版基金的资金支持；在此一并表示由衷的感谢！

由于编者水平和经验有限，再加上时间较为仓促，书中难免有疏漏和不妥之处，恳请广大读者批评指正，为广东省增材制造（3D打印）发展献计献策，以利将来不断完善和修订。

编者

2017年3月

# 目录

## 1 增材制造（3D打印）发展现状 (1)

### 1.1 增材制造（3D打印）发展概况 (1)
- 1.1.1 3D打印技术简介 (1)
- 1.1.2 3D打印技术发展历史 (2)
- 1.1.3 3D打印特点 (4)
- 1.1.4 全球市场情况 (7)

### 1.2 美国增材制造（3D打印）国家战略与技术路线图 (10)

### 1.3 欧盟增材制造（3D打印）国家战略与技术路线图 (12)

### 1.4 亚太增材制造（3D打印）国家战略与技术路线图 (16)
- 1.4.1 日本 (16)
- 1.4.2 韩国 (16)
- 1.4.3 澳大利亚 (16)

### 1.5 国内增材制造（3D打印）国家战略与技术路线图 (17)
- 1.5.1 国家高技术研究发展计划（"863"计划）、国家科技支撑计划 (17)
- 1.5.2 国家增材制造产业发展推进计划（2015—2016年） (17)
- 1.5.3 "中国制造2025" (19)
- 1.5.4 国家"十三五"相关规划 (20)
- 1.5.5 地方政策与路线图 (20)

## 2 增材制造（3D打印）技术分类 (23)

### 2.1 熔融沉积成型 (23)
- 2.1.1 FDM技术原理分析 (23)
- 2.1.2 FDM技术特点 (23)
- 2.1.3 国内外FDM主要设备厂商 (24)
- 2.1.4 FDM材料 (25)

## 2.2　光固化成型 ...... （26）
### 2.2.1　SLA 技术原理分析 ...... （26）
### 2.2.2　SLA 技术特点 ...... （26）
### 2.2.3　SLA 设备 ...... （27）
### 2.2.4　SLA 材料 ...... （28）

## 2.3　数字光处理 ...... （28）
### 2.3.1　DLP 技术原理分析 ...... （28）
### 2.3.2　DLP 技术特点 ...... （29）
### 2.3.3　DLP 设备 ...... （29）
### 2.3.4　DLP 材料 ...... （30）

## 2.4　激光选区熔化 ...... （30）
### 2.4.1　SLM 技术原理分析 ...... （30）
### 2.4.2　SLM 技术特点 ...... （31）
### 2.4.3　国内外 SLM 设备生产研发情况 ...... （32）
### 2.4.4　SLM 材料 ...... （33）

## 2.5　电子束成型 ...... （34）
### 2.5.1　EBM 技术原理分析 ...... （34）
### 2.5.2　EBM 技术特点 ...... （34）
### 2.5.3　国内外 EBM 技术厂商代表 ...... （35）
### 2.5.4　EBM 材料 ...... （35）

## 2.6　激光近净成型 ...... （35）
### 2.6.1　LENS 技术原理分析 ...... （35）
### 2.6.2　LENS 技术特点 ...... （36）
### 2.6.3　国内外 LENS 相关技术厂商 ...... （36）
### 2.6.4　LENS 材料 ...... （37）

## 2.7　激光选区烧结 ...... （37）
### 2.7.1　SLS 技术原理分析 ...... （37）
### 2.7.2　SLS 技术特点 ...... （38）
### 2.7.3　国内外 SLS 技术厂商 ...... （38）
### 2.7.4　SLS 主要材料 ...... （39）

## 2.8　聚合物喷射技术 ...... （40）
### 2.8.1　PolyJet 技术原理分析 ...... （40）
### 2.8.2　PolyJet 技术特点 ...... （40）
### 2.8.3　国内外 PolyJet 设备研发与生产情况 ...... （41）
### 2.8.4　PolyJet 材料 ...... （41）

## 2.9　三维立体印刷技术 ...... （42）

  2.9.1　3DP 技术原理分析 …………………………………………………（42）
  2.9.2　3DP 技术特点 ……………………………………………………（43）
  2.9.3　DP 设备商 …………………………………………………………（43）
  2.9.4　3DP 材料 …………………………………………………………（45）
 2.10　激光熔覆 3D 打印 +CNC 技术 …………………………………………（45）
 2.11　SLM 激光选区熔化 3D 打印 +CNC 技术 ………………………………（48）
 2.12　金属纳米颗粒喷墨技术 …………………………………………………（50）
 2.13　CLIP 技术 ………………………………………………………………（50）

# 3　增材制造应用产业链分析 ……………………………………………（53）

 3.1　增材制造（3D 打印）产业链构成 ……………………………………（53）
 3.2　增材制造在医学上的应用 ………………………………………………（55）
  3.2.1　医学应用分类 ………………………………………………………（55）
  3.2.2　医学应用市场 ………………………………………………………（57）
  3.2.3　医学应用产业链 ……………………………………………………（60）
  3.2.4　3D 打印医疗的产业探索 …………………………………………（61）
 3.3　增材制造在模具上的应用 ………………………………………………（63）
  3.3.1　模具 3D 打印分类 …………………………………………………（63）
  3.3.2　模具 3D 打印应用市场 ……………………………………………（64）
  3.3.3　模具 3D 打印产业链 ………………………………………………（66）
  3.3.4　模具 3D 打印产业探索 ……………………………………………（68）
 3.4　增材制造在汽车领域的应用 ……………………………………………（70）
  3.4.1　3D 打印在汽车领域中的应用情况 ………………………………（70）
  3.4.2　3D 打印在汽车领域中的应用市场 ………………………………（71）
  3.4.3　3D 打印在汽车领域的产业链 ……………………………………（72）
  3.4.4　3D 打印在汽车领域的产业探索 …………………………………（72）
 3.5　增材制造在珠宝首饰领域的应用 ………………………………………（75）
  3.5.1　增材制造在珠宝首饰中的应用情况 ………………………………（75）
  3.5.2　增材制造在珠宝首饰中的市场分析 ………………………………（76）
  3.5.3　增材制造在珠宝首饰中的产业链 …………………………………（76）
  3.5.3　增材制造在珠宝首饰中的产业探索 ………………………………（77）
 3.6　增材制造在文化创意领域的应用 ………………………………………（78）
  3.6.1　3D 打印在文化创意领域应用前景分析 …………………………（78）
  3.6.2　3D 打印在文化创意领域的市场分析 ……………………………（79）
  3.6.3　3D 打印在文化创意领域的产业链 ………………………………（80）
  3.6.4　3D 打印在文化创意领域的产业探索 ……………………………（80）

3.7 增材制造在其他领域的应用 ………………………………………（81）
　　3.7.1 航空航天方面 ……………………………………………（81）
　　3.7.2 建筑方面 …………………………………………………（83）
3.8 广东省增材制造产业状况总体分析 ………………………………（85）
3.9 广东省增材制造（3D 打印）产业链存在的问题 …………………（87）

# 4 广东省增材制造（3D 打印）技术边界划分与技术水平 …………（89）

4.1 广东省 3D 打印专利分析 …………………………………………（89）
　　4.1.1 检索概述 …………………………………………………（89）
　　4.1.2 国内外 3D 打印专利概况 …………………………………（90）
　　4.1.3 广东省 3D 打印专利数量分析 ……………………………（92）
　　4.1.4 广东省 3D 打印产业布局情况及特点 ……………………（95）
4.2 增材制造（3D 打印）产业标准分析 ……………………………（97）
　　4.2.1 国外 3D 打印标准发展现状 ………………………………（97）
　　4.2.2 国内 3D 打印标准发展现状 ………………………………（101）
　　4.2.3 广东省 3D 打印标准的发展 ………………………………（102）
4.3 增材制造技术边界划分 ……………………………………………（103）
　　4.3.1 增材制造（3D 打印）高性能材料边界 …………………（103）
　　4.3.2 增材制造（3D 打印）的金属 3D 打印装备边界 ………（108）
　　4.3.3 增材制造（3D 打印）的非金属 3D 打印装备边界 ……（108）
　　4.3.4 增材制造（3D 打印）相关共性技术边界 ………………（109）
　　4.3.5 增材制造（3D 打印）技术应用领域边界 ………………（109）
4.4 增材制造技术水平及技术评价 ……………………………………（110）
　　4.4.1 增材制造材料技术发展水平及技术评价 …………………（111）
　　4.4.2 金属 3D 打印装备水平 ……………………………………（112）
　　4.4.3 非金属 3D 打印装备水平 …………………………………（113）
　　4.4.4 增材制造共性技术水平 ……………………………………（114）
　　4.4.5 增材制造应用技术水平 ……………………………………（114）
4.5 技术壁垒分析 ………………………………………………………（115）
　　4.5.1 增材制造材料的技术壁垒 …………………………………（115）
　　4.5.2 金属 3D 打印设备的技术壁垒 ……………………………（116）
　　4.5.3 非金属 3D 打印设备的技术壁垒 …………………………（116）
　　4.5.4 增材制造共性技术的技术壁垒 ……………………………（116）
　　4.5.5 增材制造技术应用的技术壁垒 ……………………………（116）

## 5 广东省增材制造技术路线图绘制和描述 (119)

### 5.1 路线图绘制方法 (119)
### 5.2 广东省增材制造（3D打印）产业路线图 (121)
#### 5.2.1 关键技术与装备 (121)
#### 5.2.2 行业示范应用 (122)
#### 5.2.3 服务平台建设 (122)
#### 5.2.4 基地培育示范 (122)
#### 5.2.5 产业集群与联盟 (123)
#### 5.2.6 人才引进与培育 (123)
#### 5.2.7 各部门与省市联动 (123)
### 5.3 广东省增材制造（3D打印）技术路线图 (124)

## 6 广东省增材制造重大专项实施 (127)

### 6.1 广东省重大科技专项总体实施方案 (127)
#### 6.1.1 总体思路 (127)
#### 6.1.2 主要目标 (128)
#### 6.1.3 保障措施 (129)
#### 6.1.4 实施进度 (130)
### 6.2 广东省增材制造重大科技专项支持专题情况 (131)
#### 6.2.1 广东省增材制造重大科技专项支持专题 (131)
#### 6.2.2 项目分布情况 (133)
### 6.3 专项实施情况 (135)
#### 6.3.1 评价内容 (135)
#### 6.3.2 项目进展情况 (136)
#### 6.3.3 关键技术进展情况 (137)
#### 6.3.4 专项组织管理情况 (140)
#### 6.3.5 经费管理与使用情况 (142)
#### 6.3.7 专项目标的完成情况 (142)
### 6.4 增材制造重大专项取得的成效 (143)

## 7 增材制造未来发展与政府建议 (146)

### 7.1 金属3D打印未来发展 (146)
### 7.2 非金属3D打印未来发展 (147)

7.3　3D打印共性技术未来发展 ……………………………………（148）
7.4　3D打印应用的未来发展 …………………………………………（149）
7.5　国外创新发展应用 …………………………………………………（151）
7.6　广东省增材制造3D打印政府建议 ………………………………（154）
　　7.6.1　总体指导思想 ………………………………………………（154）
　　7.6.2　坚持三大原则 ………………………………………………（155）
　　7.6.3　实施路径 ……………………………………………………（155）
　　7.6.4　保障措施 ……………………………………………………（156）
　　7.6.5　实施进度 ……………………………………………………（167）

**附录** ………………………………………………………………………（158）

# 1 增材制造（3D打印）发展现状

## 1.1 增材制造（3D打印）发展概况

### 1.1.1 3D打印技术简介

传统上，零件成型的方法主要可归纳为两类：一类是其成型过程中以减少为特征，通过各种办法（如车、铣、刨、磨等）将零件毛坯上多余的材料去除，从而得到所需零件，即减材制造法；另一类是材料的质量在成型过程中基本保持不变，如通过各种压力成型方法以及各种铸造方法得到零件。但随着人类生活水平的不断提高和科学技术日新月异，产品更新换代的速度不断加快，传统零件成型方法已无法满足需快速响应多品种单件小批量生产的市场需求。

增材制造技术最初称为快速原型（Rapid Prototyping, RP），也称快速成型。早期的快速原型技术由于受材料、工艺以及设备性能等限制，所擅长处理的材料只限于树脂、蜡、某些工程塑料和纸等几类，所成型的实体强度和精度都与实际应用要求有较大的差距（包括非金属件及金属件），因此一般只应用在产品开发过程，用于制造物理原型件，即 RP 最初是作为复杂形状构件原型的成型方法出现的，这就是"快速原型"概念的来由。尽管如此，由于该技术能在无需准备任何模具、刀具和工装卡具的情况下，直接根据产品 CAD 数据，快速制造出新产品的样件、模具或模型，从而大大缩短零件的加工周期并降低产品的研制成本，对促进企业产品创新、提高产品竞争力有积极的推动作用，因此，快速原型亦被称为快速成型。

但是，近十年来，随着快速原型设备技术的逐步升级，越来越多的材料能被处理，而且成型件的力学性能越来越好，精度也越来越高，快速原型技术逐渐具备了直接制造功能性零件的能力。于是，采用快速原型这一术语已不足以表达这种制造方法的最新应用了。2009 年，在美国 ASTM 框架内成立的一个技术委员会 F42，决定采用一个新术语来取代快速原型，这一术语就是增材制造（Additive Manufacturing, AM），其定义为：一种与传统的材料去除加工方法截然相反的，通过增加材料、基于三维CAD模型数据，通常采用逐层制造方式，直接制造与相应数学模型完全一致的三维物理实体模型的制造方法，即增材制造法。目前，这一术语已经被国际学者普遍接受。麻省理工学院提出的一个更为通俗形象的术语——3D打印（3D Printing），则在更广泛的社会领域以及公众场合被采用。

3D打印，是一种快速成型技术，它以计算机三维设计模型为蓝本，通过软件分层离散和数控成型系统，利用激光束、热熔喷嘴等方式，将粉末状金属、塑料、陶瓷粉末、细胞组织等特殊的可黏合材料，进行逐层堆积黏结，最终叠加成型，制造出实体产品。通俗地说，就是将液体或粉末等"打印材料"装入打印机，与电脑连接后，通过电脑控制把"打印材料"一层层叠加起来，最终把计算机上的蓝图变成实物。

图1.1为不同成型技术制作工件的流程示意图。

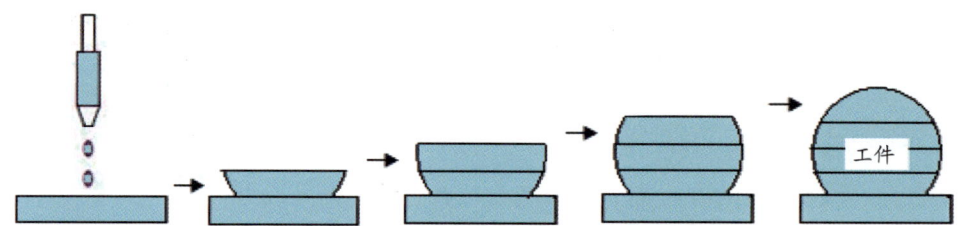

增材制造法（Additive Manufacturing）

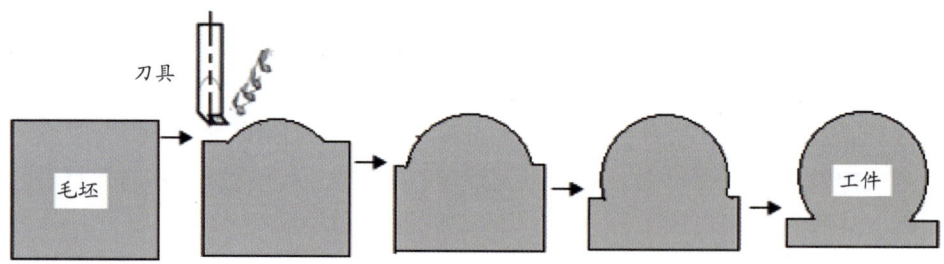

减材制造法（Subtractive Manufacturing）

图1.1　工件成型示意图

## 1.1.2　3D打印技术发展历史

3D打印技术的发展历程如下。

# 1 增材制造（3D打印）发展现状

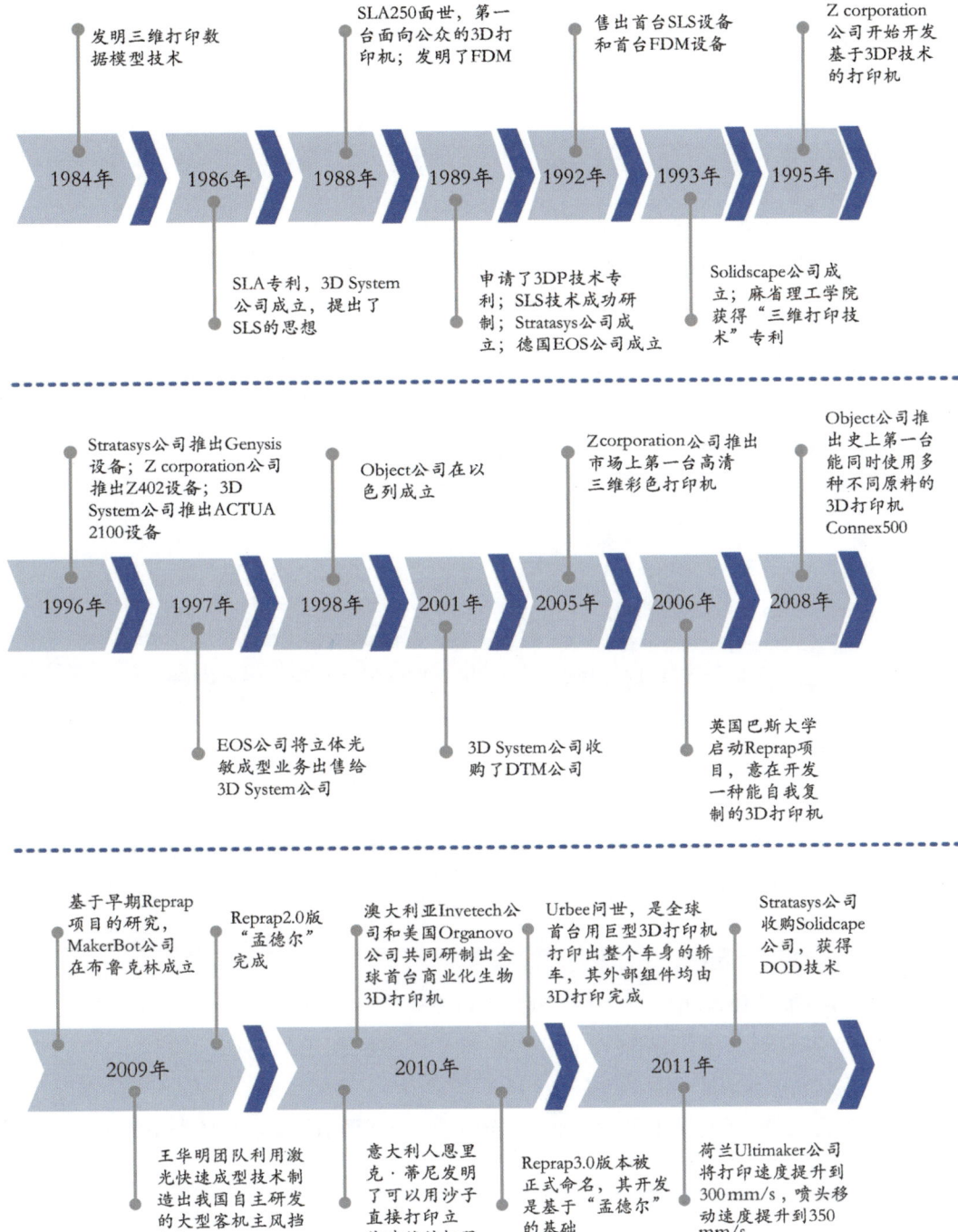

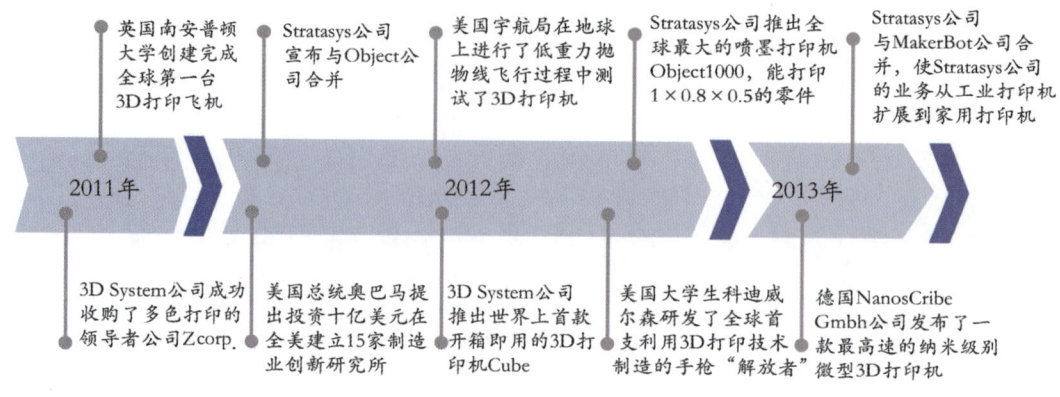

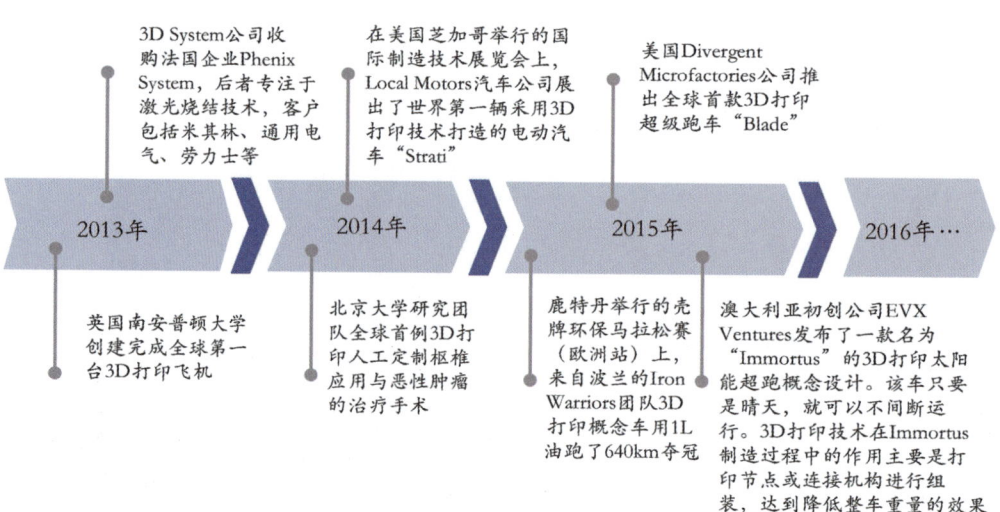

### 1.1.3 3D 打印特点

3D 打印技术优缺点明显，3D 打印的优点有：

（1）节省材料。不用剔除边角料，提高了材料的利用率，通过摒弃生产线而降低了成本。

（2）能做到较高的精度和很高的复杂程度。可以制造出采用传统方法制造不出来的、非常复杂的制件。

（3）不需要传统的刀具、夹具、机床或任何模具，就能直接把计算机的任何形状的三维 CAD 图形生成实物产品。

（4）自动、快速、直接和比较精确地将计算机中的三维设计转化为实物模型，甚至直接制造零件或模具，从而有效地缩短了产品研发周期。

（5）具有分布式生产的特点，无需集中的、固定的制造车间。

（6）能在数小时内成型，它让设计人员和开发人员实现了从平面图到实体的飞跃。

（7）能打印出组装好的产品，因此，降低了组装成本，甚至可以挑战大规模生产方式。

3D打印的缺点有：

（1）存在成本高的软肋。3D打印仍是比较昂贵的技术。由于用于增材制造的材料研发难度大、使用量不大等原因，导致3D打印制造成本较高，而制造效率不高。

（2）精度和质量问题。由于3D打印技术固有的成型原理及技术还不完善，其打印成型零件的精度（包括尺寸精度、形状精度和表面粗糙度）、物理性能（如强度、刚度、耐疲劳性等）及化学性能等大多不能满足工程实际的使用要求，不能作为功能性零件，只能作原型件使用，从而其应用将大打折扣。

（3）打印材料受到限制。3D打印技术的局限和瓶颈主要体现在材料上。目前，打印材料主要是塑料、树脂、石膏、陶瓷、砂和金属等，能用于3D打印的材料非常有限。

（4）在规模化生产方面尚不具备优势。3D打印技术既然具有分布式生产的优点，那么相反，在规模化生产方面就不具备优势。

其中3D打印最具典型的特点为：

（1）由制造转为创造。如图1.2所示，3D打印不受传统制造工艺和制造资源约束，专注形态创意和功能创新，在制造改变设计前提下，追求创造无极限。

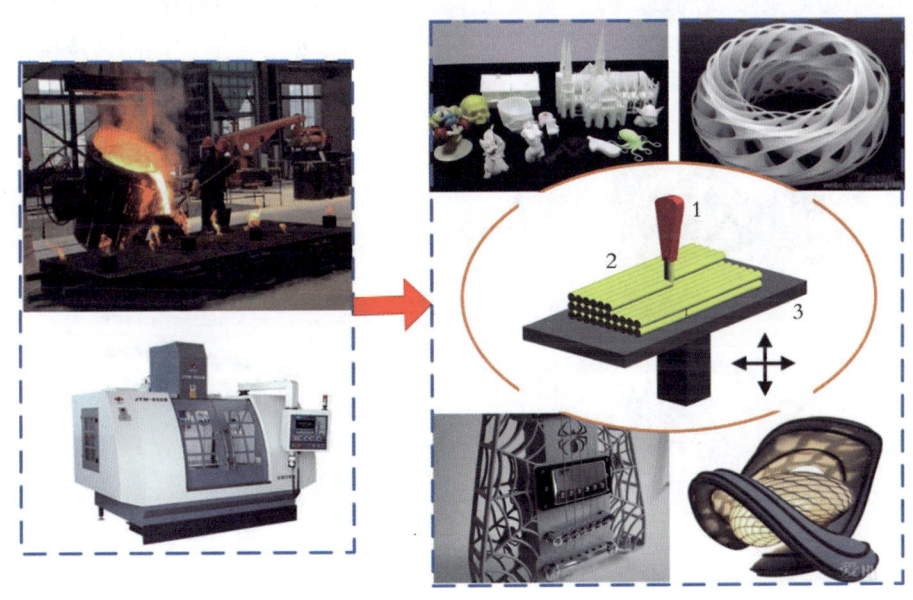

图1.2 从传统制造方法到3D打印制造方法的发展

（2）突破传统几何结构约束。相对于传统机加工的切削铣，3D打印作为一种材料堆积制造方式，可以制造出不受空间可达性影响的各种复杂形状的产品（见图1.3），可以充分发挥材料的效能比，是未来绿色制造主要方式之一。

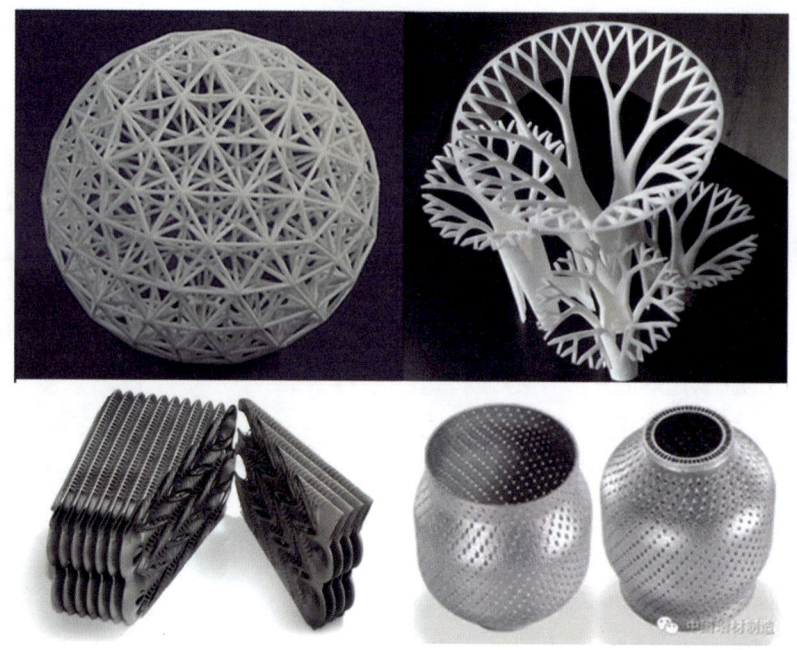

图 1.3　3D 打印突破传统几何约束

（3）缩短研发创新周期，减少研发成本。如图 1.4 所示，3D 打印能够自动、快速、直接和比较精确地将计算机中的三维设计转化为实物模型，甚至直接制造零件或模具，从而有效地缩短了产品研发周期。

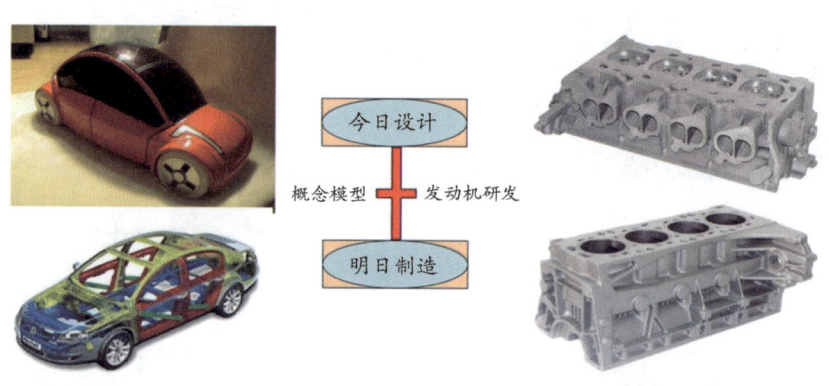

图 1.4　设计与制造

3D 打印技术由于具有这些优势，因而在航空航天、汽车、模具、医疗等领域应用非常广泛，而且 3D 打印在未来将带来更多的精彩（见图 1.5），如"沙漠奇迹"阿联酋迪拜计划在 2017 年建成阿联酋未来博物馆，这座博物馆为了能与它馆藏的未来科技和发明相媲美，将使用增材制造技术，也就是 3D 打印来建造。荷兰科学家打算用 3D 打印在荷兰阿姆斯特丹运河上建造一座功能完备的桥梁。这项有趣的工程，由 3D 打印机器人从运河的一端慢慢向另一端打印来完成。而且因为 3D 打印的优势，在未来宇宙空间站、航天飞机等方面将更多地用到 3D 打印技术。

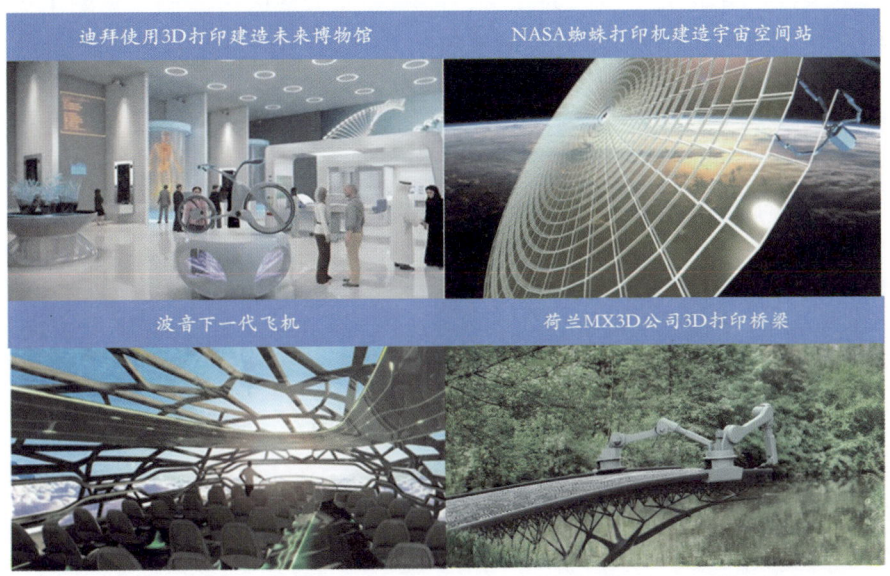

图 1.5　3D 打印未来精彩

### 1.1.4　全球市场情况

据 Wohlers 报告显示，到 2016 年全球 3D 打印的市场规模超过 70 亿美元，2018 年将达到 125 亿美元，比 2014 年翻 4 倍。展望未来，随着技术体系的逐步完善、应用领域的加速拓展以及产业链的不断形成，全球 3D 打印市场可能迎来爆发式增长，如图 1.6 所示。

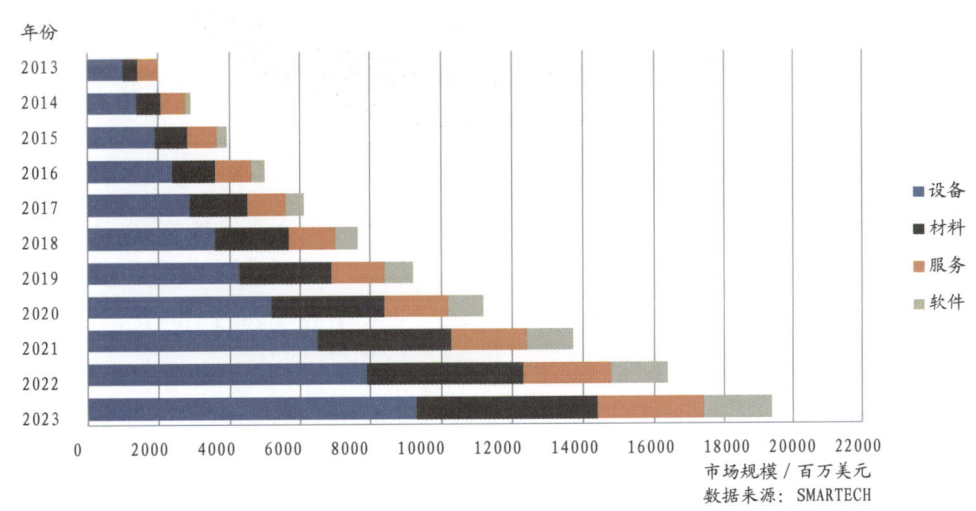

图 1.6　全球 3D 打印市场情况及预测

国际 3D 打印机市场主要集中在北美、欧洲、亚太三个地区，累计装机占全球的 95%，其中四成在北美（美国为主），欧洲和亚太地区占三成（见图 1.7）。2014 年全球信息技术研究和顾问公司 Gartner 预测 2016 年 3D 打印机的全球出货量将达到 455 772 台，其中 30% 的 3D 打印机由中国生产。

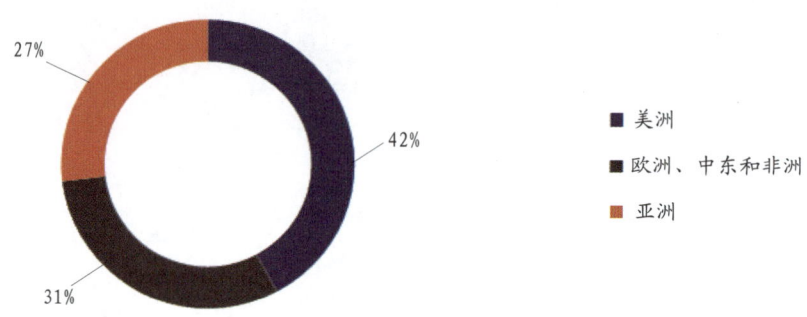

图 1.7　2014 年 3D 打印机全球出货情况

从 1998 年起到 2014 年年底，各国（地区）3D 打印机的装机量如图 1.8 所示。

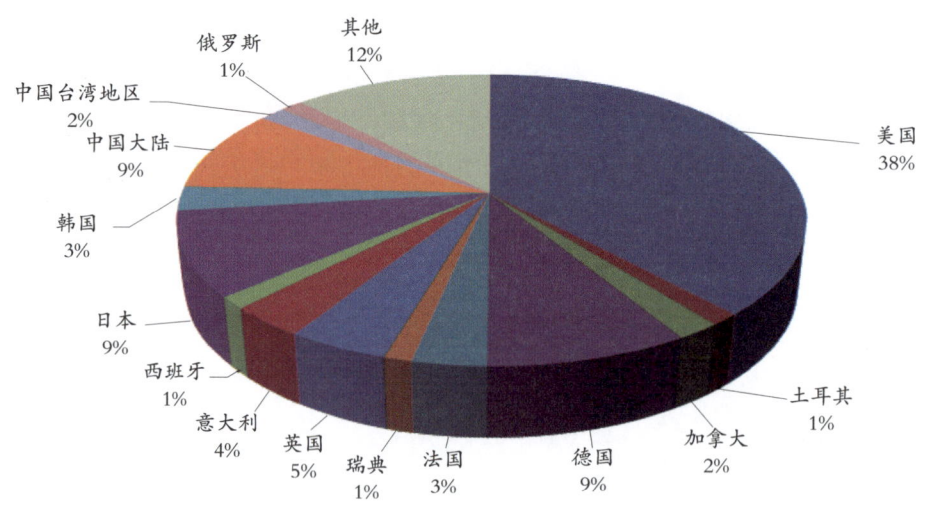

图 1.8　3D 打印机各国（地区）装机量（1988—2014）

未来 10 年的 3D 打印机价格与市场份额将呈现 V 形曲线趋势。目前价格区间在 3 万~30 万美元的打印机占据了 64% 的市场份额，未来 10 年由于高端金属类打印机的市场增长，价格区间在 3 万~30 万美元的打印机的市场份额将下降到 43%。

目前部分品牌 3D 打印机的价格如图 1.9 所示。

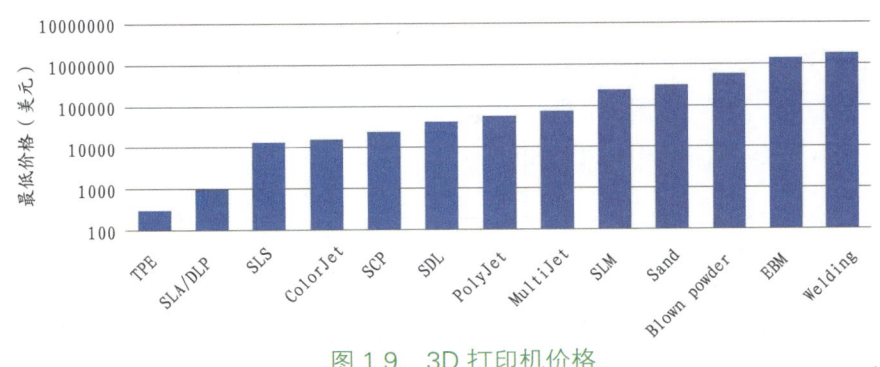

图 1.9  3D 打印机价格

在工业领域中 3D 打印技术在各行业的占比如图 1.10 所示。

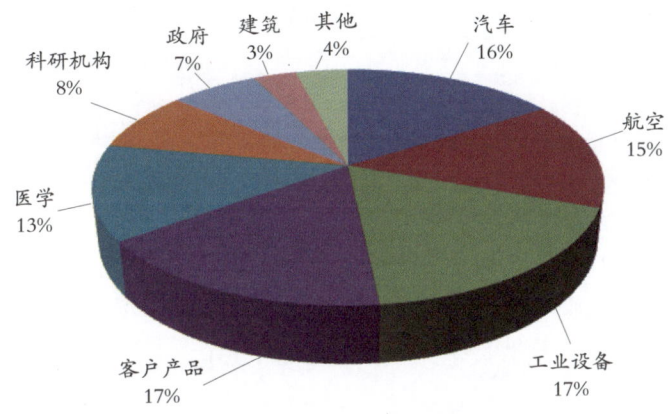

图 1.10  3D 打印在工业领域中应用占比

在实际应用方向中的分布如图 1.11 所示。

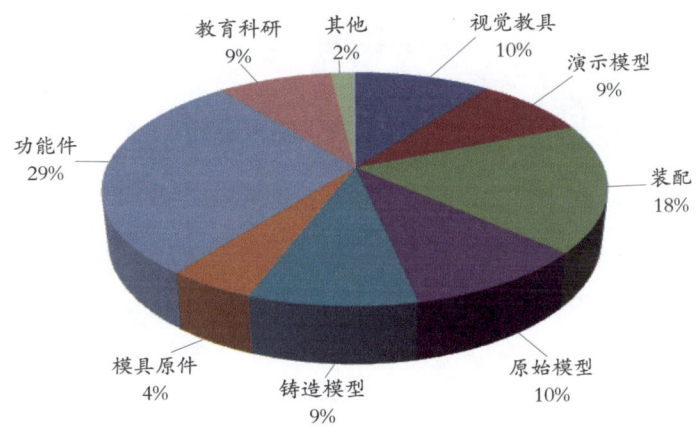

图 1.11  3D 打印应用方向分布

## 1.2 美国增材制造（3D 打印）国家战略与技术路线图

发达国家纷纷将增材制造作为未来产业发展新的增长点加以培育，制定了发展增材制造的国家战略和具体推动措施，力争抢占未来科技和产业制高点。美国提出"再工业化，再制造化"战略，也称"重振美国制造业"发展战略（见图 1.12），将人工智能、3D 打印、机器人作为重振美国制造业的三大支柱，3D 打印是第一个得到政府扶持的产业。

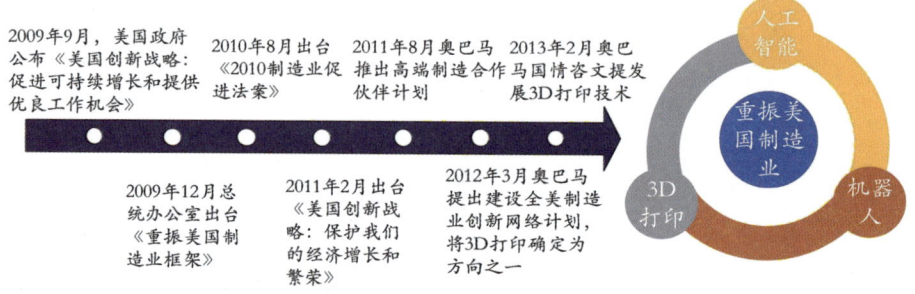

图 1.12　美国重振制造业计划

美国 2012 年 3 月提出"国家制造业创新网络计划"，拟以 10 亿美元联邦政府资金支持 15 个制造技术创新中心，3D 打印作为其中核心支撑技术之一。2013 年 2 月，美国总统奥巴马在国情咨文中多次强调 3D 打印技术的重要性，称其将加速美国经济的增长。同时，美国"3D 打印路线图"把航空航天需求作为第一位工业应用目标，波音、GE、霍尼韦尔、洛克希德·马丁公司等著名航空航天企业均参与其中。在路线图层面，美国 1998 年首先发布增材制造技术路线图（见图 1.13）。

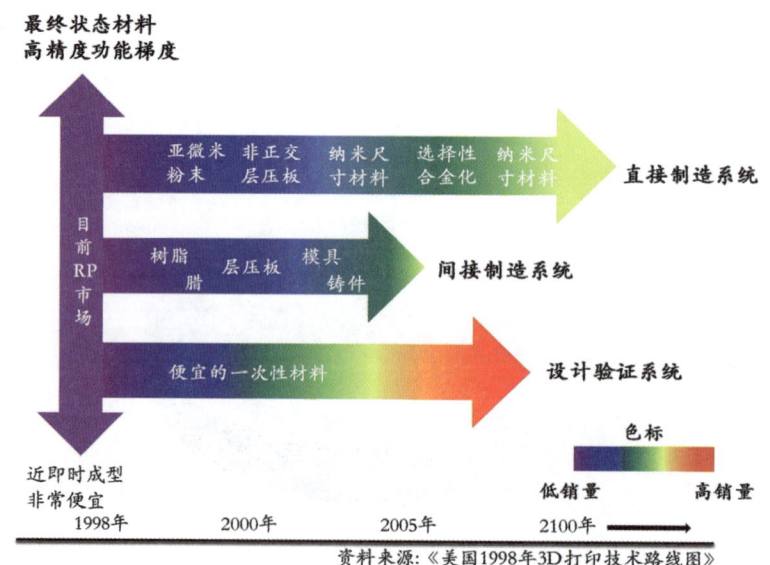

资料来源：《美国 1998 年 3D 打印技术路线图》

图 1.13　美国 1998 年 3D 打印技术路线图

2013 年 NAMII（即 American Makes）组织力量制定新的发展路线图。根据公开版技术路线图，路线图分为两层：第一层是总的路线概括；第二层是技术路线图，分为 5 个部分，包括设计、材料、工艺设备、检测认证和增材制造基因组（"AM Genome"）。第二层每个环节中都具有 4~7 个重点发展方向，将在 2014—2018 年之间进行针对性项目布局分阶段突破。2015 年 2 月 27 日，NAMII 发布了新版的增材制造应用研究与开发项目指南（见图 1.14）。对应路线图，指南重点关注 5 个影响最显著的技术领域，即增材制造设计、增材制造材料、增材制造工艺、增材制造价值链、增材制造基因组。

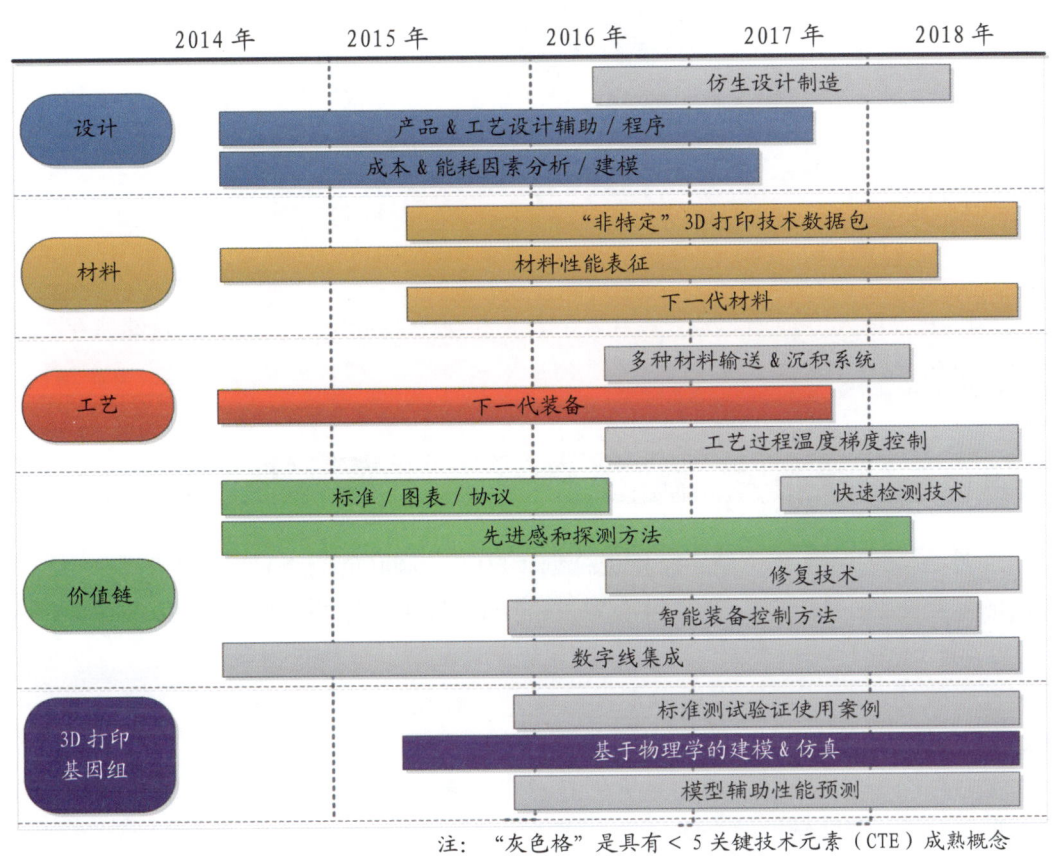

注："灰色格"是具有 < 5 关键技术元素（CTE）成熟概念

图 1.14 增材制造应用研究与开发项目指南

在 2009 路线图的基础上，北美焊接和材料结合工程技术领导组织——爱迪生焊接研究所 (Edison Welding Institute，EWI) 成立了增材制造联盟（AMC）。AMC 成立的主要目的是更好地衔接基础研究和产业化，填补新技术开发和企业产品应用之间的沟壑，即"制造就绪水平"（Manufacturing Readiness Levels，MRL）（见图 1.15），提高美国将发明成果转化为产品的能力。从技术发展成熟度来看，MRL 中 1 挡至 2 挡中的基础性研究可以得到美国政府大量的科研经费支持，MRL 中 8 挡至 10 挡的产业化研究则是企业研发的重中之重，因此新的国家创新中心将这两者进行有机衔接，完善整个研究开发的链条。

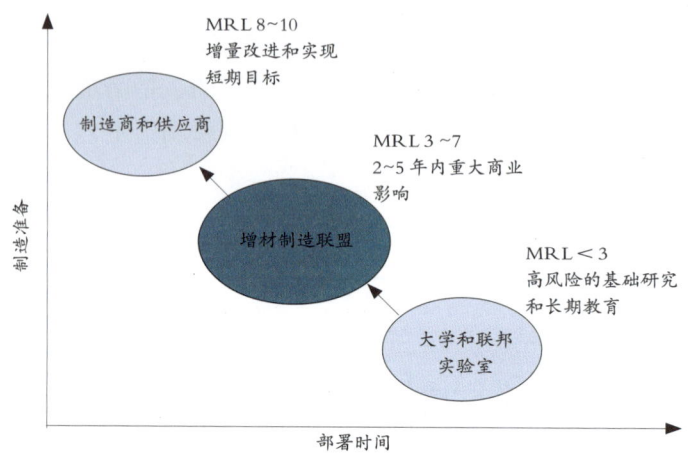

图 1.15　制造就绪水平

在广东省重大专项增材制造（3D 打印）专项中期考核时，"制造就绪水平"也首次出现在考核项目中。

## 1.3　欧盟增材制造（3D 打印）国家战略与技术路线图

欧盟 1984—1987 年"第一个框架计划（FP）"期间就为 3D 打印项目提供资金。随后的框架计划，从 1988—2013 年，为 3D 打印提供了持续的支持。在 1991—2013 年，设立了 88 个 3D 打印相关项目。

地平线 2020——欧盟有史以来规模最大的研发创新计划，拟在 7 年内（2014—2020 年）投资近 800 亿欧元（约合人民币 6 500 亿元）。地平线 2020 计划选择 10 个增材制造项目，总投资 2 300 万欧元。这些项目重点关注 3D 打印技术 MRL4~7 阶段的发展，将针对不同领域的专业化需求进行布局，从而推动 3D 打印整体的快速发展。

此外，欧盟再工业化战略设定的总体目标是到 2020 年将工业占 GDP 比重提升至 20%，推动一批新兴产业诞生与发展。其中可实现清洁生产的先进制造技术是欧盟"新工业革命"的核心内容，包括 3D 打印为代表的新制造技术。

2013 年 1 月，欧洲开展增材制造技术研究计划。该计划由欧洲航天局（ESA）牵头，英国、德国、法国、意大利等国的产业界、学术界和政府间组织都有参与，是目前欧洲在增材制造领域最大的研究合作机构和计划。其目的是利用增材制造原理，快速加工无缺陷、零废料（zero-waste）的大尺寸（2m）金属零件。图 1.16 是 ESA 制定的 3D 打印技术路线图。

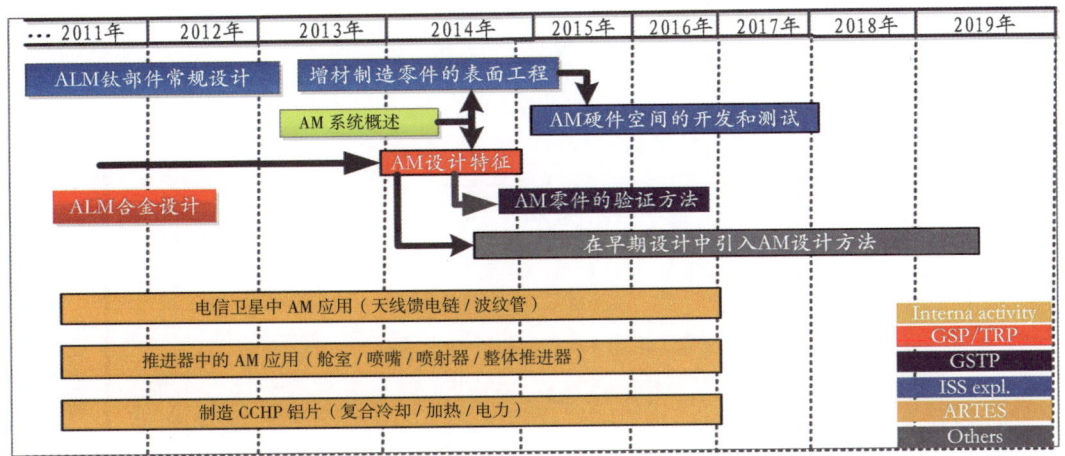

图 1.16　ESA 制定的 3D 打印技术路线图

欧盟 2004 年搭建 3D 打印创新中心，即欧洲 3D 打印技术平台（The European Additive Manufacturing Technology Platform,AM Platform）。平台联盟成员超过 350 个，横跨欧盟 26 个国家，其中 72% 的成员来自工业界。AM Platform 先后制定了欧盟 3D 打印的技术路线图、产业路线图和标准路线图，见图 1.17、图 1.18。

在欧盟，德国很早就成立 3D 打印联盟。Fraunhofer 增材制造联盟是德国较为著名的 3D 打印联盟之一，由 10 个著名研究所组成。根据德国政府 2013 年公布的数据，除去公共资金对高校和科研院所每年数十亿欧元常规性投入以外，德国对 3D 打印的科研定向投入已超过 2 000 万欧元。

英国，2011 年 3 月，由英国工程和自然科学研究委员会（EPSRC）牵头，在诺丁汉大学成立了增材制造技术创新中心，参与机构包括拉夫堡大学、伯明翰大学、英国国家物理实验室、波音公司以及德国 EOS 公司等 15 家知名大学、研究机构及企业。主要研究方向为由增材制造技术一次加工融合电子、光学和结构特性的多材料（multimaterial）、多功能器件。2014 年 1 月，英国政府宣布投资 1 530 万英镑创建一个国家级 3D 打印中心，并制定了英国首个国家级 3D 打印 / 增材制造中心的发展计划。该中心于 2015 年正式运营，重点支持航空航天领域，同时也将支持汽车和医疗等行业。

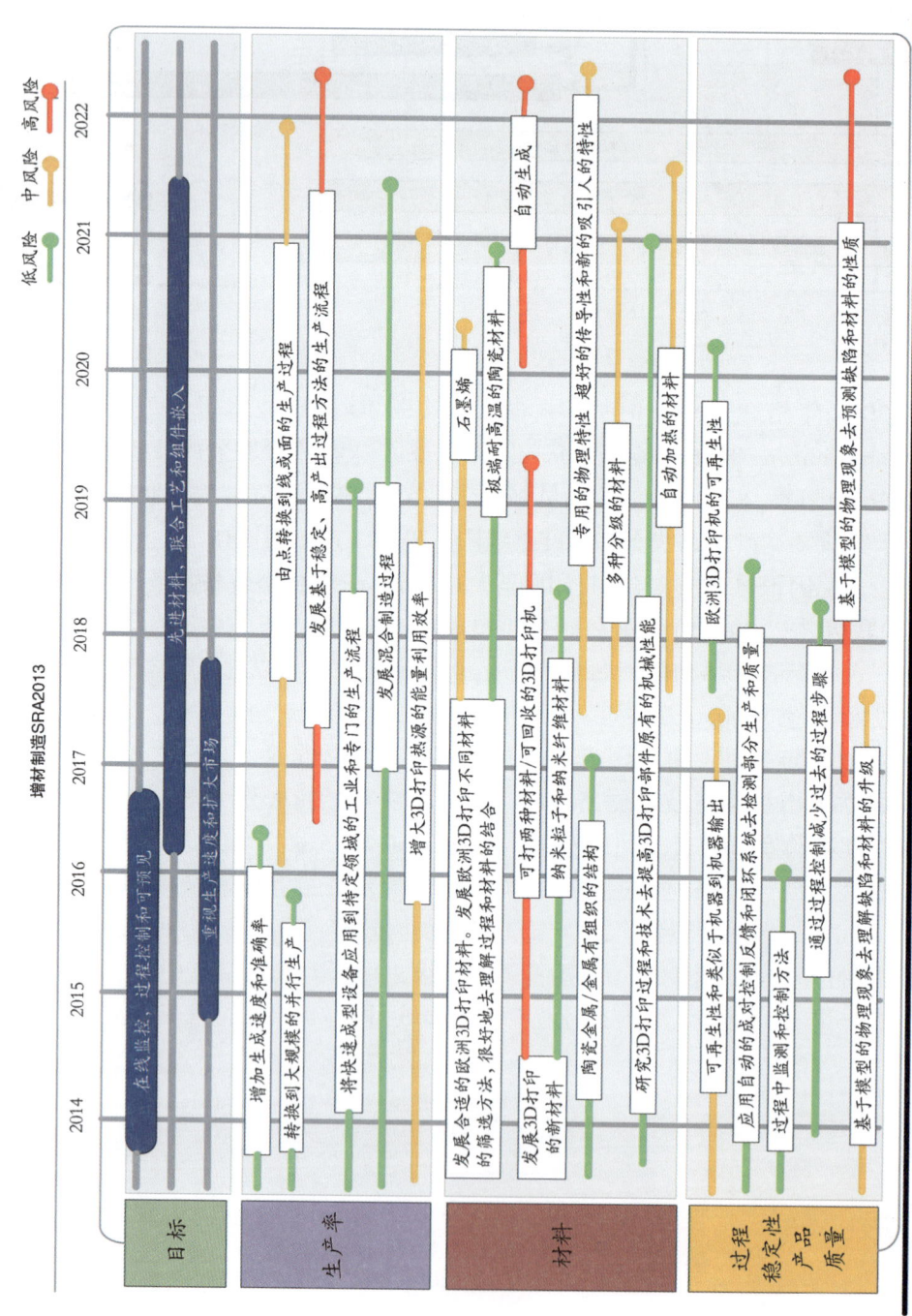

图 1.17　欧洲 3D 打印技术发展路线

1 增材制造（3D打印）发展现状

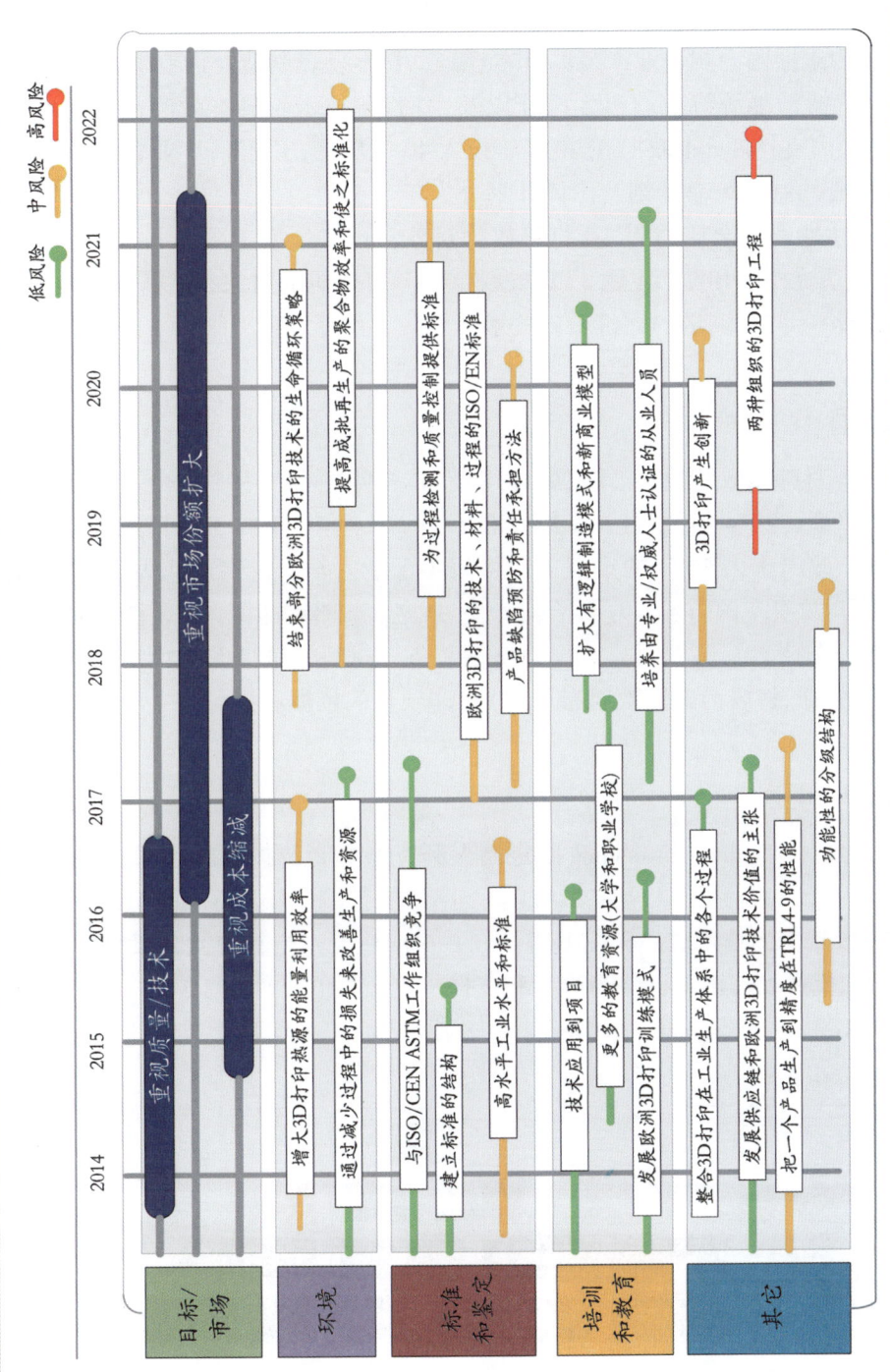

资料来源：ISO/TC 261 Additive Manufacture"会议/机械制造系统工程国家重点实验室　发布时间：2015-08-11

图1.18　欧洲3D打印技术在经济、社会和环境面临巨大挑战时的路线图

## 1.4　亚太增材制造（3D 打印）国家战略与技术路线图

### 1.4.1　日本

2014 年为重振国内制造业，复苏日本经济，日本发表制造业白皮书，重点发展机器人、下一代清洁能源汽车、再生医疗以及 3D 打印技术。日本政府也对 3D 打印产业在财政上大力支持。日本政府在 2014 年投入 40 亿日元，由经济产业省组织实施"以 3D 打印为核心的制造革命计划"。该计划分为三个主题："新一代企业级 3D 打印机技术开发" 主题，以金属材料 3D 打印机为对象，预算规模上限为 32 亿日元；"超精密 3D 成型系统技术开发"主题，以砂模材料 3D 打印机为对象，预算规模上限为 5.5 亿日元；"新一代 3D 测量的评价基础技术开发"，预算规模上限为 2.5 亿日元。

### 1.4.2　韩国

2014 年 4 月韩国政府投资 24 亿韩元建立 3D 打印中心，为中小企业提供 3D 打印设施和员工培训。2014 年 11 月，韩国发布了一个长达 10 年的 3D 打印战略规划，根据该路线图，政府未来 10 年的重点工作将聚焦于十大领域，涉及八大产品领域，包括医疗、模具、文化、国防、电力电子、汽车、航空、造船和能源，以及两个服务领域：设计和销售。在技术发展方面，该规划包括装备、材料、软件等方面的 15 项重点战略技术。该路线图将成为韩国政府布局 3D 打印项目的依据和指导。

### 1.4.3　澳大利亚

2010 年 9 月 Wohlers Associates 制定澳大利亚增材制造技术路线图。该路线图集中于金属 3D 打印，特别是钛金属 3D 打印。路线图预测了中期（到 2015 年）和长期（2015—2025 年）的技术应用和发展机会，并提出建议，与其将钛金属原材料出口到中国，还不如生产加工出口，将为澳大利亚提供更大价值（见图 1.19）。2014 年，澳大利亚推出 Additive Manufacturing Hub（增材制造中心），增强行业中的合作。

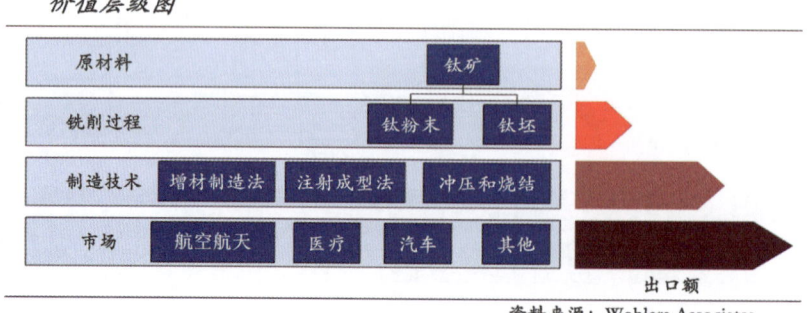

图 1.19　3D 打印价值层级图

## 1.5 国内增材制造（3D 打印）国家战略与技术路线图

### 1.5.1 国家高技术研究发展计划（"863"计划）、国家科技支撑计划

2013 年 4 月 16 日，科技部公布《国家高技术研究发展计划（"863"计划）、国家科技支撑计划制造领域 2014 年度备选项目征集指南》，备受关注的增材制造（3D 打印）产业首次入选。该指南聚焦航空航天、模具领域的需求，突破增材制造（3D 打印）技术中的核心关键技术，研制重点装备产品，并在相关领域开展验证，初步具备开展全面推广应用的技术、装备和产业化条件。该指南确定了增材制造（3D 打印）的 4 个研究方向：

（1）面向航空航天大型零件激光熔化成型装备研制及应用（国拨经费控制额不超过 1000 万元，前沿技术研究类）：针对航空航天产品研制（试制）过程中单件、小批量需求，研制适合钛合金等难加工零件直接成型的大型零件激光熔化成型装备，台面 2m×2m，制件精度控制在 ±1% 以内，堆积效率达 300cm3/h 以上。制定相关工业技术标准，并在航空航天产品研制零部件制造中进行应用。

（2）面向复杂零部件模具制造的大型激光烧结成型装备研制及应用（国拨经费控制额不超过 1000 万元，前沿技术研究类）：针对复杂零部件模具快速制造的需求，研制适合蜡模、蜡型、砂型制造，以及尼龙等塑料零件制造的大型激光烧结成型装备，台面 2m×2m，制件精度控制在 ±0.1% 以内，堆积效率达 1000cm3/h 以上。制定相关技术标准，并在汽车、模具等行业产品研制中得到应用。

（3）面向材料结构一体化复杂零部件高温高压扩散连接设备研制与应用（国拨经费控制额不超过 1000 万元，前沿技术类）：针对结构复杂、性能要求高、连接难度大等复杂零部件加工的需求，研制材料结构一体化复杂零件高温高压扩散连接设备和工艺，工作加热区域尺寸 $\phi$1000mm×1000mm 以上，并在航空航天产品的研制中开展应用。

（4）基于增材制造（3D 打印）制造技术的家电行业个性化定制关键技术研究及应用示范（国拨经费控制额不超过 1000 万元、企业牵头申报，应用开发与集成示范类）：针对家电行业个性化定制迫切需求，结合以增材制造（3D 打印）技术为核心的数字制造技术带来的制造变革，研究增材制造（3D 打印）个性化零件设计技术、个性化定制模式、定制业务协同引擎、交互门户、运行平台等技术，开发个性化定制管理平台，并基于增材制造（3D 打印）制造装备为终端用户提供个性化定制服务，在应用示范期内销售收入不少于 3000 万元。

### 1.5.2 国家增材制造产业发展推进计划（2015—2016 年）

2015 年 2 月，工信部正式发布《国家增材制造产业发展推进计划（2015—2016 年）》。该计划提出到 2016 年，初步建立较为完善的增材制造产业体系，整体技术水平

保持与国际同步,在航空航天等直接制造领域达到国际先进水平,在国际市场上占有较大的市场份额。

具体的推进计划涵盖五个方面:

(1) 着力突破增材制造专用材料(见表1-1)。

表1-1　着力突破增材制造专用材料

| 类　别 | 材料名称 | 应用领域 |
|---|---|---|
| 金属增材制造专用材料 | 细粒径球形钛合金粉末(粒度20~30μm)高强钢、高温合金等 | 航空航天等领域高性能、难加工零部件与模具的直接制造 |
| 非金属增材制造专用材料 | 光敏树脂、高性能陶瓷、碳纤维增强尼龙复合材料(200℃以上)、彩色柔性塑料以及PC-ABS材料等耐高温高强度工程塑料 | 航空航天、汽车发动机等铸造用模具开发及功能零部件制造;工业产品原型制造及创新创意产品生产 |
| 医用增材制造专用材料 | 胶原、壳聚糖等天然医用材料;聚乳酸、聚乙醇酸、聚醚醚酮等人工合成高分子材料;羟基磷灰石等生物活性陶瓷材料;钴镍合金等医用金属材料 | 仿生组织修复、个性化组织、功能性组织及器官等精细医疗制造 |

资料来源:《国家增材制造产业发展推进计划(2015-2016年)》

(2) 加快提升增材制造工艺技术水平(见表1-2)。

表1-2　加快提升增材制造工艺技术水平

| 类　别 | 工艺技术名称 | 应用领域 |
|---|---|---|
| 金属材料增材制造工艺技术 | 激光选区熔化(SLM) | 复杂小型金属精密零件、金属牙冠、医用植入物等 |
| | 激光近净成型(LENS) | 飞机用大型复杂金属构件等 |
| | 电子束选区熔化(EBSM) | 航空航天复杂金属构件、医用植入物等 |
| | 电子束熔丝沉积(EBDM) | 航空航天大型金属构件等 |
| 非金属材料增材制造工艺技术 | 光固化成型(SLA) | 工业产品设计开发、创新创意产品生产、精密铸造用蜡模等 |
| | 熔融沉积成型(FDM) | 工业产品设计开发、创新创意产品生产等 |
| | 激光选区烧结(SLS) | 航空航天领域用工程塑料零部件、汽车家电等领域铸造用砂芯、医用手术导板与骨科植入物等 |
| | 三维立体打印(3DP) | 工业产品设计开发、铸造用砂芯、医疗植入物、医疗模型、创新创意产品、建筑等 |
| | 材料喷射成型 | 工业产品设计开发、医疗植入物、创新创意产品生产、铸造用蜡模等 |

资料来源:《国家增材制造产业发展推进计划(2015—2016年)》

（3）加速发展增材制造装备及核心器件（见表1-3）。

表1-3 加快发展增材制造装备及核心器件

| 类 别 | 名 称 |
|---|---|
| 金属材料增材制造装备 | 激光/电子束高效选区熔化、大型整体构件激光及电子束送粉/送丝熔化沉积等增材制造装备 |
| 非金属材料增材制造装备 | 光固化成形、熔融沉积成形、激光选区烧结成形、无模铸型以及材料喷射成形等增材制造装备 |
| 医用材料增材制造装备 | 仿生组织修复支架增材制造装备、医疗个性化增材制造装备、细胞活性材料增材制造装备等 |
| 增材制造装备核心器件 | 高光束质量激光器及光束整形系统、高品质电子枪及高速扫描系统、大功率激光扫描振镜、动态聚焦镜等精密光学器件、阵列式高精度喷嘴/喷头等 |

资料来源：《国家增材制造产业发展推进计划（2015—2016年）》

（4）建立和完善产业标准体系。

一是研究制订增材制造工艺、装备、材料、数据接口、产品质量控制与性能评价等行业及国家标准。结合用户需求，制定基于增材制造的产品设计标准。

二是针对目前用户对增材制造产品开展质量技术评价和第三方检测认证。

（5）大力推进应用示范。

一是组织实施应用示范工程。

二是支持建设公共服务平台。

三是组织实施学校增材制造技术普及工程。

《国家增材制造产业发展推进计划（2015—2016年）》提出，国家工业管理、发展改革、财政等部门应加强统筹协调，强化顶层设计，研究制定增材制造发展路线图。建立增材制造专家咨询委员会，对产业发展的重大问题和政策措施开展调查研究，进行论证评估，提出咨询建议。组建产学研用共同参与的行业组织，跟踪国内外产业发展情况及趋势，发布增材制造年度报告，制定年度研发及推广应用目录，加快科研成果产业化。

### 1.5.3 "中国制造2025"

"中国制造2025"是中国版的"工业4.0"规划，于2015年5月8日公布。规划提出了中国制造强国建设三个十年的"三步走"战略，是第一个十年的行动纲领。

"中国制造2025"要实施五大工程：智能制造工程、制造业创新建设工程、工业强基工程、绿色制造工程、高端装备创新工程。其中，最核心的是实施智能制造工程。未来3D打印将成为"中国制造2025"发展的一个支柱产业，3D打印技术只有跟传统制造业结合起来，才能推动制造业的转型和发展。3D打印不是要取代传统制造业，而是进一步推动制造业转型升级，为传统制造业增加更多个性化及智能化元素。

### 1.5.4 国家"十三五"相关规划

2016年3月5日，第十二届全国人民代表大会第四次会议在北京人民大会堂开幕，《中国第十三个五年规划纲要（草案）》（下称《规划》）提交全国人大会议审查。其中，大力推进先进半导体、机器人、增材制造、智能系统、新一代航空装备、空间技术综合服务系统、智能交通、精准医疗、高效储能与分布式能源系统、智能材料、高效节能环保、虚拟现实与互动影视等新兴前沿领域创新和产业化，形成一批新增长点，被确定为新的国家目标。

《规划》描绘了未来五年科技创新发展的蓝图，确立了"十三五"科技创新的总体目标：国家科技实力和创新能力大幅跃升，国家综合创新能力世界排名进入前15位，迈进创新型国家行列；创新驱动发展成效显著，与2015年相比，科技进步贡献率从55.3%提高到60%，知识密集型服务业增加值占国内生产总值的比例从15.6%提高到20%；科技创新能力显著增强，通过《专利合作条约》（PCT）途径提交的专利申请量比2015年翻一番，研发投入强度达到2.5%。本次发布的《规划》中多次提及"中国制造2025"及增材制造，在第五章第三条提出发展智能绿色服务制造技术；第十条专门提到增材制造：开展高性能金属结构件激光增材制造控形控性等基础理论研究，攻克高效高精度激光增材制造熔覆喷头等核心部件，研发金属、非金属及生物打印典型工艺装备，构建相对完善的增材制造技术创新与研发体系。

### 1.5.5 地方政策与路线图

**北京** 2014年6月，北京市政府最新一期政府公报对外公布《北京市文化创意产业提升规划(2014—2020年)》称，加快高新技术成果向文化领域的转化应用，重点培育动漫游戏、移动互联网应用、视听新媒体、3D打印和绿色印刷等新兴文化业态。

**陕西** 陕西渭南市积极实施3D打印"6+1"发展战略，即功能完备的产业化承载体系、多层次的创新人才支撑体系、有吸引力的政策和人文关怀体系、一流的协同创新研究体系、多样化的投融资支持体系、中省市区四级全方位协同共建体系，全力打造国内一流的3D打印工业培养基地。

**江苏** 2013年1月，江苏省科技厅发布了《江苏省三维打印技术发展及产业化推进方案（2013—2015年）》。2013年8月，江苏发布《创新型省份建设推进计划（2013—2015年）》，3D打印将成为江苏省重要的战略性新兴产业。

**浙江** 2013年7月，浙江省科技厅、省经信委印发了《关于加强三维打印技术攻关 加快产业化的实施意见》，提出围绕战略性新兴产业培育和传统产业转型升级的战略需求，以提升浙江省三维打印产业技术水平为目标，着重对三维打印工艺、专属新型材料和三维打印设备等进行技术攻关。

**福建** 福建省经贸委、发改委、省科技厅印发《关于促进3D打印产业发展的若干意见》，重点突破3D打印材料研发、过程控制、数字化建模、后处理等环节的共性关键技术，研发3D打印工程化和产业化技术，开发微喷墨打印阵列、激光器、打印设备等关键部件和装备。鼓励3D打印技术、产品及服务在各个行业的创新应用，改造提升传统产业中的制造环节。

**四川** 2014年7月发布《四川省增材制造产业（3D打印）发展路线图（2014—2023年）》。该路线图明确了增材制造技术产业发展思路和路径，主要对增材制造设备、材料、控制及辅助系统等三个方面进行研究，积极探索增材制造技术在航空航天、精密机械、生物医疗、设计应用平台等4个领域的应用。2013年10月，《成都3D打印产业技术路线图》正式公布，其战略对策如图1.20所示。

**广东** 2014年2月出台了《加快广东省3D打印技术和应用产业发展实施方案》，结合广东省产业发展实际，围绕工艺装备、材料、结构和软件应用一体化的3D打印核心技术，重点支持3D打印制造技术中的关键共性技术、关键装备及工艺技术、特殊材料及其制备技术、应用软件、3D云打印技术、相关工业标准体系等关键技术研究和产品研发，以及市场应用推广工作，推动省市联动重点支持，通过资金链、产业链、创新链三链融合，不断提升3D打印制造技术自主创新能力以及产业成果的应用与转化。重点实施任务及内容包括：

（1）突破增材制造关键技术与装备：①3D打印专用材料；②3D打印专用软件；③金属3D打印技术；④非金属3D打印技术；⑤生物医疗3D打印技术。

（2）建立行业示范中心，强化成果应用与转化：①建立3D打印应用示范中心；②促进创新产品产业化，创新商业模式。

（3）推动行业标准制定与公共服务平台的建设：①制定3D打印装备、材料、应用行业标准体系；②完善公共服务平台。

对应《加快广东省3D打印技术和应用产业发展实施方案》，2014—2016年已连续三年实施广东省重大专项——增材制造（3D打印）专项投入1.5亿元以上。2017—2018年将持续支持。

2014年12月26日广州正式发布《广州市荔湾区关于加快3D打印产业发展的实施意见》。重点工作包括：①建设一个产业联盟；②加强示范和推广应用；③加强园区项目建设和企业培育；④加强创新平台建设；⑤加强人才队伍建设；⑥加强资本和产业对接，拓展3D企业融资渠道。

**台湾** 2014年4月，台湾科学技术部（MOST）宣布3D打印的发展计划，2014年5月启动。该计划未来4年将投入10亿元新台币（约2亿元人民币）支持13个研究计划。重点是以应用为向导、着重布局3D打印设备、软件和材料的开发，并推动数据库的建立。

广东省增材制造（3D打印）产业技术路线图

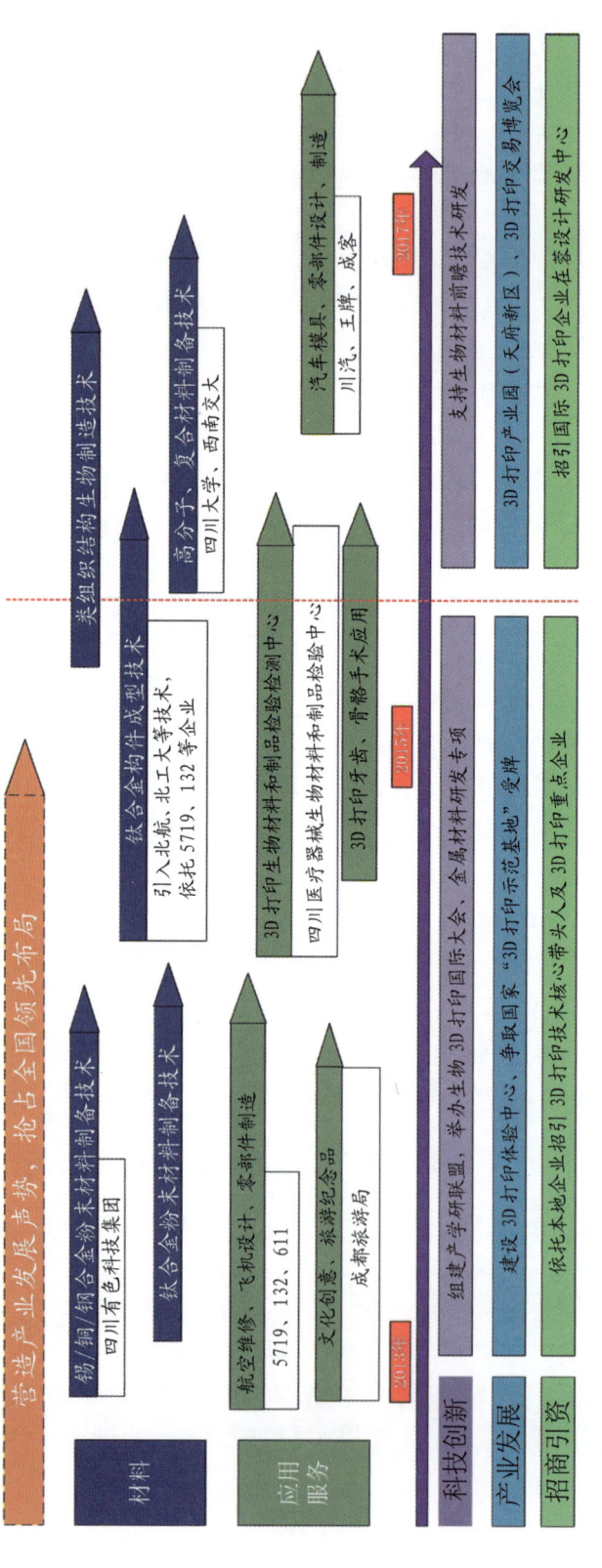

图1.20 成都发展3D打印的战略对策

资料来源：《成都3D打印产业技术路线图》

22

# 2 增材制造（3D打印）技术分类

增材制造（3D打印）技术涵盖了众多工艺，如激光选区熔化（SLM）、电子束成型（EBM）、激光近净成型（LENS）、激光选区烧结（SLS）、熔融沉积成型（FDM）、光固化成型（SLA）、数字光处理（DLP）、聚合物喷射技术（PolyJet）、三维立体印刷技术（3DP）等。各工艺都有其自身的技术特点和优劣所在。本章将对增材制造（3D打印）具体技术进行分类介绍，并分析广东省相应的企业情况。

## 2.1 熔融沉积成型

### 2.1.1 FDM技术原理分析

熔融沉积成型（Fused Deposition Modeling，FDM）的工作原理如图2.1所示，将丝状原料通过送丝部件送入热熔喷头，然后在喷头内加热融化，在电脑控制下喷头沿着零件截面轮廓和填充轨迹运动，将半流动状态的材料送到指定位置并最终凝固，同时与周围材料黏结，选择性地逐层熔化与覆盖，最终形成成品。

### 2.1.2 FDM技术特点

该技术主要优缺点如表2-1所示。

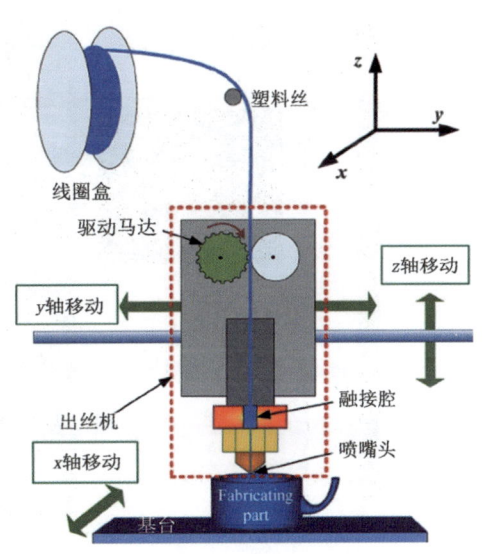

图2.1 熔融沉积成型原理图

表 2-1　FDM 技术优缺点

| 优　点 | 缺　点 |
|---|---|
| （1）成本低。FDM 技术不采用激光器，设备运营维护成本较低，而其成型材料也多为 ABS、PC 等产用工程塑料，成本同样较低。<br>（2）成型材料范围较广。ABS、PLA、PC、PP 等热塑性材料均可作为 FDM 路径的成型材料，易于取得，且成本较低。<br>（3）环境污染较小。在整个过程中只涉及热塑材料的熔融和凝固，且在较为封闭的 3D 打印室内进行，不涉及高温、高压，没有有毒有害物质排放，因此环境友好程度较高。<br>（4）设备、材料体积较小。采用 FDM 路径的 3D 打印机设备体积较小，而耗材也是成卷的丝材，便于搬运，适合于办公室、家庭等环境 | （1）成型时间较长。由于喷头运动是机械运动，成型过程中速度受到一定的限制，因此一般成型时间较长，不适于制造大型部件。<br>（2）精度低。与其他 3D 打印路径相比，采用 FDM 路径的成品精度相对较低，表面有明显的纹路。<br>（3）需要支撑材料。在成型过程中需要加入支撑材料，在打印完成后要进行剥离，对于一些复杂构件来说，剥离存在一定的困难 |

## 2.1.3　国内外 FDM 主要设备厂商

熔融沉积成型是 20 世纪 80 年代末由美国 Stratasys 公司发明的技术。1992 年，Stratasys 公司推出了世界上第一台基于 FDM 技术的 3D 打印机——"3D 造型者（3D Modeler）"，这也标志着 FDM 技术步入商用阶段。图 2.2 为 Stratasys 商用的 FDM Fortus 400mc 设备。

设备的主要参数

打印精度：0.06~0.09mm

最小成型尺寸：1.6mm

层厚：0.05~0.2mm

材料盒：模型材料一盒(1508 cm³/盒)
支撑材料盒:(1508 cm³/盒)

打印尺寸：355mm × 254mm × 254mm

适用原材料：固化成型树脂

图 2.2　Stratasys 的 FDM Fortus 400mc 设备

国内方面，对于 FDM 技术的研究最早在包括清华大学、西安交通大学、华中科技大学等几所高校进行，其中清华大学下属的企业于 2000 年推出了基于 FDM 技术的商用 3D 打印机，近年来也涌现出北京太尔时代、杭州先临三维等多家将 3D 打印机技术商业化的企业。目前国内外 FDM 典型设备及厂商参见表 2-2。

表 2-2　FDM 技术典型厂商和设备

| 区 域 | 典型厂商 | 典型设备 |
| --- | --- | --- |
| 国外 | Stratasys | FDM Fortus 400mc |
|  | 美国 Makerbot | Replicator |
| 国内 | 太尔时代 | UP mini 2 |
|  | 北京弘瑞 | 弘瑞 Z500 |
|  | 青岛尤尼科技 | Anyprint |
|  | 北京紫晶立方 | Prusa i3、Storm |
| 广东省 | 广州市网能产品设计有限公司 | FDM-46-3535 |
|  | 广州捷和电子科技有限公司 | QUBEA QD-1x |
|  | 广州建锦道自动控制科技有限公司 | Giant 600 |
|  | 广州市艺林信息科技有限公司 | YLD-250 |
|  | 广东阳铭科技有限公司 | Leo（狮子座） |
|  | 广州立铸电子科技有限公司 | LZ-P400 |
|  | 广州市文博智能科技有限公司 | Winbo-155L |
|  | 深圳市极光尔沃科技有限公司 | Z603S |
|  | 深圳市同创三维科技有限公司 | T4S |
|  | 珠海天威泛凌贸易有限公司 | D1315 |
|  | 珠海西通电子有限公司 | Formaker |
|  | 深圳市优锐科技有限公司 | HUEWAY-D160 |
|  | 深圳市创想三维科技有限公司 | CR-10 |
|  | 深圳维示泰克技术有限公司 | C-Box |

### 2.1.4　FDM 材料

该技术所使用的主要材料为 ABS 工程塑料和 PLA 聚乳酸材料，还有高性能尼龙（PA）复合材料、功能化聚醚醚酮（PEEK）复合材料。

## 2.2 光固化成型

### 2.2.1 SLA 技术原理分析

光固化成型（Stereo Lithography Appearance，SLA）主要利用液态光敏树脂在紫外激光束照射下会快速固化的特性。具体工作原理如图 2.3 所示：①在树脂槽中盛满液态光敏树脂，可升降工作台处于液面下一个截面层厚的高度，聚焦后的激光束，在计算机控制下，按照截面轮廓要求，沿液面进行扫描，从而得到该截面轮廓的树脂薄片；②升降工作台下降一个层厚距离，液体树脂再次暴露在光线下，再次扫描固化，如此重复，直到整个产品成型。

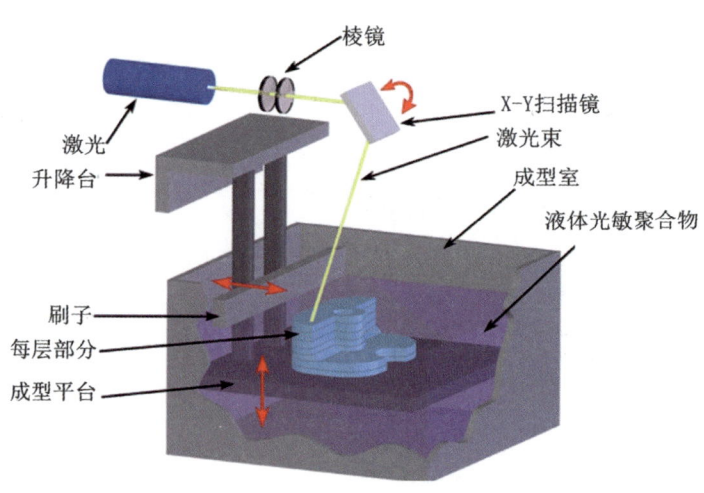

图 2.3　光固化成型原理图

### 2.2.2 SLA 技术特点

SLA 技术主要优缺点如表 2-3 所示。

表 2-3　SLA 技术优缺点

| 优　点 | 缺　点 |
| --- | --- |
| （1）是最早出现的快速原型制造工艺，成熟度高。<br>（2）由 CAD 数字模型直接制成原型，加工速度快，产品生产周期短，无需切削工具与模具。<br>（3）成型精度高（在 0.1mm 左右）、表面质量较好 | （1）SLA 系统造价高昂，使用和维护成本过高。<br>（2）工作环境要求苛刻。耗材为液态树脂，具有气味和毒性，需密闭，同时为防止提前发生聚合反应，需要避光保护。<br>（3）成型件多为树脂类，强度、刚度、耐热性有限，不利于长时间保存。<br>（4）软件系统操作复杂，入门困难。<br>（5）后处理相对繁琐。打印出的工件需用工业酒精和丙酮进行清洗，并进行二次固化 |

### 2.2.3 SLA 设备

光固化成型技术是由 Charles Hull 于 1983 年发明，并在 1986 年获得授权专利，是最早实现商业化的 3D 打印技术。SLA 又叫"立体光固化成型法"或"激光光固化"。1986 年，Charles Hull 成立 3DSystems 公司，大力推动相关业务发展。1988 年该公司根据 SLA 成型技术原理生产出世界上第一台 SLA 3D 打印机——SLA250，并将其商业化。经过多年发展，3D Systems 公司已成为全球最大的 3D 打印设备提供商。

3D Systems 生产的 ProX 950（见图 2.4）属生产级 3D 打印机，相比之前的 3D 打印机，其可以更快速地制造出精细的塑料零件，同时摆脱了注塑制造或 CNC 的设计限制。采用新的 PloyRay 技术，其打印速度可以达到其他 3D 打印机的 10 倍。

图 2.4　3D Systems 生产的 ProX 950

具体性能如下：

（1）成型最大尺寸可达 1500mm×750mm×550mm，零件最大质量为 150kg。

（2）采用新的 PloyRay 技术，打印精度可达到或超过注塑成型的精度，可与 CNC 匹敌。

（3）速度可达到其他 3D 打印机的 10 倍，只需两天即可制造出全尺寸仪表盘。

（4）材料利用率高，所有未使用的材料均保留在系统内。

（5）材料选择广泛，可满足从类丙烯腈、丁二烯苯乙烯的韧性到类聚碳酸脂的透明度等一系列零件属性。

目前，广东省内有深圳市金石三维打印科技有限公司、广州捷和电子科技有限公司、广州吗卡工程技术有限公司、珠海西通电子有限公司、东莞市鸿泰自动化设备有限公司、深圳智垒公司等公司生产 SLA 设备。

国内外 SLA 技术的典型厂商和设备参见表 2-4。

表 2-4  SLA 技术的典型厂商和设备

| 区　域 | 典型厂商 | 典型设备 |
|---|---|---|
| 国外 | Formlabs | Form1<br>Form1+ |
| 国外 | 3D Systems | Projet1500<br>ProX 800<br>ProX950 |
| 国外 | Stratasys | Objet500<br>Connex3 |
| 国外 | OldWorldLabs | NANO |
| 国外 | 美国 Full Spectrum Laser | Pegasus Touch |
| 国内 | 杭州先临 | Einstart-S、Einstart-L |
| 国内 | 上海联泰 | RSPro 450、RSPro 600 |
| 国内 | 珠海西通电子有限公司 | RIVERBASE 500 |
| 国内 | 深圳智垒公司 | ATSmake |

### 2.2.4　SLA 材料

基于光固化成型技术（SLA）的 3D 打印机耗材一般为液态光敏树脂，比如光敏环氧树脂、光敏乙烯醚、光敏丙烯树脂等。光敏树脂是一类在紫外线照射下借助光敏剂的作用能发生聚合并交联固化的树脂，由光敏剂和树脂组成。目前，用于 SLA 技术比较成熟的材料主要有以下四个系列：

① Ciba（瑞士）公司生产的 CibatoolSL 系列；
② Dupont（美国）公司生产的 SOMOS 系列；
③ Zeneca（英国）公司生产的 Stereocol 系列；
④ RPC（瑞士）公司生产的 RPCure 系列。

## 2.3　数字光处理

### 2.3.1　DLP 技术原理分析

数字光处理（Digital Light Processing，DLP）的原理如图 2.5 所示。零件的三维模型需要在主控系统上进行切片处理运算，将三维模型分割为一系列二维平面图像，之后控制 DLP 投影系统实现图像的投影。横截面图形由当前材料层上每一像素对应的各镜片产生。这种图形通过数字微镜器件(DMD)投影到紫外线固化液态光敏树脂的表面上，在像素位置固化或硬化。与此同时，控制机械运动完成逐层打印，如此往复，最终实现实体零件的制作。

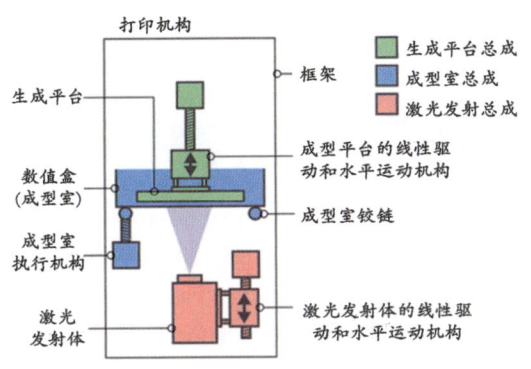

图 2.5　数字光处理原理图

## 2.3.2　DLP 技术特点

DLP 技术主要优缺点见表 2-5。

表 2-5　DLP 技术优缺点

| 优　点 | 缺　点 |
| --- | --- |
| (1) 单层固化速度快。通过单层图像的投影曝光实现树脂的固化并完成打印，不需要扫描过程，单层打印时间与分层图像复杂程度无关，仅与树脂所需曝光时间有关，将打印过程进一步简化。<br>(2) 打印精度高于一般技术。DMD 芯片微镜尺寸较小，集成度高，经过投影成像系统后，单个镜片光斑尺寸可以控制在 100μm 以下，实现高精度打印，打印分辨率高，物体表面光滑。<br>(3) 系统结构简单，稳定性好，对外界环境要求相对低。DLP 型 3D 打印机使用的 DMD 芯片作为核心器件，系统内没有复杂运动结构，各部分相对独立，方便维护，光机系统在工作时处于静止状态，不会受到其他干扰，可以提供稳定的打印精度 | (1) 由于 DMD 镜片偏转误差会使光斑尺寸发生变化，随着放大倍数的增大，有效光斑尺寸在总光斑尺寸中比例逐渐减小并最终会减小至 0，限制了光学系统放大倍数。<br>(2) DLP 型 3D 打印技术要求原材料为光敏树脂，材料种类较少而且性能难以取代现有工程塑料，在应用方面受限。<br>(3) DLP 型的 3D 打印机虽然对环境要求不高，但仍有一些基本的要求。首先，空气湿度必须在适宜范围内。暴露在潮湿空气中的树脂会吸收水分而被稀释，改变原材料中各成分的比例，导致成型失败。其次，要求周围环境中不存在紫外光源 |

## 2.3.3　DLP 设备

Envision Tec 是全球领先的数字光处理技术 3D 打印机制造商，成立于 2002 年，总部位于德国。自 2002 年以来，已有 6000 多台 Envision Tec（如图 2.6）的系统在全球使用。另据全球知名 3D 打印研究机构 Wohlers Associates 统计，2014 年，在工业级 3D 打印机领域，Envision Tec 市场份额为 10%，排名第三，仅次于 Stratasys 和 3D Systems。DLP 技术优势明显、操作简便，使得 Envision 产品在很多领域得到广泛的应用。

随着DLP技术的不断成熟，我国多家企业也相继推出自主研发的DLP 3D打印机产品，如智维股份、宁波智造科技等。国内外DLP技术典型厂商和设备参见表2-6。

表2-6 DLP技术典型厂商和设备

| 区 域 | 典型厂商 | 典型设备 |
| --- | --- | --- |
| 国外 | 德国 Envision Tech | ULTRA 3SP、ULTRA 3SP High Definition、ULTRA 3SP Ortho |
| 广东省 | 东莞智维立体成型股份有限公司 | MoonRay D、MoonRay J |
| | 大族激光 | DLP800 |
| | 珠海市杜芬自动化科技有限公司 | DF-G3050 |
| | 东莞叁的打印技术科技有限公司 | 3DP-14-4A |
| 国内其他省份 | 浙江迅实 | MoonRay D、MoonRay J |
| | 宁波智造科技 | M-one |

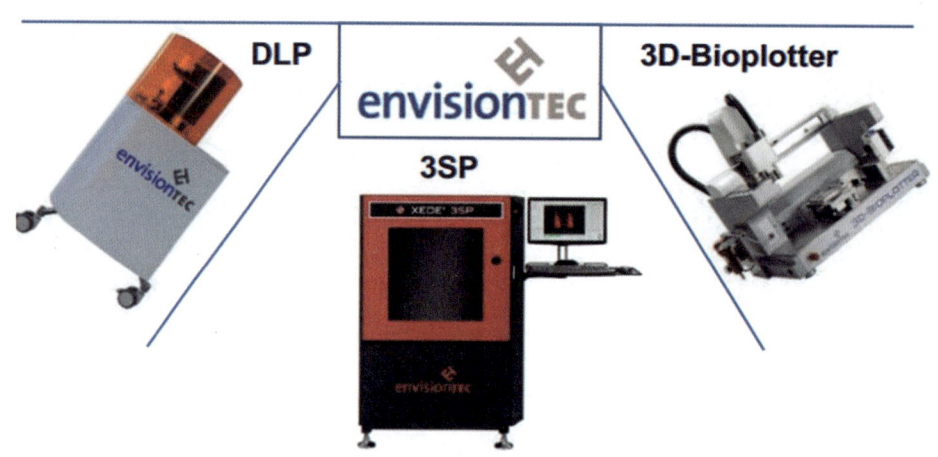

图 2.6 Envision Tec 的 DLP 设备

### 2.3.4 DLP 材料

基于数字化光处理技术（DLP）的 3D 打印机耗材与 SLA 类似，一般也为液态光敏树脂。

## 2.4 激光选区熔化

### 2.4.1 SLM 技术原理分析

激光选区熔化（Selective Laser Melting，SLM）的原理如图 2.7 所示，是一种基于增材制造原理，采用逐层叠加的方式，通过高功率密度的激光器选择性地熔化预置金属粉末的技术。具体为，首先在计算机上利用三维造型软件设计出零件的三维实体模型,并转化为切片软件可以识别的数据;其次通过切片软件对获取的三维模型进行支持添加和切片分层处理,得到三维模型的截面轮廓数据;然后路径规划软件对轮廓数据进行扫描路径处理;最后将获取的路径规划后的数据导入激光选区熔化设备,工控机将按照每层轮廓的扫描路径,控制激光束选区逐层熔化金属粉末材料,逐步堆叠成致密的三维金属零件实体。

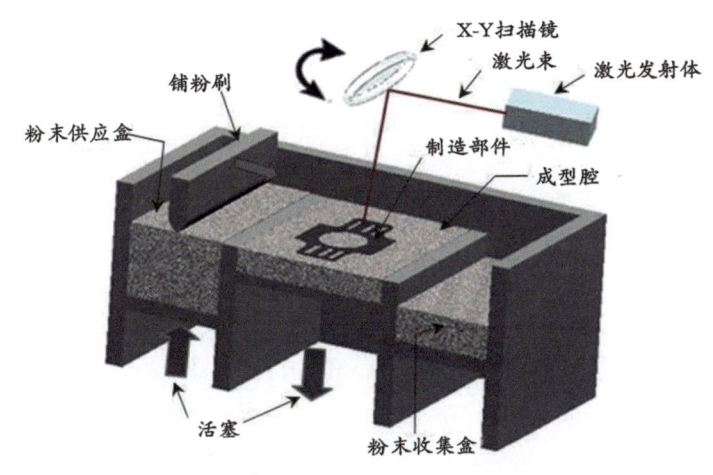

图 2.7　激光选区熔化原理图

## 2.4.2　SLM 技术特点

SLM 技术主要优缺点如表 2-7 所示。

表 2-7　SLM 技术优缺点

| 优 点 | 缺 点 |
| --- | --- |
| (1)激光选区熔化技术采用新的制造理念,属于无模制造,即无需制造模具,直接一次性成型,大大减少了开模制模所耗费的时间。<br>(2)激光选区熔化成型技术不会受到零件复杂形貌的影响,具有高度的自由成型能力。<br>(3)激光选区熔化技术以高能量密度的激光器为热源,激光光斑集中在 20~100μm 的范围内,选择熔化粒径在 5~50μm 之间的球形金属粉末,可以获得质量良好的表面和高致密度的零件,表面粗糙度可达 20~30μm,致密度近乎 100%。<br>(4)激光选区熔化技术具有微区熔融与凝固的特点,由于激光束扫描速度快,熔化的金属熔池小,所以冷却凝固速度极快,具有极大的过冷度 | (1)由于国内比国外发展时间较短,目前激光选区熔化设备所用组件没有实现批量化生产,导致设备成本相对较高。<br>(2)激光选区熔化处于高速发展期,所用到的金属粉末没有统一的标准和成型工艺,粉末质量参差不齐,价格相对昂贵。<br>(3)现阶段激光选区熔化工艺总体还处于优化提高阶段,成型的金属零件还存在一定缺陷。由于其极其快速的冷却行为,导致成型件的晶粒形态、尺寸、取向等与传统工艺存在极大差别,内应力非常巨大,需要进一步研究。<br>(4)对具有悬垂结构或者表面倾角过大的零件,仍然需要加设支撑结构,以免出现塌陷、翘曲等现象。支撑的添加会增加人工和材料的浪费,也会降低与支撑接触部位的成型精度 |

### 2.4.3 国内外 SLM 设备生产研发情况

目前国内外 SLM 技术的典型厂商及设备参见表 2-8。

表 2-8 SLM 设备国内外典型厂商及设备

| 区域 | 典型厂商 | 典型设备 |
| --- | --- | --- |
| 国外 | EOS GmbH | EOS M290<br>EOS M400 |
| | SLM solutions | SLM 125HL<br>SLM 280HL<br>SLM 500HL |
| | Concept Laser | Mlab<br>M2<br>X1000R |
| | Renishaw | AM250 |
| 广东省 | 华南理工大学 | DiMetal-50、DiMetal-100、DiMetal-280、Dimetal-400 |
| | 广州瑞通激光 | D280 |
| | 珠海西通 | RIVERBASE 500 |
| | 广东奥基德信机电有限公司 | OGGI 3D |
| 国内其他省份 | 西安铂力特 | BLT-S300、BLT-S200 |
| | 北京易加三维 | EP-M100T、EP-M250 |
| | 江苏永年 | YLM-120、YLM-200、YLM-300、YLM-1000 |
| | 长沙嘉程 | JC-SLM-LG300-6 |

SLM 技术的代表公司为德国 EOS（Electro Optical Systems）GmbH 公司。该公司自 1989 年在德国慕尼黑成立以来，一直致力于激光粉末烧结快速制造系统的研究开发与设备制造工作，图 2.8 为 EOS 典型设备 EOSM290（见图 2.9）成型的样品。日本沙迪克公司（Sodick）2014 年 7 月开发出激光选区熔化技术与铣削加工组合在一起的复合加工设备"POM250L"，可将成型金属零件的表面精度提高到传统铣削水平。

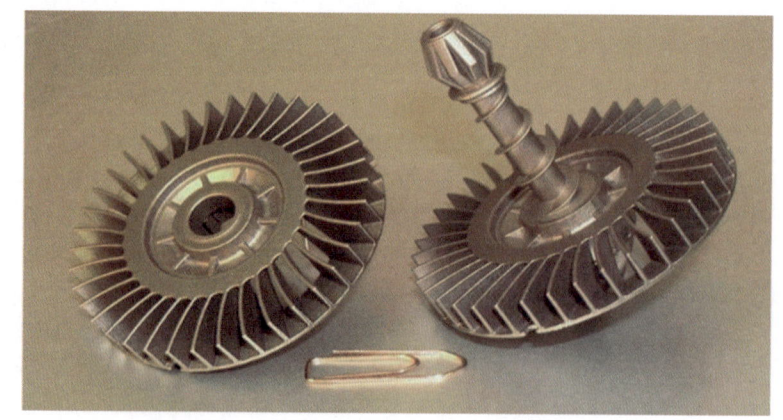

图 2.8 EOS M290 成型样品

**设备主要参数**

最大尺寸：250mm×250mm×325mm；
激光类型：光纤激光器400W；
扫描系统：F-thcta透镜高速扫描镜；
扫描速度：可达7.0m/s；
成型精度：可达6μm；
粉末层厚：20~100μm（可调）；
制造速度：5~20cm³/h；
电源功率：32A/8.5kW；
氩气供给：4~5bar，0.6m³/h；
压缩空气：7bar，20m³/h

图2.9 EOS M290

国内华南理工大学杨永强教授于2002年率先开始进行激光选区熔化技术研发，并在2004年成功推出国内第一台自主研发的激光选区熔化Dimetal-240设备。在随后的2008年和2012年相继推出了成型精度更高的Dimetal-280和Dimetal-100设备，实现了激光选区熔化成型设备商业化。

此外广东技术师范学院、佛山先临三维科技有限公司、深圳微纳增材技术有限公司、中山盈普光电设备有限公司、深圳大业激光成型技术有限公司、深圳银宝山新科技股份有限公司、东莞康铭光电科技有限公司、广东科学院（广州有色金属研究院）、华南协同创新研究院、珠海格力电器股份有限公司、广东隆凯股份有限公司、德科摩橡塑科技有限公司、东莞劲胜精密组件股份有限公司、光韵达光电科技股份有限公司等也纷纷斥资购置了激光选区熔化设备用于科研、服务、教学等。

### 2.4.4 SLM材料

SLM使用的原材料为金属粉末，常用材料情况见表2-9。

表2-9 SLM常用材料情况

| 材料名称 | 技术指标 | 主要供应商 |
|---|---|---|
| 不锈钢 | 粉末近球形，粒径15~45μm，含氧量低于$1100×10^{-6}$g/cm³，流动性好，纯度高 | 国外：山特维克osprey<br>卡彭特（Carpenter）<br>英国LPw<br>AP&C<br>国内：无锡飞尔康<br>中航迈特<br>湖南顶力科技<br>长沙天久金属材料<br>浙江亚通焊材<br>成都优材科技 |
| 钴铬合金 | 粉末近球形，粒径15~45μm，含氧量低于$1100×10^{-6}$g/cm³，流动性好，纯度高 | |
| 钛合金 | 粉末近球形，粒径10~45μm，含氧量低于$1300×10^{-6}$g/cm³，流动性好，纯度高 | |

续表

| 材料名称 | 技术指标 | 主要供应商 |
|---|---|---|
| 铝合金 | 粉末近球形，粒径 20~63μm，含氧量低于 $1000×10^{-6}$ g/cm³，流动性好，纯度高 | 广东省：<br>广东省材料与加工研究所、广东科为粉体材料应用科技有限公司、广东华科新材料研究院、华南理工大学国家金属材料近净成形工程中心、广州纳联材料科技 |
| 镍基合金 | 粉末近球形，粒径 10~45μm，含氧量低于 $1100×10^{-6}$ g/cm³，流动性好，纯度高 | |

## 2.5 电子束成型

### 2.5.1 EBM 技术原理分析

电子束成型（Electron Beam Melting，EBM）的工作原理如图 2.10 所示。打印机在铺设好的粉末上方选择性地向粉末发射电子束，电子的动能转换为热能，选区内的金属粉末加热到完全熔化后成型，加工成当前层。然后活塞使工作台降低一个单位的高度，新的一层粉末铺撒在已烧结的当前层之上，设备调入新一层截面的数据进行加工，与前一层截面黏结，此过程逐层循环直至整个物体成型。

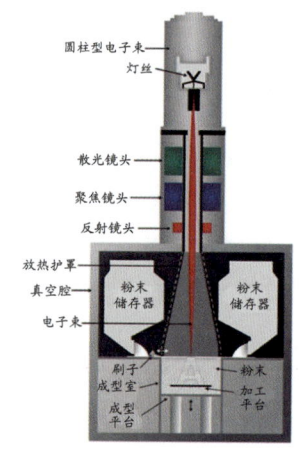

图 2.10 电子束成型原理图

### 2.5.2 EBM 技术特点

EBM 该技术主要优缺点见表 2-10。

表 2-10 EBM 技术优缺点

| 优 点 | 缺 点 |
|---|---|
| （1）电子束的能量转换效率非常高，远高于激光，因此能量密度更高，粉末材料熔化速度更快，因此可以得到更快的成型速度，且节省能源。<br>（2）高能量密度能够熔化高熔点（高达 3400℃）金属。<br>（3）电子束的扫描速度远高于激光，因此在造型时一层一层扫描造型台整体进行预热以提高电子粉末的温度。经过预热的粉末在造型后残余应力较小，在特定形状的造型会有优势，且无需热处理。<br>（4）零件变形小，成型过程不需要金属支撑，微观组织更致密 | （1）由于 EBM 对粉末进行预热，金属粉末会变成类似假烧结的状态，造型结束后，未造型粉末需要通过喷砂去除，但是复杂造型内部会有难以去除的问题。<br>（2）成型效率低；设备稳定性、可重复性低；表面粗糙度高等。<br>（3）电子束无法像激光束一样聚焦出细微的光斑，因此成型件难以达到较高的尺寸精度，且有电子束偏转误差。由于偏转的非线性以及磁场的非均匀性，电子束在大范围扫描时会出现枕形失真。<br>（4）需要额外的系统以制造真空工作环境 |

### 2.5.3 国内外 EBM 技术厂商代表

1995 年美国麻省理工学院 Dave 等提出利用电子束做能量源将金属熔化进行三维制造的设想。EBM 技术最早由瑞典 Arcam 公司研发并取得专利。Arcam 成立于 1997 年，专注于 EBM 设备的研发、制造，目前拥有超过 50 项相关专利。

2004 年清华大学申请了我国最早的 SEBM 成形装备专利，并在传统电子束焊机的基础上开发出了国内第一台实验室用 SEBM 成形装备 SEBM-250。表 2-11 列出了国内外 EBM 技术典型厂商和设备。

表 2-11　EBM 技术典型厂商和设备

| 区域 | 典型厂商 | 典型设备 |
| --- | --- | --- |
| 国外 | Arcam | S12 |
| 国内 | 天津清研智束 | SEBM R2 |

图 2.11 为 Arcan $Q^{10}$ 设备，它可连续输出功率高达 300W 的电子束，其扫描速度之快，足以保证多个熔池同时作业，该设备为植入物制造专门设计。设备构建区域的尺寸选择，考虑到大多数普通植入物熔融堆积制造工艺的最优化。

**设备主要参数**

用于植入物生产，材料采用钛合金
加工尺寸：200 mm× 200 mm×180 mm
高生产率、光滑表面
Arcam EBM® LayerQam™ 逐层质量验证
Arcam EBM® MultiBeam™ 多电子束技术

图 2.11　Arcam $Q^{10}$ 设备

### 2.5.4 EBM 材料

EBM 使用的材料主要是金属粉末材料，材料技术指标与 SLM 相似，其主要技术差别在于 EBM 粉末粒度可以相应放宽到 15~53μm。

## 2.6 激光近净成型

### 2.6.1 LENS 技术原理分析

激光近净成型（Laser Engineered Net Shaping，LENS）的基本工作原理如图 2.12 所示：数控机床根据 NC 程序带动激光束移动，激光在基板上聚焦并产生熔池，粉末材料通过送粉器由惰性气体同轴送到激光光斑处，粉末迅速熔化并自然凝固，随着激光头和工作台的移动，迭加沉积出和切片图形形状和厚度一致的沉积层；然后将工作台下降，保证激光头与已沉积层保持原始工作机理，重复上述过程，直至逐层沉积出 CAD 设计模型形状的实体三维零件。

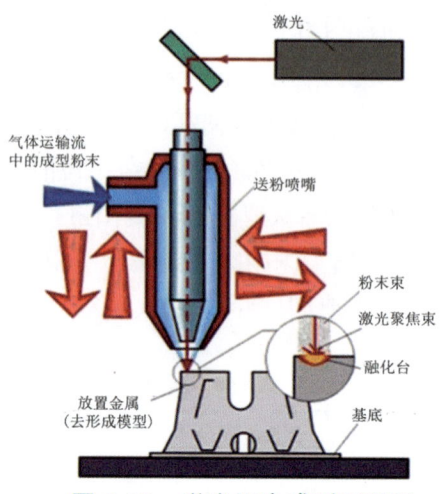

图 2.12　激光近净成型原理图

### 2.6.2　LENS 技术特点

LENS 技术主要优缺点见表 2-12。

表 2-12　LENS 技术优缺点

| 优　点 | 缺　点 |
| --- | --- |
| （1）制造过程灵活性高。<br>（2）成形零件致密度高、性能好、组织细小，可直接成形结构零件。<br>（3）可实现梯度材料的过渡或结合。<br>（4）技术集成度高 | （1）需使用高功率激光器，设备造价昂贵。<br>（2）成形时热应力较大，体积收缩率过大。<br>（3）成形精度不高，需要后续处理才能使用。<br>（4）材料利用率较低。<br>（5）零件形状简单，不易制造带悬臂的结构 |

### 2.6.3　国内外 LENS 相关技术厂商

1996 年，美国 Sandia 国家实验室和 HPEngine 公司共同合作研发 LENS 工艺，最初目标是零部件的修复，研究了 316 不锈钢和 Inconel625 镍基合金构件的成形工艺，并由 Optomec Design 公司于 1997 年开始商业化运行。

2002 年，中国北京航空航天大学王华明教授带领团队提出了涉及激光近净成型的工艺原理和相关装置专利申请和用于激光近净成型的金属硅材料专利申请。

LENS 技术典型厂商和设备参见表 2-13。

表 2-13　LENS 技术典型厂商和设备

| 区域 | 典型厂商 | 典型设备 |
| --- | --- | --- |
| 国外 | 美国 Optomec Design | LENS 450R<br>LENS 850 |
| 国内 | 西安铂力特 | BLT-C600、BLT-C1000 |
| | 鑫精合激光科技发展有限公司 | LDM 600<br>LDM 3000 |

图 2.13 是美国 Optomec Design 生产的 LENS450R 设备。

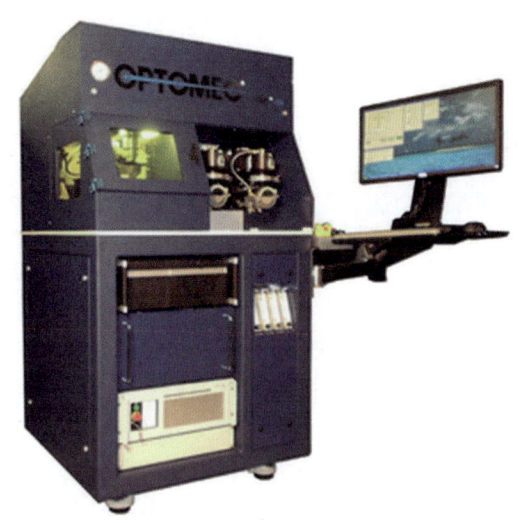

**设备相关参数**

成品尺寸：100mm × 100mm × 100mm
机　　箱：1级密封激光机箱
运动控制：3轴数控系统：XY轴线性表运动；
　　　　　Z轴龙门运动
位置精度：±0.25mm
线分辨率：±0.025mm
运行速度：60mm/s
沉积速度：高达80g/h
空气净化系统：氩气排气系统
送粉装置：综合送粉器，粉末容量高达2kg
激光器：400W IPG 光纤激光器

图 2.13　美国 Optomec Design 生产的 LENS 450R 设备

### 2.6.4　LENS 材料

LENS 使用的材料主要是金属粉末材料，材料技术指标与厂商与 SLM 相似，其主要技术差别在于 LENS 粉末粒度可以相应放宽到 53~105μm，在部分场合条件可以放宽到 105~150μm。

## 2.7　激光选区烧结

### 2.7.1　SLS 技术原理分析

激光选区烧结（Selective Laser Sintering，SLS）工作原理如图 2.14 所示。打印机控制激光在铺设好的粉末上方选择性地对粉末进行照射，激光能量被选区内的粉末吸收并转换为热能，加热到烧结温度的粉末颗粒间接触界面扩大、气孔缩小、致密化程度提高，然后冷却凝固变成致密、坚硬的烧结体，加工成当前层。然后活塞使工作台降低一个单位的高度，新的一层粉末铺撒在已烧结的当前层之上，设备调入新一层截面的数据进行加工，与前一层截面黏结，如此逐层循环直至整个物体成型。

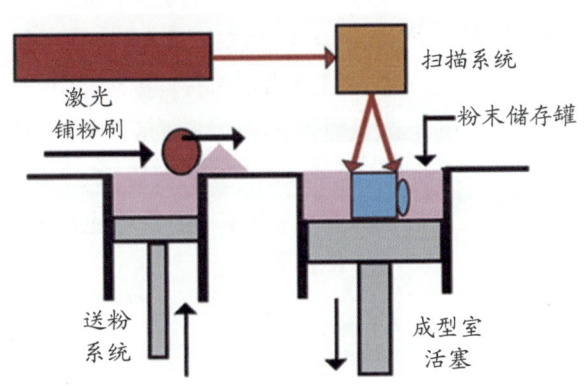

图 2.14　激光选区烧结原理图

## 2.7.2 SLS技术特点

SLS技术主要优缺点见表2-14。

表2-14 SLS技术的优缺点

| 优 点 | 缺 点 |
| --- | --- |
| （1）材料种类广泛。可使用的材料包括尼龙、聚苯乙烯等聚合物，铁、钛、合金等金属，陶瓷、覆膜砂等。<br>（2）成型效率高。由于SLS技术并不完全熔化粉末，而仅是将其烧结，因此制造速度快。<br>（3）材料利用率高。在加工过程中，SLS可直接成型，不需要支撑材料，也不会出现废料，因此材料利用率特别高，几乎可以达到100%。<br>（4）生产周期短。成型时间也仅为几小时到几十小时，而且在加工过程中可随时做修正，生产周期较短。<br>（5）无需支撑材料。与其他需要支撑材料的工艺不同，SLS的工艺特点决定了在加工过程中不需要支撑材料，后处理较为简便。<br>（6）应用面广。由于几乎可以使用所有加热后黏度降低的粉末材料，因此SLS的应用较广，可用于制造原型设计模型、模具母模、精铸熔模、铸造型壳和型芯等 | （1）SLS成型金属零件的原理是低熔点粉末黏结高熔点粉末，使得制件的孔隙度高，机械性能差，特别是延伸率很低，很少能够直接应用于功能零件的制造上。<br>（2）烧结过程中会因粉末材料的融化而产生异味，而且SLS所用的材料温差不大，烧结区域与非烧结区域界限不明显，分离未烧结粉末需要特殊辅助的工艺 |

## 2.7.3 国内外SLS技术厂商代表

SLS技术起源于美国德克萨斯大学澳斯汀分校（University of Texas at Austin），于1988年研制成功第一台SLS成型机。随后，由美国的DTM公司将其商业化，于1992年推出了该工艺的商业化生产设备SinterStation2000成型机。2001年，DTM被3D Systems收购。

北京隆源公司是国内最大的SLS技术提供商，自1994年研制成功第一台激光快速成型机开始，便倾力于开发选区激光粉末烧结（SLS）快速成型机，作为国内最大的3D打印（SLS）技术服务供应商，隆源公司通过拥有自主知识产权的3D打印设备及产品、全面的工艺及雄厚的技术实力为用户提供个性化的定制服务。

SLS技术的典型厂商和设备参见表2-15。

其中，最典型设备是3D Systems公司生产的ProX 500和sPro系列（图2-15），主要适用于功能型热塑性塑料。

表 2-15　SLS 技术的典型厂商和设备

| 区域 | 典型厂商 | 典型设备 |
|---|---|---|
| 国外 | EOS Gmbh | EOS P 396<br>EOS P760 |
| | 3D Systems | ProX500<br>sPro 230 HS |
| 国内 | 北京隆源自动化成型系统有限公司 | AFS360、AFS500、Lasercore-5300、Losercore-7000 |
| | 华曙高科 | FARSOON 402<br>FARSOON 251 |
| | 易加三维 | EP-3650、EP-C5050、EP-7250 |
| | 华科三维 | HK-P320、HK-P420 |
| | 滨湖机电 | HRPS-2、HRPS-4、HRPS-5、HRPS-6、HRPS-7、HRPS-8 |

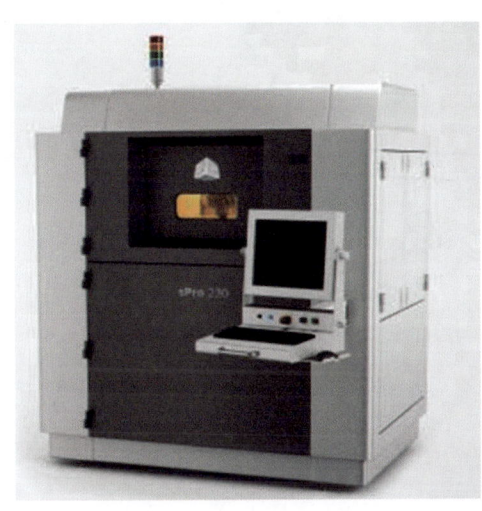

**主要性能指标**

构建尺寸：550 mm×550 mm×750mm
　　　　　（22 in×22 in×30 in）
层厚：0.08-0.15 mm（0.003-0.006 in）
体积构建速度：1.8L/h（110in$^3$/h）
扫描速度：6m/s 和 12 m/s（240in/s 和 480in/s）

图 2.15　sPro 230 HS 设备

## 2.7.4　SLS 主要材料

由于 SLS 工作原理的特点，该工艺可以采用任何加热时黏度降低的粉末材料，包括蜡、PC、尼龙、金属等，但对粉末的粒径有较为严格的要求，当粉末粒径为 0.1mm 以下时，成型后的原型精度可达 ±1%。

SLS 工艺的材料有各类粉末，包括金属、陶瓷、石蜡以及聚合物的粉末，如尼龙粉、覆裹尼龙的玻璃粉、聚碳酸酯粉、聚酰胺粉、蜡粉、金属粉（成型后常需进行再烧结及渗铜处理）、覆裹热凝树脂的细砂、覆蜡陶瓷粉和覆蜡金属粉等。

## 2.8 聚合物喷射技术

### 2.8.1 PolyJet 技术原理分析

聚合物喷射技术（Polymer Jetting，PolyJet）的工作原理如图 2.16 所示。PolyJet 的喷射打印头沿 X/Y 轴方向来回运动，其工作原理与喷墨打印机十分类似，不同的是喷头喷射的不是墨水而是光敏聚合物。当光敏聚合材料被喷射到工作台上后，UV 紫外光灯将沿着喷头工作的方向发射出 UV 紫外光，对光敏聚合材料进行固化。完成一层的喷射打印和固化后，设备内置的工作台会极其精准地下降一个成型层厚，喷头继续喷射光敏聚合材料进行下一层的打印和固化。

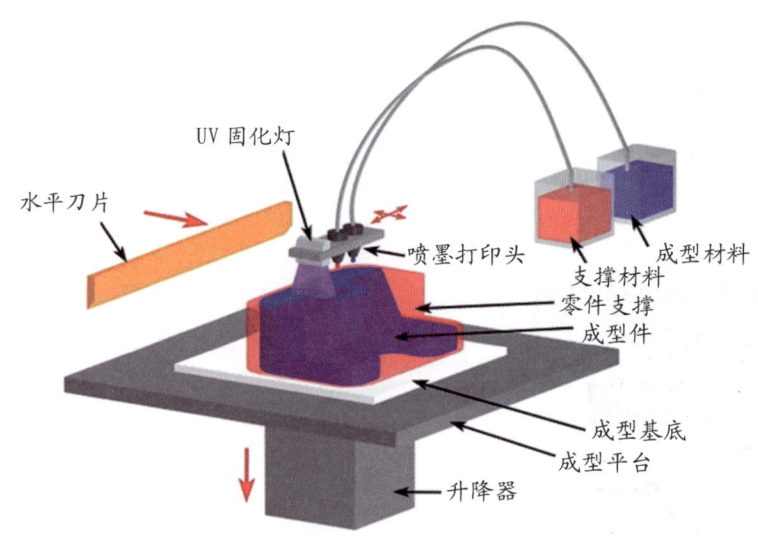

图 2.16 聚合物喷射技术原理图

### 2.8.2 PloyJet 技术特点

polyJet 技术主要优缺点如表 2-16 所示。

表 2-16 PolyJet 技术优缺点

| 优 点 | 缺 点 |
| --- | --- |
| （1）可同时喷射不同材料，适合多种材料、多色材料同时打印，满足不同颜色、透明度、刚度等需求。<br>（2）精确度高：分辨率可以达到 16μm，精密喷射与构建材料性能可保证细节精细与薄壁。<br>（3）快捷。得益于全宽度上的高速光栅构建，可实现快速的流程，可同时构建多个项目，并且无需事后凝固 | （1）耗材成本相对较高。与 SLA 一样使用光敏树脂作为耗材，材料消耗比 SLA 大，成本相对较高。<br>（2）强度较低。由于材料是树脂，成型后强度、耐久度等与 SLA 一样，都不是很高。<br>（3）产品通常不适合长期使用 |

### 2.8.3　国内外 PolyJet 设备研发与生产情况

PolyJet 技术是由以色列 Objet 公司在 2000 年初推出的专利技术。Stratasys 公司是一家全球领先的 3D 打印和增材制造方案提供商，公司是由原 Stratasys Inc 和以色列 Objet 公司于 2012 年合并而成，合并后的公司沿用 Stratasys 的名称，市场份额约为 54.7%。

目前该技术主要为 Stratasys Objet、Connex、EDEN 系列产品。国内及广东省鲜有企业涉及该技术的开发与产业化。

该技术设备全球最具代表性的厂商及其主要设备的相关信息如图 2.17 所示。

主要性能指标
构建尺寸：1000mm × 800mm × 500mm
最大模型重量：200kg
层厚度：16μm
构建分辨率：X 轴方向：600dpi；
　　　　　　Y 轴方向：600dpi；
　　　　　　Z 轴方向：1600dpi
打印模式：数字材料（DM）：30μm
　　　　　高质量（HQ）：16μm
　　　　　高速（HS）：30μm
精度：对于小于 50mm 的模型为 20~85μm。

图 2.17　Stratasys Objet 设备

### 2.8.4　PolyJet 材料

PolyJet 3D 打印技术使用的光敏聚合物多达数百种（见图 2.18）。从橡胶到刚性材料，从透明材料到不透明材料，从无色材料到彩色材料，从标准等级材料到生物相容性材料，以及用于牙科和医学行业进行 3D 打印的专用光敏树脂。主要采用的材料包括：

模型材料：刚性不透明的材料（VeroWhitePlus、VeroBlackPlus、VeroGray 和 VeroBlue）、类橡胶材料（Tango 系列）、透明材料（RGD720 和 VeroClear）、类聚丙烯 (Rigur) 等；

数字材料：Digital ABS 和 Digital ABS2、多种透明度、融合各种邵氏 A 硬度值的类橡胶材料、耐热性得到大幅提升的类聚丙烯材料。

支撑材料：FullCure 705 无毒凝胶类光敏聚合物支撑材料。

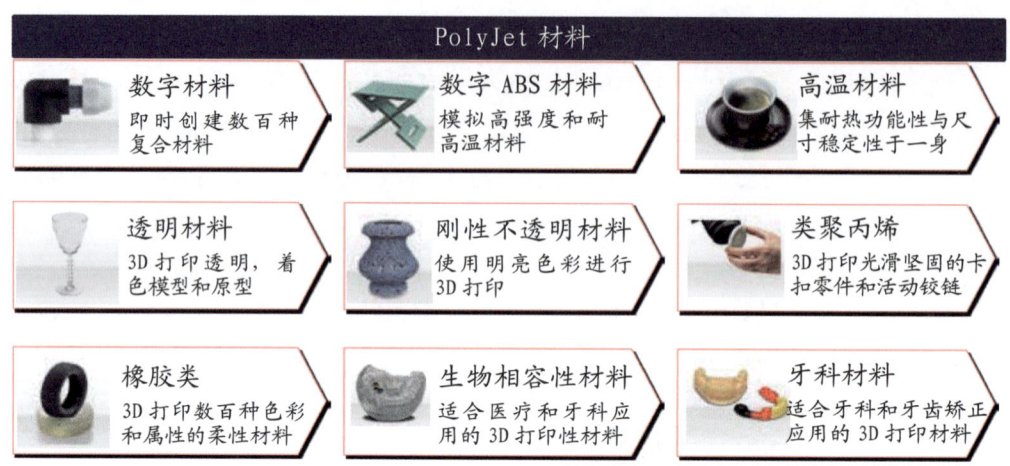

图 2.18　PolyJet 的主要材料

## 2.9　三维立体印刷技术

### 2.9.1　3DP 技术原理分析

三维立体印刷（Three Dimensional Printing，3DP）技术的工作原理如图 2.19 所示。3DP 技术利用喷头喷射液体黏结剂，黏结铺设在粉床上的粉末成形。具体工作过程如下：喷头在控制系统的控制下，按照所给的一层界面的信息，在实现铺好的一层粉末材料上，有选择性地喷射黏结剂，使部分粉末黏结，形成一层界面薄层；在每个薄层形成后，工作台下降一个层厚，进行铺粉操作，继而再喷射黏结剂进行薄层成型；不断循环，直至所有薄层成型完毕，层与层在高度方向上相互黏结并堆叠得到所需三维实体制件。

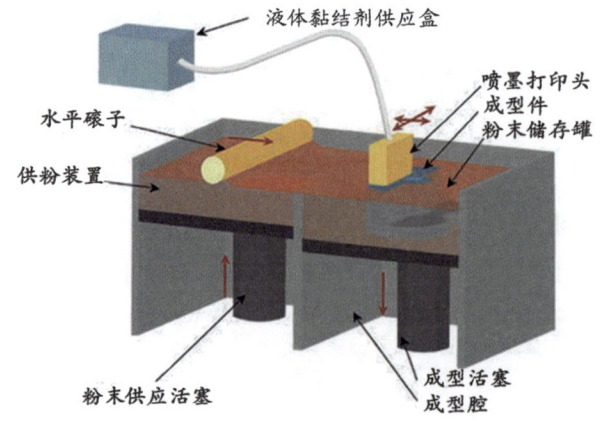

图 2.19　三维立体印刷技术原理图

### 2.9.2 技术特点

3DP 技术主要优缺点如表 2-17 所示。

表 2-17　3DP 技术优缺点

| 优　点 | 缺　点 |
| --- | --- |
| （1）打印速度快。3DP 仅有黏结剂是通过喷头喷射，作为支撑材料的粉末全部是通过铺撒的方式放置，因此打印速度比 FDM 快很多。<br>（2）多打印头同时工作，可以同时打印多个物体，也可以同时打印物体的不同部分，提高了打印速度。<br>（3）色彩丰富。3DP 具有 24 位全彩打印能力，其着色原理与二维打印相同，是通过 C、M、Y、Clear 等 4 种色彩的黏结剂按不同比例的混合而形成多种色彩 | （1）各向异性。因为工件外形的复杂程度不一样，并且由于成型时的堆积方向不同，所以存在着各向异性。<br>（2）强度不够。由于工件是通过层层黏结而成的，不同的材料，通过黏结所能达到的强度不一样。<br>（3）选择的分层方向不同，成型的工件可能有所差异 |

### 2.9.3　3DP 设备商

#### 美国　Exone

工业级 3D 打印机制造商 ExOne 以其打印尺寸全球最大的砂材料 3D 打印机而知名。其实 Exone 在金属和玻璃材料的 3D 打印技术，以及激光微加工等方面也卓有成就。Exone 公司还设置了 8 个全球性的制造中心，这些制造中心除了研发之外，还提供按需 3D 打印服务。3D 打印材料的多样性表明了 ExOne 能够满足诸如航空航天、汽车、能源、铸造和医疗等领域内的 3D 打印应用需求。

#### 德国　VJET

Voxeljet Ag (VJET) 是全球最专业的砂型 3D 打印机厂商之一，最大可达 8m，采用喷射 – 固化的成型方式，材料为砂子，应用于熔模铸造。每台设备的售价都近千万元人民币，每年的销售量不多。目前全球装机量超过 50 台。Voxeljet Ag (VJET) 在纽约上市，市值 1.1 亿美元（约合 7.1 亿元人民币），股价 6.1 美元，营收 0.27 亿美元，目前亏损。

#### 中国　峰华卓立

广东峰华卓立科技股份有限公司，是中国最早研究 3D 打印技术并产业化的公司之一，成功创造了以砂型 3D 打印为核心的先进制造技术并将之应用于国家最基础的铸造工业，是目前 3D 打印行业于工业产业化应用方面最为成功的企业。

国内外 3DP 技术典型厂商和设备参见表 2-18。

表 2-18　国内外 3DP 技术典型厂商和设备

| 区　域 | 典型厂商 | 典型设备 |
|---|---|---|
| 国外 | Exone | Exerial、S-Max、S-Print、M-Print |
|  | Voxeljet Ag | VX1000 |
| 广东省 | 广东峰华卓立科技股份有限公司 | PCM-800（AJ）、PCM-1500（AJ） |

美国 Exone 在产品端将对现有的两款产品进行升级换代，其中将大型的 S-Max 产品升级为两个工作箱，以实现连续的生产性的打印工作；而中型的 S-Print 则升级自动输送机构，提高打印的效率。图 2.20 为美国 Exone 典型的双箱结构的砂型打印机。

图 2.20　Exone S-Print 3D 打印机

其主要性能指标如下：

| 成型腔尺寸 | 800×500×400mm |
|---|---|
| 成型速度 | 16~36L/h |
| 层厚 | 280~500μm |
| 分辨率 | 100μm |
| 设备尺寸 | 3270mm×2540mm×2860mm |
| S-pirint 功率需求 | 6.2kW |
| 热处功率需求 | 6.3kW |
| 质量 | 3500kg |
| 数据格式 | STL |

图 2.21 为 Exone S-Print 成型样品。

图 2.21　3DP 技术成型样品

### 2.9.4　3DP 材料

3DP 技术的成型材料和应用领域范围极广，包括原型制件应用材料，例如尼龙粉末、ABS 粉末、石膏粉末；模具应用材料，例如各种金属粉末，陶瓷粉末，以及用于砂模铸造的各种砂粉，高性能尼龙等；快速制造应用材料，例如具有特殊性能的贵金属粉末、轻质金属粉末、"三高"强度金属粉末、橡胶粉末、结构陶瓷粉末、功能陶瓷粉末等。同时在医学应用领域，主要可以成形有各类药片的压片用原粉、干细胞溶液，以及一些特殊功能并具有生物兼容性的结构材料粉末；而在微纳制造应用材料中，可以成形各类半导体制造中使用到的常规材料，包括金、铂、铜以及一些绝缘材料等。该技术所用的材料主要涉及两方面，一是被黏结的粉末材料，二是黏结用的黏胶剂，下面分别介绍。

#### 1. 粉末材料

粉末材料主要作为产品的主体部分，根据构成成分不同主要分为陶瓷粉末、金属粉末和塑料粉末等。陶瓷粉末包括矾土、氧化锆等；金属粉末包括铝、钛合金、不锈钢等；塑料粉末则包括 ABS、PLA、PP 等。

#### 2. 黏结剂

黏结剂的作用是将粉末黏结起来，其应该具有与粉末附着后快速黏合、较强的结合力、后处理过程中不易被去除等特点。从大类上划分可分为有机黏结剂和无机黏结剂。

## 2.10　激光熔覆 3D 打印 +CNC 技术

德国的 DMG 德马吉森精机 LASERTEC 65 3D 在 5 轴数控加工中心上开发组合激光沉积焊接的 AM（增材制造）功能，适合加工的金属粉体材料包括不锈钢、难切削材料因康镍合金（镍基合金的一种）等。设备适用于飞机零部件和医疗设备零部件相关的复杂工件（加工对象物）制造与修理。激光沉积焊接采用2kW 二极管激光，数控铣削加工和激光加工可完全自动切换，相当于传统数控加工和3D打印增材制造的结合，用增材制造的方法在一台机床上把形状"堆积"起来，再用数控加工的方法进行轻切，把多余的不符合精度要求的物料切除。其特点如下：

（1）激光喷涂与铣削技术独一无二的组合可实现最佳表面以及最佳部件精度；

（2）采用粉末喷嘴的激光堆焊，比粉床工艺快20倍；

（3）可生产全套零部件；

（4）无需支撑结构可实现众多3D几何形状，包括底切；

（5）涡轮部件以及工具和模具的修理。

图2-22为LASERTEC 65设备及其加工件

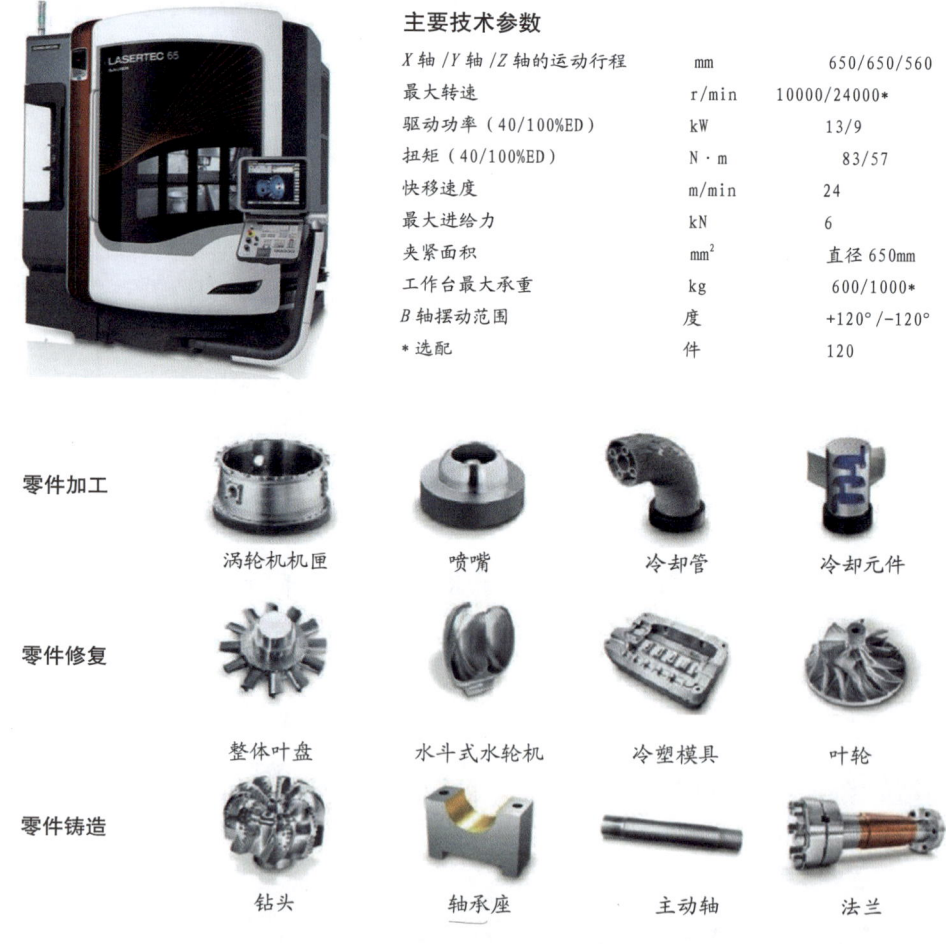

图2.22 激光熔覆与CNC复合加工

日本的马扎克（Mazak) INTEGREX I –400AM （图2.23）采用的是激光烧结增材制造方法，光纤激光热源熔化金属粉末，熔覆头（即喷嘴）通过读取CAD定义的模型来熔融材料,该系统还可以加入不同类型的金属对象,可以修复现有的磨损或损坏的部件,尤其是修复航空涡轮叶片可以极大地节约成本。在数控机械加工方面,INTEGREX I-400AM 提供了完整的 5 轴功能,可以轻松地处理固态坯料或铸件、圆形零件,高异形零件和棱柱零件,以及那些经过增材制造处理之后的零件。

图 2.23　INTEGREX I-400AM 设备

　　INTEGREX I-400AM 配备多个 Ambit 激光熔覆头,能够从高速切削通过变换工具头,切换到精细金属沉积。INTEGREX I-400AM 适宜于小批量加工非常难以切削的材料,这些材料通常用于航空航天、能源和医疗行业。在操作中,INTEGREX I-400AM 在喷嘴前端向工件表面喷出金属粉末,同时照射纤维激光,在各母材上熔融、凝固金属粉末。这种方法还能将母材与其他金属强力接合起来。比如,在作为母材的"Inconel738"上,对用于航空领域部件的镍基超合金"Inconel718"实施沉积成型。马扎克提供两种类型的熔覆头——高速成型用熔覆头和高精度成型用熔覆头。主轴上安装的熔覆头可自动更换,收放在刀塔中。用户可设想根据造型形状、加工条件及金属粉末材料的种类等区别使用不同的熔覆头。另外,该设备还配备了装卸金属粉末供给通道的多支管平台装置(manifold docking)。

　　激光熔覆 3D 打印技术 +CNC 技术目前广东省涉足比较少,但离子束 3D 打印技术 +CNC 技术在东莞亚美精密机械有限公司已生产。

## 2.11 SLM 激光选区熔化 3D 打印 +CNC 技术

**日本松浦（Matsuura）** 代表机型：LUMEX Avance-25。LUMEX Avance-25 金属 3D 打印机是世界上首个将金属激光烧结增材制造技术与高速铣削工艺结合在一起的综合制造设备。GE 公司的刘羽工厂，就使用日本松浦 3D 打印机制造特殊的控制阀。

"LUMEX Avance-25"的工作流程如图 2.24 所示。原理如同一台 3D 打印机，拥有金属光造型功能，可以在用激光烧结金属粉末的同时，以 50μm 的厚度层层叠加形成所需造型，并且还拥有使用立式铣刀进行高精度、高速度的金属切削加工功能（数控加工中心），是一种极为独特的金属加工机。

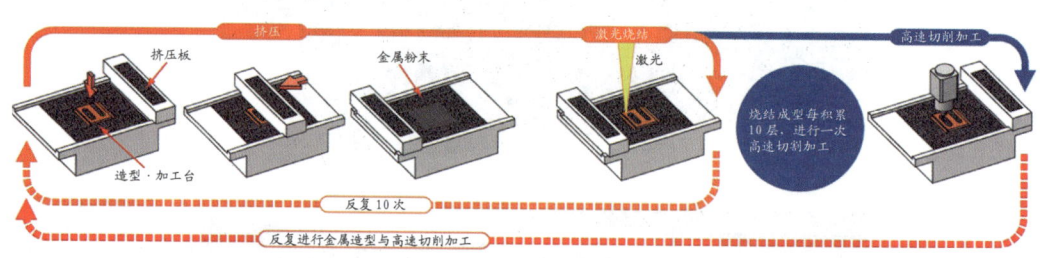

图 2.24　SLM+CNC 工作流程示意图

LUMEX Avance-25 设备及其主要参数见图 2.25。它具有以下优点：（1）能轻而易举地制造以往的金属切削加工和放电加工难以制成的深、薄骨位，或复杂的扇形形状，并且能简单地加工骨片的细微脱模斜度。（2）能在模具内部的任何位置制作出各种形状的冷却水路。（3）只需控制激光的输出功率、改变金属粉末的烧结条件，就能制出用来排出气体的微小孔的结构 ( 分子密度 )。

图 2.26 为用 LUMEX Avance-25 设备成型的随形冷却模具。

| Matsuura | 金属光造型复合加工机 LUMEX Avance-25 |
|---|---|
| 激光发生器 | Yb 光纤激光器 |
| 激光输出：W | 400　标准 |
| 最大加工物尺寸：mm | W250×D250 |
| 主轴转速：r·min⁻¹ | 45 000　标准<br>60 000　选配件 |
| 轴行程（X/Y/Z）:mm | 260/260/100 |
| 进给速度（X/Y/Z）:m/min | 60/60/30 |
| NC 装置 | I-Tech Avance |

图 2.25　LUMEX Avance-25 装备及其主要参数

图 2.26　LUMEX Avance-25 装备成型的随形冷却模具

在广东东莞，SET Corporation Limited（和仁高科技电子有限公司）东莞工厂引进了松浦的金属光造型复合加工机。

**日本沙迪克公司（Sodick）**　沙迪克公司于 2014 年 7 月 16 日宣布开发出了使用金属材料加工的 3D 打印机"OPM250L"（图 2.27），并于 2014 年 10 月开始销售。这款打印机采用金属光成型复合加工方法，将激光熔融凝固金属粉末的沉积成型与基于切削加工的精加工组合在一起。沙迪克公司已就这种加工技术与松下签署了授权协议，同时还在自主开发相关技术，已申请了 5 项专利。

最大成型尺寸：250mm×250mm×250mm

$X$ 轴 × $Y$ 轴 × $U$ 轴行程：260mm×260mm×260mm

ATC 刀具数量：16 个

激光波长 (nm)：1 070

激光最大功率 (W)：500

主轴最大转速 (r/min)：45 000

主轴最大扭矩 (N·m)：0.8

图 2.27　OPM250L 设备

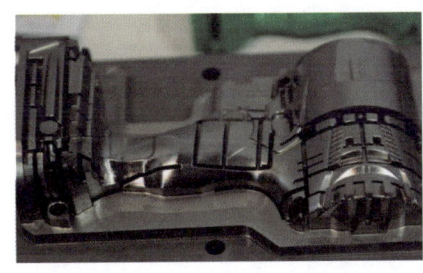 

图 2.28　OPM250L 成型样品

## 2.12 金属纳米颗粒喷墨技术

金属纳米颗粒喷墨（Nano Particle Jetting）技术并不直接使用金属粉体作打印材料，而是使用一种很方便的墨盒，墨盒里装着由液体泡沫包围着的金属颗粒（见图2.29）。这种方式使得材料可以通过传统的喷墨打印头来沉积。构建室里的热量会使液体蒸发，只留下金属部分。独特的支撑材料是这种技术的另一个亮点。这种材料无需借助任何外力即可通过专门的技术融化去除。与普通粉末烧结金属3D打印工艺需要以同样的材料建立支撑相比，这种方法不但更容易实现，而且能显著减少浪费，从而降低成本，并且能给予设计师更大的自由，因为它是通过融化去除的，所以理论上可以无限添加。

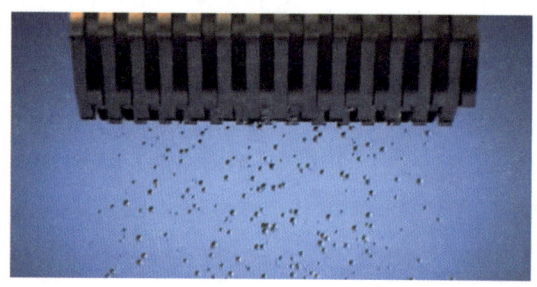

图 2.29　纳米颗粒喷墨

代表厂商有以色列 XJet。XJet 是全球金属 3D 打印的先锋，独创了全球首个金属纳米颗粒喷墨 3D 打印技术，可将传统金属 3D 打印用粉末材料变为液态，然后使用其中的悬浮态金属纳米颗粒进行制造。与其他金属 3D 打印技术相比，它的优点有：更高的产品精度、尺寸灵活性和材料利用率，产品无需打磨就能直接使用，打印无需惰性气体或者真空环境，颗粒度也可调节，支撑更容易去掉，整个打印流程更加简单，等。基于这些优点，这种新技术具有很高的发展潜力，能很好地满足小批量复杂金属件的制造需求，适用领域十分广泛，包括航空航天、汽车、医学、牙科等。

美国 Desktop Metal "桌面金属"是一家立志打造桌面级金属 3D 打印机的初创企业，也正在研发使用该技术进军金属 3D 市场。

## 2.13　CLIP 技术

2016 年 3 月 20 日，Carbon 3D 公司的连续液面生产技术（Continuous Liquid Interface Production，CLIP），登上了权威学术杂志 *Science* 的封面，也是光固化（SLA）的革命性改进。连续液面光固化生产的原理如图 2.30 所示，其根本原理并不复杂，底部的紫外光投影让光敏树脂固化，而氧抑制固化，水槽底部的液态树脂由于接触氧气而保持稳定的液态区域，这样就保证了固化的连续性。（底部特殊窗口在透光的同时透过氧气）

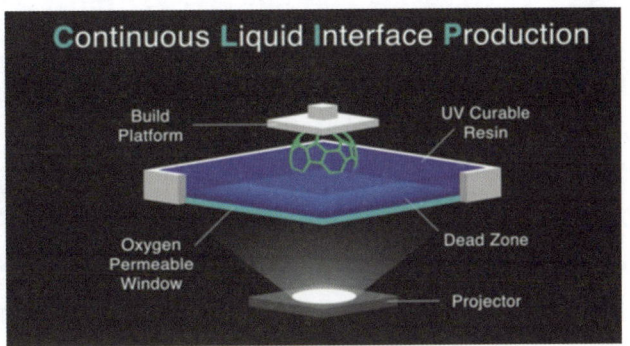

图 2.30　连续液面光固化生产技术

这项技术最重要的两个优势：一是打印速度快到了颠覆性的程度——比传统的 3D 打印机要快 25~100 倍，理论上有提高到 1000 倍的潜力。图 2.31 为 CLIP 与其他技术成型同一零件，成型效率的对比图，CLIP 仅需 6.5min，而其他技术都要 3h 以上。

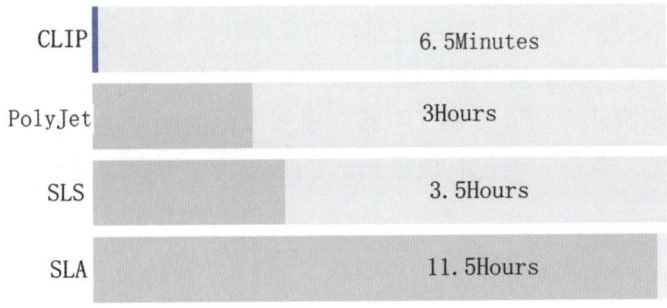

图 2.31　CLIP 与其他技术成型效率对比

另一优势是分层理论上可以无限细腻：传统 3D 打印需要把 3D 模型切成很多层，类似于叠加幻灯片，这个原理就决定了粗糙度高，而连续液面生产模式在底部投影的光图像可以做到连续变化，相当于从叠加幻灯片进化成了叠加视频，虽然这个"视频帧数"也不是无限大，但是对比幻灯片的进步是巨大的，如图 2.32 所示。

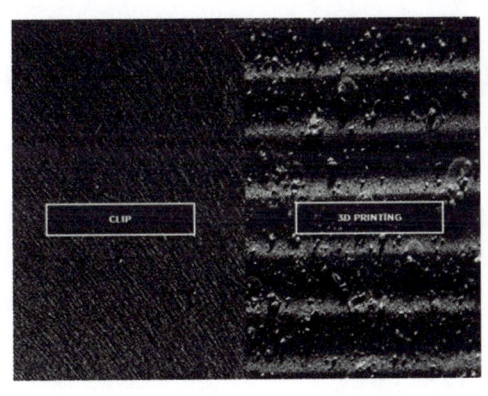

图 2.32　CLIP 与传统 3D 打印成型表面质量对比

CLIP 使用材料如下：

（1）EPU——弹性聚氨酯，是一种弹性的可拉伸材料，它被认为是一种高性能的高分子弹性体，在循环拉伸和压缩载荷作用下也能够表现出优秀的弹性，且具有很好的缓冲性能，是制造垫片、垫圈以及防水密封件的理想材料。目前，它只有麻灰一种颜色。

（2）FPU——柔性聚氨酯，是一种半刚性材料。它具有较好的耐冲击力、耐磨性和抗疲劳性能等，可用于对韧性强度要求大以承受反复压力的部件，如铰链结构等。这种材料非常适合 3D 打印家庭用品、玩具、刚性包装材料和任何要求既轻又柔软的对象。目前，只有长春花色可供选择。

（3）RPU——硬质聚氨酯。Carbon 公司总共提供了三种 RPU，是 Carbon 公司开发的材料中最硬且适用性最广的聚氨酯树脂，具有出色的抗压性能、强度、刚度及韧性。这些特性使得 RPU 特别适用于汽车、消费电子和工业部件等需要优良机械性能的领域。RPU 可提供的颜色只有黑色。

（3）PR——原型树脂。这种材料打印速度快，具有优异的分辨率，并能够承受适度的功能测试。但是，其刚性和强度较低，也不耐高温。因其超高的分辨率，因此几乎不需要打印后处理，可用于打印器官模型以帮助医生进行手术准备和规划。颜色有青色、洋红色、黄色、黑色、白色和灰色可选，也可以通过相互混合实现颜色的自定义。

# 3 增材制造应用产业链分析

随着增材制造（3D打印）的普及，"大批量的个性化定制"将成为重要的生产模式。增材制造（3D打印）不仅可以为基础科学技术的研究提供重要的技术支持，而且与现代服务业的紧密结合，将衍生出新的细分产业、新的商业模式，创造出新的经济增长点。本章重点从增材制造应用产业链角度进行分析。

## 3.1 增材制造（3D打印）产业链构成

增材制造（3D打印）产业环节较少，这也是其有别于传统制造业的地方。其产业链如图3.1所示：打印原材料和打印设备是最重要的产业链环节，为增材制造（3D打印）提供基础设备和产品成型原料，这两项是决定产品的重要因素；方案提供商是增材制造（3D打印）流程的实现者，提供设计到成型全程的运营服务。

原材料：目前增材制造（3D打印）成熟使用的材料有限，ABS、人造橡胶、铸蜡和聚酯热塑性塑料等耗材是可以使用的主要材料。不过未来可使用的材料将会越来越多，例如，XeroxPARC公司正在研发传感器、晶体管等电子产品的打印材料，一旦成功，将意味着消费者可以自行设计打印手机或者MP3等。

增材制造（3D打印）机：随着原来的巨型机转向了桌面机，设备价格也从几百万美元降到几千美元，可打印的物品精度也在逐步提高，打印机的使用价值逐渐凸显，因此，三年前尚处于技术前沿的增材制造（3D打印）如今已成制造业中的新兴战略领域。

方案服务：方案提供商提供设计到成品的流程服务，包括硬件和软件。现在的模型设计以CAD软件为主，结合其他的三维建模软件，实现设计层面的服务化；而随着开源硬件的推广，方案提供商可以设计契合用户购买能力的方案去推送硬件服务。

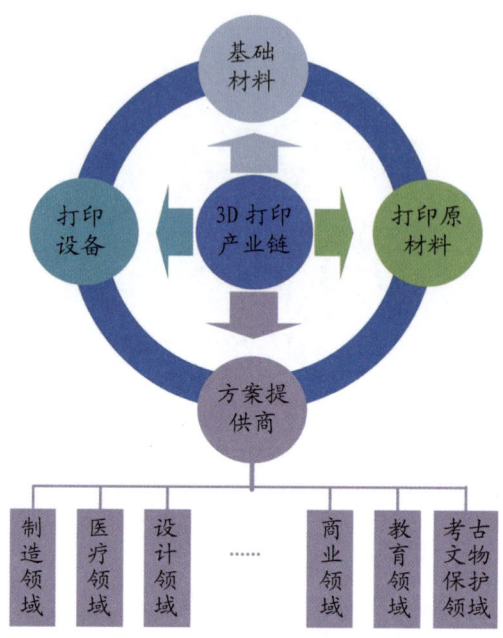

图 3.1　3D 打印产业链示意图

目前我国 3D 打印材料、3D 打印设备（含 3D 扫描仪）、3D 打印应用服务的上市企业见表 3-1。

表 3-1　3D 打印相关上市公司汇总

| 3D 打印材料 | | 3D 扫描仪和 3D 打印机 | | 3D 打印应用服务 | |
|---|---|---|---|---|---|
| 简称 | 代码 | 简称 | 代码 | 简称 | 代码 |
| 银禧科技 | 300221 | 先临三维 | 830978 | 金运激光 | 300220 |
| 东方铁塔 | 002545 | 三的部落 | 100129 | 南风股份 | 300004 |
| 中海达 | 300177 | 亚太科技 | 002540 | 光韵达 | 300227 |
| 苏大维格 | 300331 | 江南嘉捷 | 601313 | 高乐股份 | 002348 |
| 深圳惠程 | 002168 | 华中数控 | 300161 | 中航重机 | 600765 |
| 金钼股份 | 601958 | 海源机械 | 002529 | 华工科技 | 000988 |
| 宏昌电子 | 603002 | 机器人 | 300024 | 兴民钢圈 | 002355 |
| 钢研高纳 | 300034 | 宝钛股份 | 600456 | 中航投资 | 600705 |
| 秦川发展 | 000837 | 大族激光 | 002008 | 毅昌股份 | 002420 |
| 昆明机床 | 600806 | 新北洋 | 002376 | 利达光电 | 002189 |
| 英力特 | 000635 | 鑫科材料 | 600255 | | |
| 银邦股份 | 300337 | 博实股份 | 002698 | | |

数据来源：西南证券整理

当然我们也注意到这些上市企业的主营业务很多不是 3D 打印，相当多的企业仅仅一部分业务涉及 3D 打印。

## 3.2 增材制造在医学上的应用

### 3.2.1 医学应用分类

增材制造（3D 打印）为医疗市场注入了新的生命力，为患者个性化需求提供有力的支撑。增材制造（3D 打印）在医学领域的应用包括下面四个技术范围：

一是基于生物医学图像（如 CT、MRI 等）的生物三维建模，然后转化为个性化的生物体外模型，应用于外科整形、手术规划和个性化假肢设计等领域；

二是基于仿生的多尺度生物复杂结构设计，建立具有多尺度复杂结构的生物系统模型，采用具有生物相容性的材料，制造出可植入的集合体；

三是组织支架（tissue scaffolds）和类组织结构体（tissue precursor）的生物制造技术；

四是 3D 直接细胞打印技术。

后两者主要应用于人工器官与组织的制造，它们不仅涉及增材制造（3D 打印），而且具有生长成型的某些特征。利用增材制造（3D 打印）技术个性化制备复杂多孔结构的优异植入体已广泛应用于临床，如钛合金头盖骨、骨板、人工关节及股骨头等个性化医用植入体。

国内医疗行业对增材制造（3D 打印）技术的应用始于 20 世纪 80 年代后期，最初主要用于快速制造 3D 医疗模型，在当时，增材制造（3D 打印）技术主要用来帮助医生与患者沟通、准确判断病情以及进行手术规划。可以说，我国在医疗行业对于增材制造（3D 打印）技术应用的探索已久，并伴随着增材制造（3D 打印）技术的发展走向深入。近几年，伴随着增材制造（3D 打印）技术的发展和精准化、个性化医疗需求的增长，增材制造（3D 打印）技术在医疗行业的应用也持续深入，逐渐用于直接制造骨科植入物、定制化的助听器外壳和假肢。在制药行业，通过增材制造（3D 打印）技术研发缓释药物。在生命科学领域，用增材制造（3D 打印）技术修复人工组织和器官，探索增材制造（3D 打印）人工器官和组织，最终目标是研发出能够移植于人体的器官和组织。

在外科手术规划方面，通过将医学影像数据、设计软件和增材制造（3D 打印）相结合，医生不仅可以在电脑上看到患者的三维模型，还可以将三维模型 3D 打印出来，并利用实物模型进行精准的手术预规划，从而缩短手术时间、提高手术成功率。

在骨科植入物方面，利用增材制造（3D 打印）技术可以直接在植入物的表面打印出与植入物一体的复杂多孔结构，有利于骨长入，对患者的恢复有利；在义齿加工方面，使用口腔扫描设备和 3D 打印机可以同时打印多个患者的义齿模型，将牙医从手工制作石膏模型的技师角色中解脱出来，可以将宝贵的时间用在治疗上。

作为更前沿的技术——3D 打印活体组织，科学家们已经开始在实验室打印活体组织，并且将这些成果商业化，用于药物毒性测试等。未来，将下面图示的器官移植给患者可以避免免疫体统的排异反应。

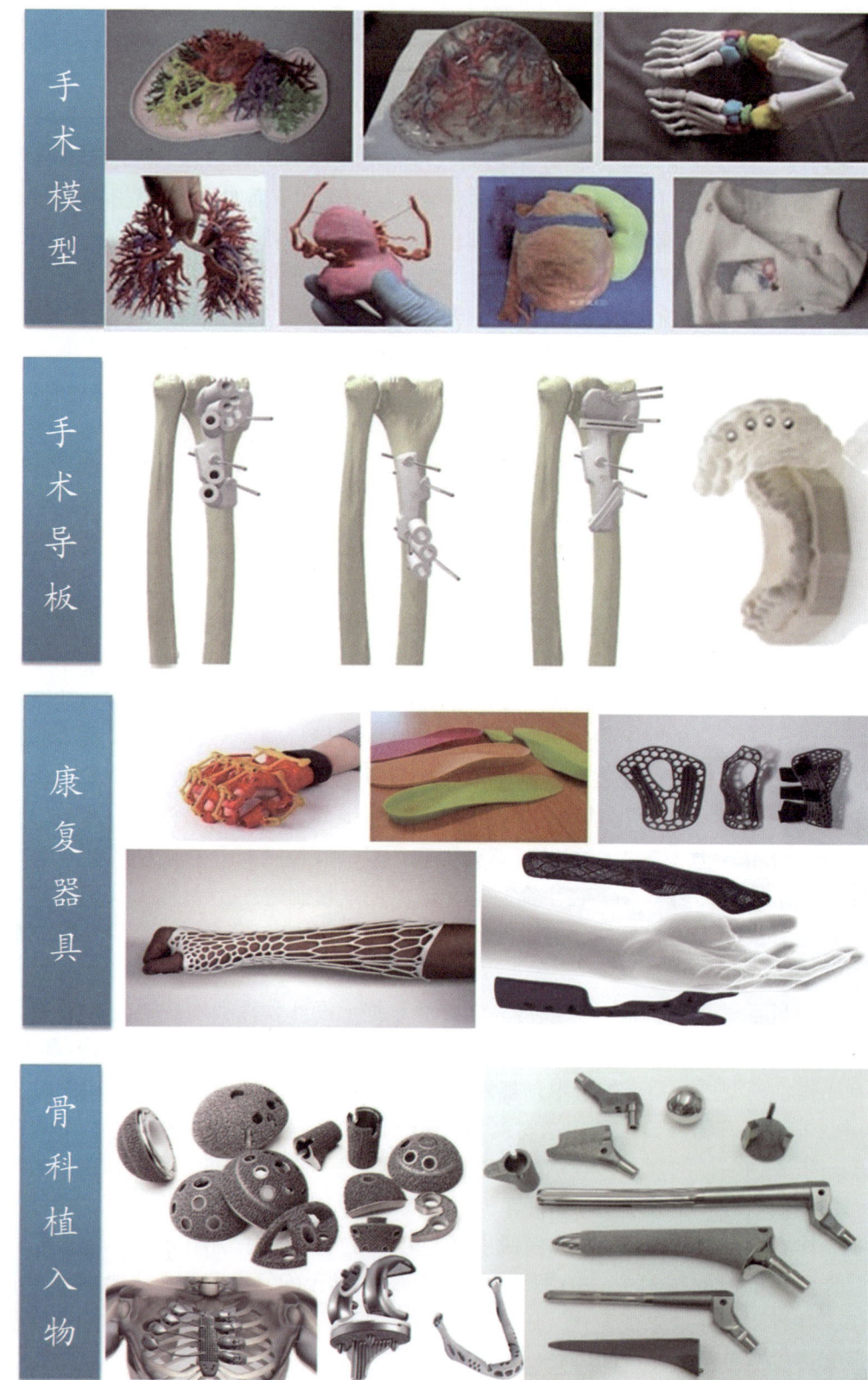

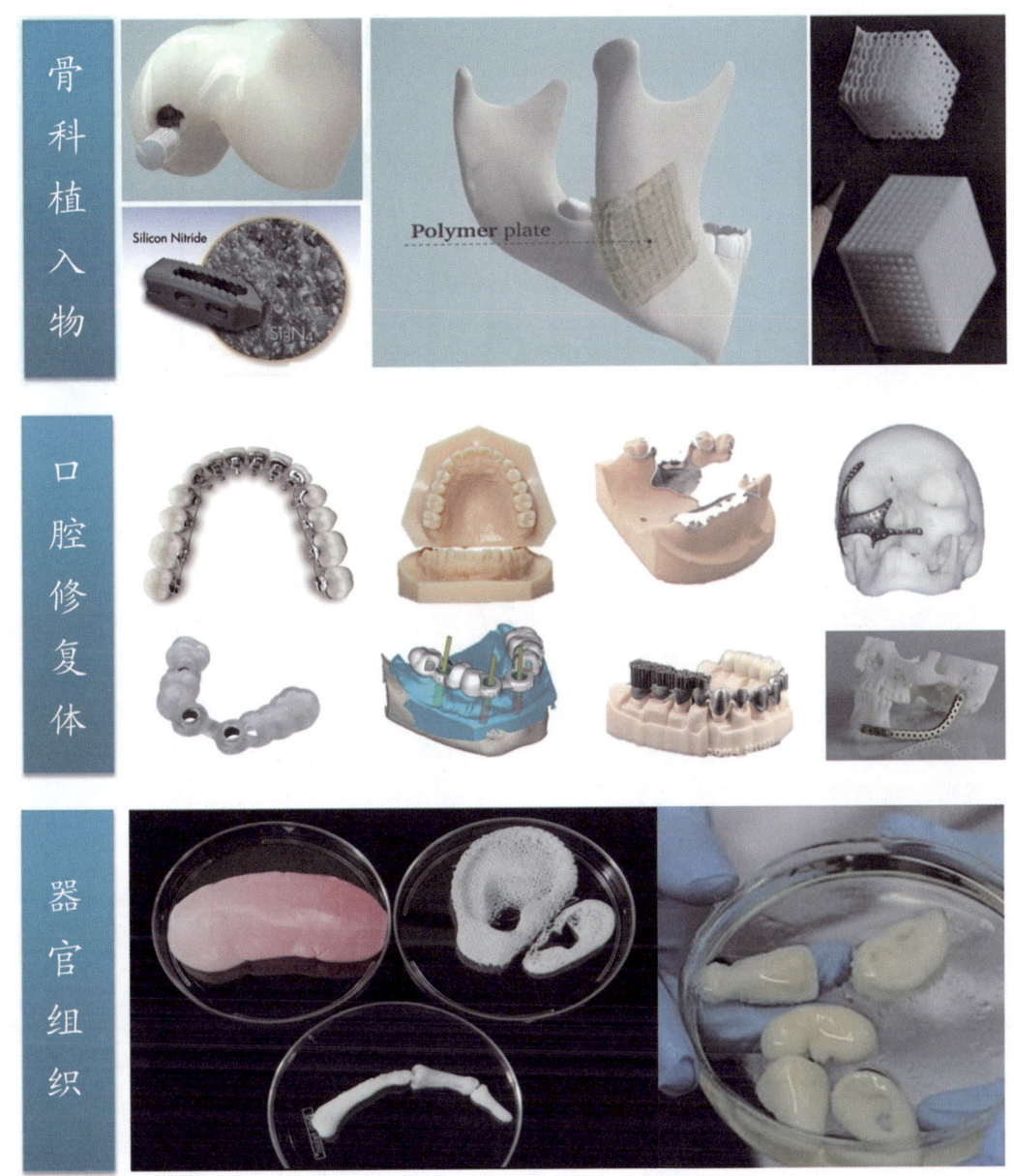

## 3.2.2 医学应用市场

SmarTech 对 3D 打印的市场规模进行了预测，如图 3.2 所示。2016 年全球 3D 打印医疗市场规模达 12.29 亿美元，其中 3D 打印植入物市场规模达 8.23 亿美元；2024 年 3D 打印植入物的医疗市场规模达 96.39 亿美元，其中 3D 打印植入物的市场规模达 81.2 亿美元。3D 打印植入物是 3D 打印技术在医疗行业中市场规模最大的应用。

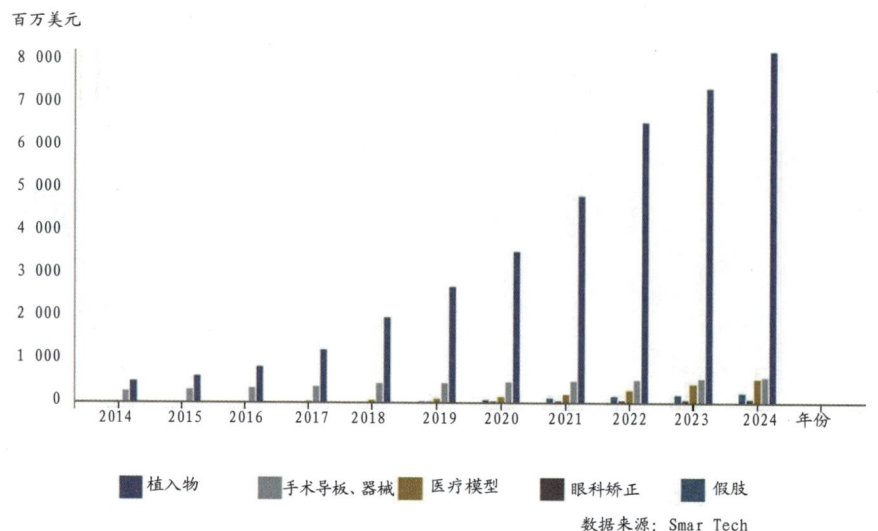

图 3.2　3D 打印市场规模

由此可见，3D 打印全球医疗市场在未来几年内将会迅速发展。

而全球医疗市场有多大，数据暂且没有得到统计。这里仅介绍创伤植入物、脊柱植入物、关节植入物三部分市场，如图 3.3 所示。

2016 年全球关节、脊柱、创伤植入物市场规模达 419 亿美元，其中，关节植入物为 229 亿美元，脊柱植入物为 113 亿美元，创伤植入物为 77 亿美元；在全球市场中，关节植入物的占比最高，达 54.7%。

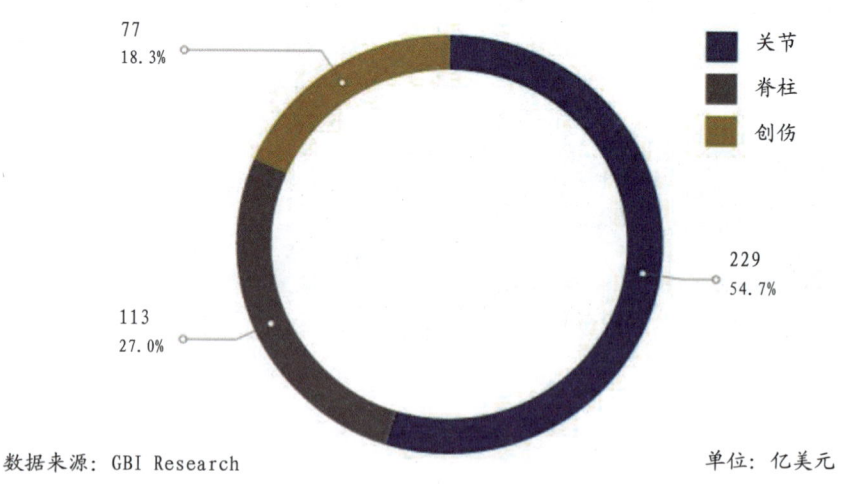

图 3.3　3D 打印医疗市场

图 3.4 为骨科植入物品牌和市场占有率情况，从图中可知，在全球市场中，骨科植入物品牌非常集中，包括 Depuy、Stryker、Zimmer、Synthes 等公司在内的 9 家公司占据了整个骨科植入物市场 80% 的市场份额。由此可见美国、西欧、日本占据绝对

领先优势。

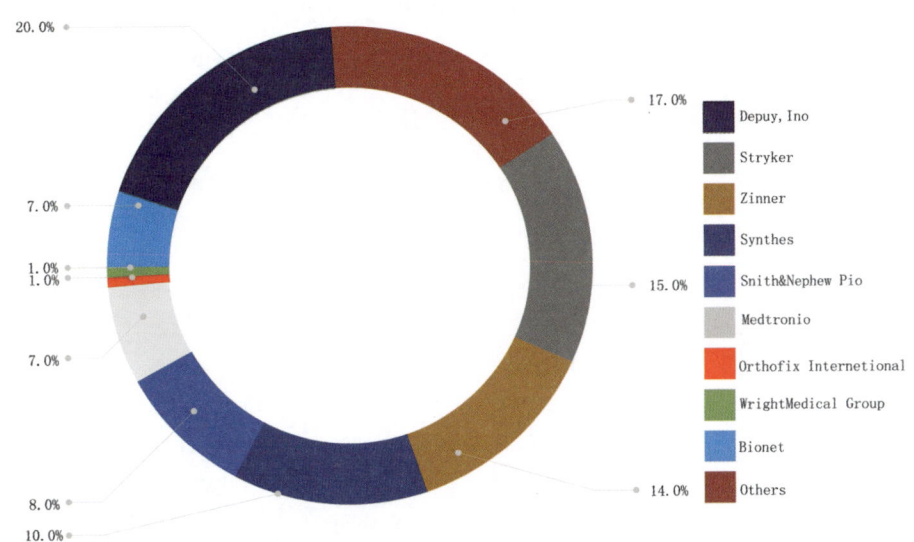

图 3.4　骨科植入物品牌和市场占有率

关节、脊柱、创伤植入物在中国的市场规模在 2012 年达 95.4 亿元，2015 年达 166 亿元，2017 年预计将达到 218 亿元（——Frost&Sullivan）。现阶段我国创伤类植入物的占比大于关节和脊柱植入物，但关节和脊柱植入物的总量和占比提升是大势所趋。此外，3D 打印的一台设备即可替代月产 1 万颗义齿的生产线的全部人工，大大节约成本，单单口腔修复体每年也约有 200 亿元的市场规模。

目前我国正通过成本优势和技术提升，推动本土医疗器械产业逐步向价值链上游即高端医疗器械领域转移。广东省医疗器械领域在国内一直占据前列。截至 2016 年 12 月，我国医疗器械生产企业挂牌上市共 34 家，其中广东企业就占了四成以上。广东省 2011 年医疗器械产业产值为 480 亿元，位居全国第一，同比增长 25%。"十二五"期间，广东省医疗器械行业发展受政策鼓励，产值增长较快。2015 年广东省医疗器械产值达 912.39 亿元。2011–2015 年广东医疗器械利润总额逐年增长，行业利润额越来越高与行业产值增长有一定关系。随着技术水平的提高，广东省医疗器械行业成本得到有效控制，利润总额相应增长。2015 年底，广东省医疗器械行业利润总额达 53.48 亿元。而在 3D 打印医疗市场方面，特别是骨科植入体方面有较大的发展空间，成果可期。

目前广东省内外医疗器械 3D 打印应用典型厂商参见表 3-2。

表 3-2 医疗器械 3D 打印典型厂商

| 区域 | 公司 | 产品 |
| --- | --- | --- |
| 国外 | Depuy | 骨科植入物 |
| | Stryker | 骨科植入物 |
| | Zimmer | 骨科植入物 |
| 广东省外 | 常州华森医疗器械 | 骨科植入物 |
| | 创生医疗器械 | 骨科植入物 |
| | 常州康辉医疗 | 骨科植入物 |
| | 北京爱康宜诚医疗 | 骨科植入物 |
| | 山东威高骨科 | 骨科植入物 |
| 广东省内 | 深圳市博恩医疗器械 | 骨科植入物 |
| | 深圳康泰健 | 口腔修复体 |
| | 广州迈普再生医学科技有限公司 | 生物 3D 打印 |
| | 东莞定远陶齿制品 | 口腔修复体 |
| | 洋紫荆牙科器材（深圳）有限公司 | 口腔修复体 |
| | 东莞宜安科技 | 骨科植入物 |
| | 佛山施泰宝外科植入物 | 骨科植入物 |
| | 广东聚普科技 | 骨科植入物 |

### 3.2.3 医学应用产业链

对于医学应用来说，从 3D 打印装备、原材料供应、三维扫描、软件设计，经过 3D 打印服务商转为最终的手术规划模型、硬组织修复体、软件组织修复体及细胞活体，见图 3.5。

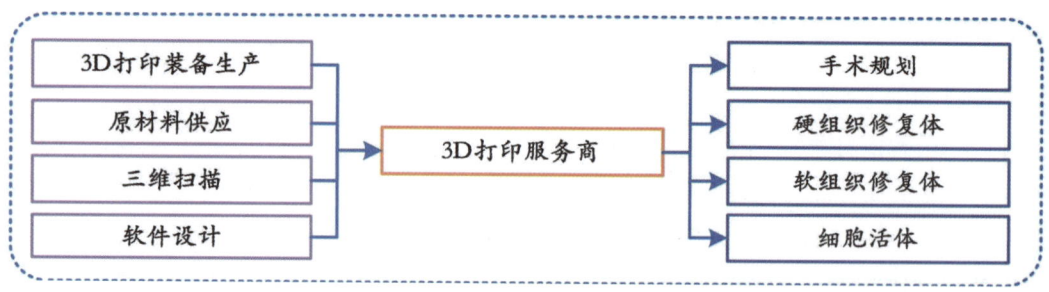

图 3.5 3D 打印医学应用产业链

进一步按照其产业链形式，从原材料—设计—制造层面，产业链情况如图 3.6 所示。

在原材料方面，金属材料供应商在 SLM 材料方面已有介绍，AP&C(目前被 Acram AB 收购)、LPW、Sandvik、上海材料研究所、广东纳联、飞尔康快速制造、中航迈特等均提供金属 3D 打印粉状材料，恩欣格工程塑料、赢创德固赛、劳士领工程塑料、OPM 等厂商供应高分子材料，而堪慕生物陶瓷（苏州）有限公司、武汉华威生物工程材料有限公司、上海材料研究所等供应陶瓷材料。

软件方面，常用的三维建模软件包括 Auto CAD、Pro/E、Solidworks、Autodesk Within、Materialise Mimic Innovation Suite、Materialise 3-matic 等医疗设计软件。此外还包括常规的 Simulia、Ansys 等仿真分析。

在 3D 打印设备方面，见前面一章相应的介绍。

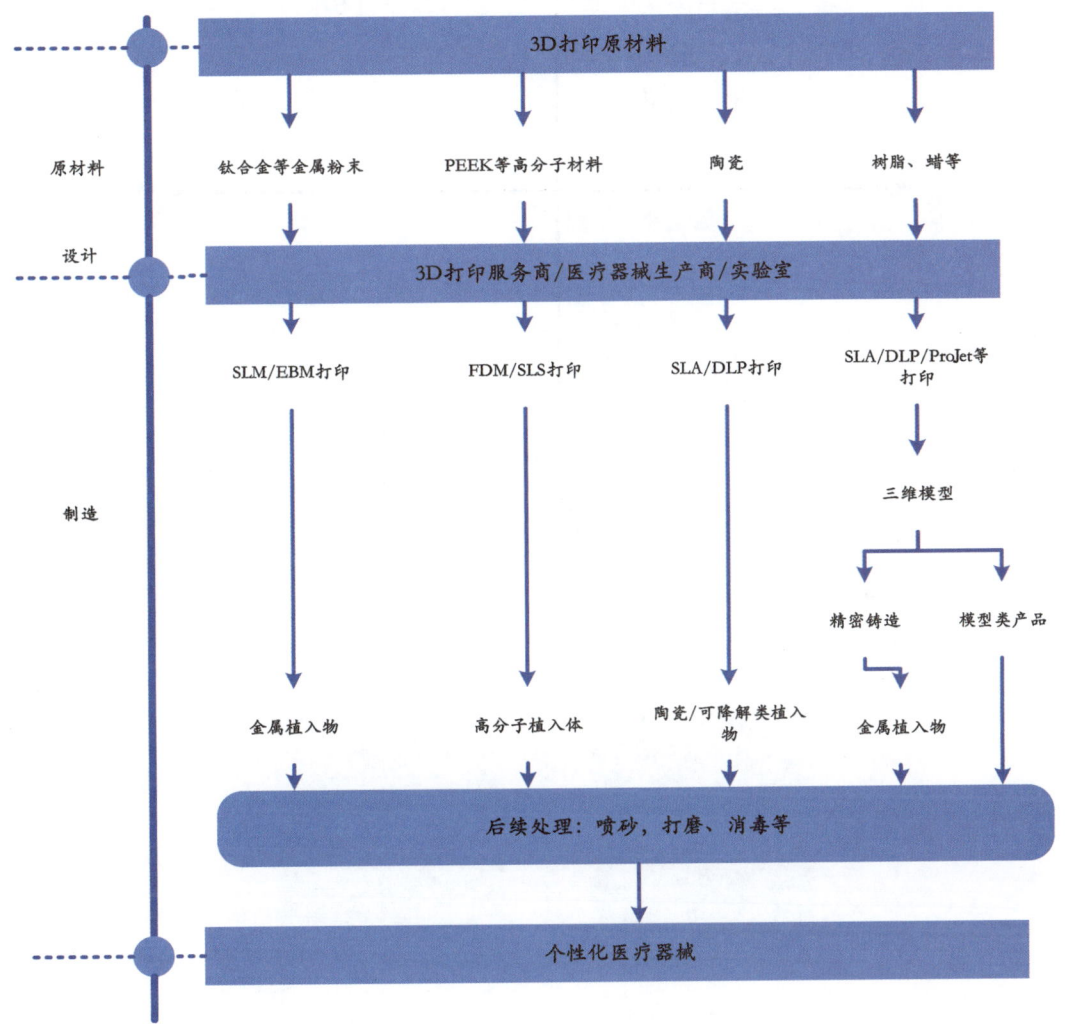

图 3.6　个性化医疗 3D 打印产业链

## 3.2.4　3D 打印医疗的产业探索

增材制造（3D 打印）医疗产品适合走产业化发展道路。虽然当前产业化之路并不明朗，但若找到合适的切入点，还是十分具有发展前景的。合适的切入点包括三个要素：生产的可行性、产品的可替代性与相当的市场规模。

是否所有的植入体假体都要 3D 打印，这一点也曾经引起争议，因此我们必须清楚地认识到 3D 打印医疗器械的价值在哪里。SmartTech 列出了几种医疗器械的 3D 打印价值（见图 3.7），比如膝关节假体 3D 打印的价值在于其定制化和机械性能。

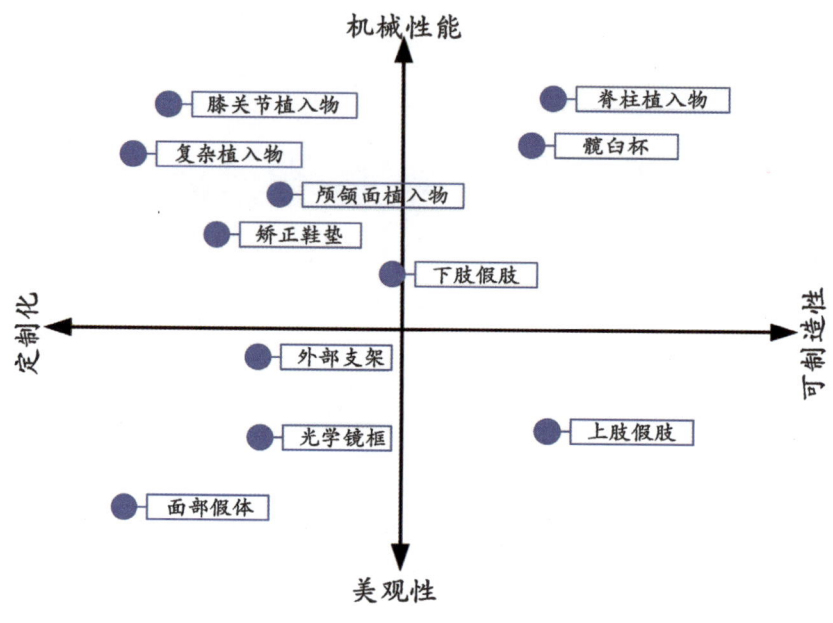

图 3.7　3D 打印价值

经过调研，我们发现已经有企业找到了比较明晰的应用方向，并且十分具有发展前景：一是体内植入物，二是手术辅助。其原因主要是其市场驱动力，如图 3.8。

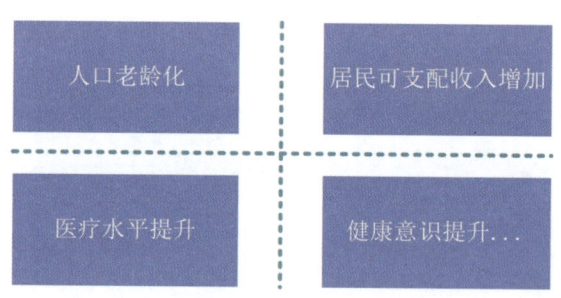

图 3.8　市场驱动因素

预计到 2040 年，65 岁及以上老年人口占总人口的比例将超过 20%。同时，老年人口高龄化趋势日益明显：80 岁及以上高龄老人正以每年 5% 的速度增加，到 2040 年将增加到 7400 多万人（——CCTV.com）。过半数老龄人由于关节退行性变长期处于慢性疾病状态。

当然目前 3D 打印医疗发展也面临着相关的困难（见图 3.9）。如骨科植入物属于三类医疗器械，国家食品药品监督管理总局规定对其实行生产许可证和产品注册制度，此类产品需要经过严格的临床试验和审批，取得产品注册证的周期长达 3~5 年（——东兴证券研究所）。

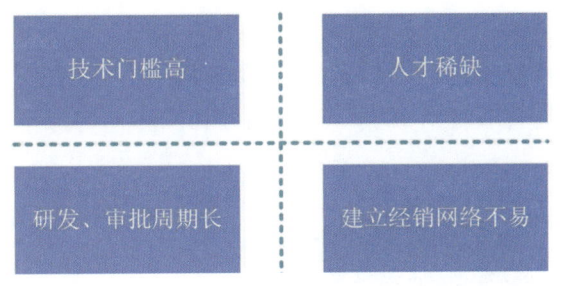

图 3.9　3D 打印骨科植入体面临的挑战

总体来说增材制造（3D 打印）在医疗领域已经取得了不少令人可喜的成果，但生物 3D 打印正处于并可能长期处于发展的初级阶段，产品研发到面市的过程也十分漫长。增材制造（3D 打印）在医疗行业中的发展不可能一帆风顺，但同时一定不会因为存在这些困难而驻足不前。无论最终器官打印的梦想是否能实现，人类对生命科学的探索都不会停止。

## 3.3　增材制造在模具上的应用

### 3.3.1　模具 3D 打印分类

模具主要包括金属模具、非金属模具。金属模具包括冲压模、锻模、铸模、挤压模、拉丝模和粉末冶金模等。非金属模具包括塑料模、无机非金属模具。按照材质来分，包括砂型模具、金属模具、真空模具和石蜡模具。从模具行业产业结构来看，我国模具行业主要有冲压模具、塑料模具、铸造模具等（见图 3.10）。

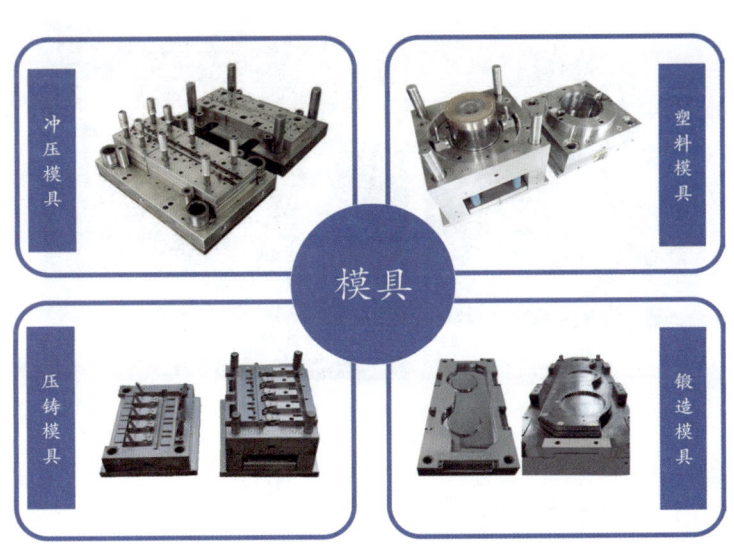

图 3.10　模具行业应用

图 3.11 为全国模具产业结构占比图，冲压模具约占产业的 37%，塑料模具约占产业的 43%，铸造模具约占产业的 10%，其他约占 10%。这一模具产业结构与国际工业发达国家的产业结构基本一致，广东省模具产业结构跟全国产业结构也基本一致。由此可见，广东省模具产业相对成熟，且在国内和国际上都保持着极大的竞争力。

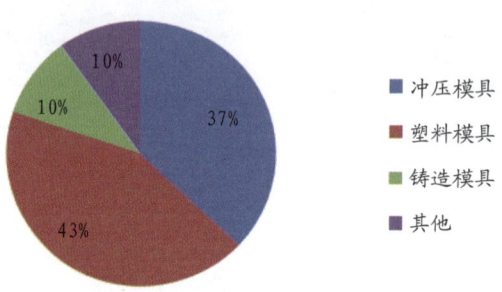

图 3.11　全国（广东省）模具产业结构占比

增材制造（3D 打印）技术作为一项前沿技术，只有与目前工业具体领域相结合才能真正体现出该技术的生命力。模具行业在广东省是一个相对成熟、颇具竞争力的行业，而省内增材制造（3D 打印）技术又有一定的技术基础和相当的科研实力，因此，增材制造（3D 打印）技术与模具行业的结合发展是广东省转型升级、提升智能制造水平的必然趋势。

在所有模具分类中，压铸模具对型腔模温要求不高，对 3D 打印要求不是很迫切，在五金模具中，也仅仅热冲压模具对温度有所要求。但注塑模具对 3D 打印需求最为迫切，因为其对模具温度要求非常高。广东省注塑模具占全国 40% 左右，特别是在高精端注塑模具方面占比较大。图 3.12 所示为 3D 打印直接成型的金属模具。

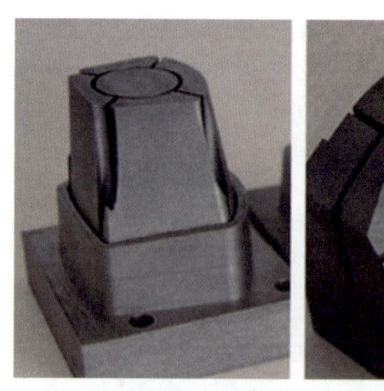

图 3.12　3D 打印成型的金属模具

### 3.3.2　模具 3D 打印应用市场

图 3.13 为 2013—2015 年全球模具市场规模，从图可知，近年来世界模具行业保

持了高速发展，2013年的产能是2 410亿美元，2014年是2 673亿美元，2015年的产能约为2 727亿美元。从消费的层面来说，2013年模具的消费金额为1 839亿美元，2014年上升为1 924亿美元，2015年则升至2 038亿美元。由此可见，不管是模具的产能还是模具的消费水平，都在不断地攀升。

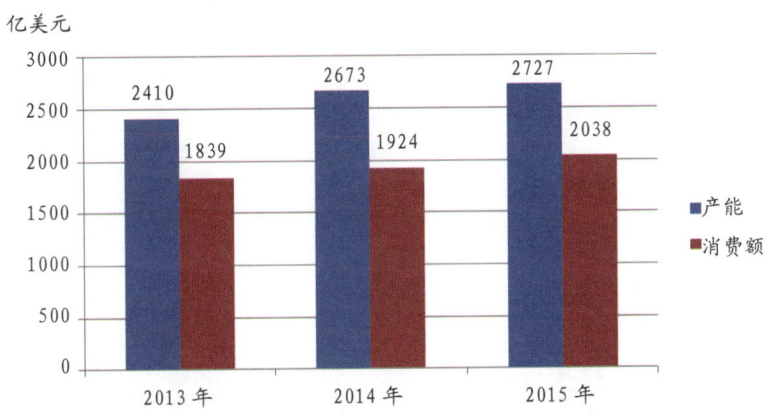

图3.13　2013—2015年全球模具市场规模

《美国模具市场中的3D打印发展空间（2020年）》报告中，美国的模具市场对小批量、复杂模具的生产采用3D打印的方式来完成的市场接受程度高。美国3D打印在模具领域可渗透的市场发展空间约37亿美金（2020年）。该数据包括3D打印设备、材料、模具产品的3D打印服务。

《中国模具行业工业总产值预测（2015—2020年）》报告中，随着中国模具登上世界竞技舞台，中国的模具质量得到不断的提高，中国模具行业工业总产值有望2015—2020年分别达到年产值1 464亿元、1 502亿元、1 569亿元、1 628亿元、1 711亿元、1 795亿元，其中3D打印可渗透的市场预计在30亿元人民币（2020年）。报告中也指出，中国模具行业进口模具2015—2020年预计分别为28.55亿美元、29.71亿美元、31.04亿美元、32.42亿美元、33.78亿美元、35.1亿美元。

从全球范围来看，模具的消费主要集中在美国和欧洲，工业发达国家对模具的需求非常大，模具的生产主要集中在中国、日本、美国、德国。目前中国的模具企业高达20 000家，日本约为10 000家，美国模具企业也有7 000家，德国模具企业大概为2 000家。而在广东省内，就有不下6 000家模具企业，从业人员超过10万人。无论从产能还是从业人员来说，广东省模具行业均占全国模具行业的40%以上。可以说，广东省是中国主要的模具市场，也是中国最大的模具进出口省份。

目前我国塑料模具的进口在模具进出口中的比重高达50%~70%。这主要因为国内具备立体热流道、立体冷却水道模具制作能力的厂家屈指可数，该类模具是模具行业的发展趋势。在美国、日本、欧洲等模具技术领先的国家和地区其所占比重已经超过40%。因此发展高端模具，特别是具备立体热流道、立体冷却水道注塑模具是发展的趋势。3D打印对应的具备随形冷却通道的高端模具生产制作，对提高高端模具制造能力具有明显作用。

同时我们也注意到无论是日本的上万家模具企业，还是美国的 7 000 多家模具企业，小于 50 人的模具企业占 90% 以上，这也是一种分散制造雏形，与 3D 打印分布式生产模式相对应。

表 3-3 列出了广东省内外 3D 打印模具代表型企业。

表 3-3　广东省内外 3D 打印模具代表型企业

| 区　域 | 厂　家 | 模具类型 |
| --- | --- | --- |
| 广东省外 | 蓝鸟机电 | 蜡模 |
| | 悦瑞科技 | 随形冷却金属模具 |
| | 美唐 | 砂模 |
| | 美迈模具快速制造 | 砂模 |
| | 精唯信诚 | 砂模 |
| 广东省内 | 格力 | 金属 |
| | 银宝山新 | 金属 |
| | 广东隆凯 | 金属 |
| | 东莞康铭 | 金属 |
| | 深圳德科 | 金属 |
| | 东莞劲胜 | 金属 |
| | 光韵达 | 金属 |

### 3.3.3　模具 3D 打印产业链

对于模具 3D 打印应用来说，模具产品需要经过 3D 打印装备、原材料供应、软件设计，然后经过 3D 打印服务商和模具生产商转为最终的产品。当然，模具也可以部分嵌体，特别是复杂结构部分经过 3D 打印服务商生产，其余部分仍经过传统模具生产商生产，最终进行组装生产，其简单的产业链结构如图 3.14 所示。

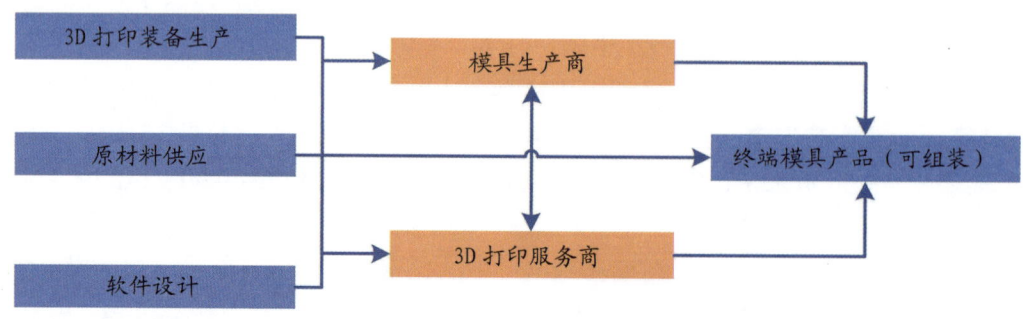

图 3.14　3D 打印模具产业链结构

另外从原材料、模具生产和产品流程来看，模具 3D 打印产业链如图 3.15 所示。

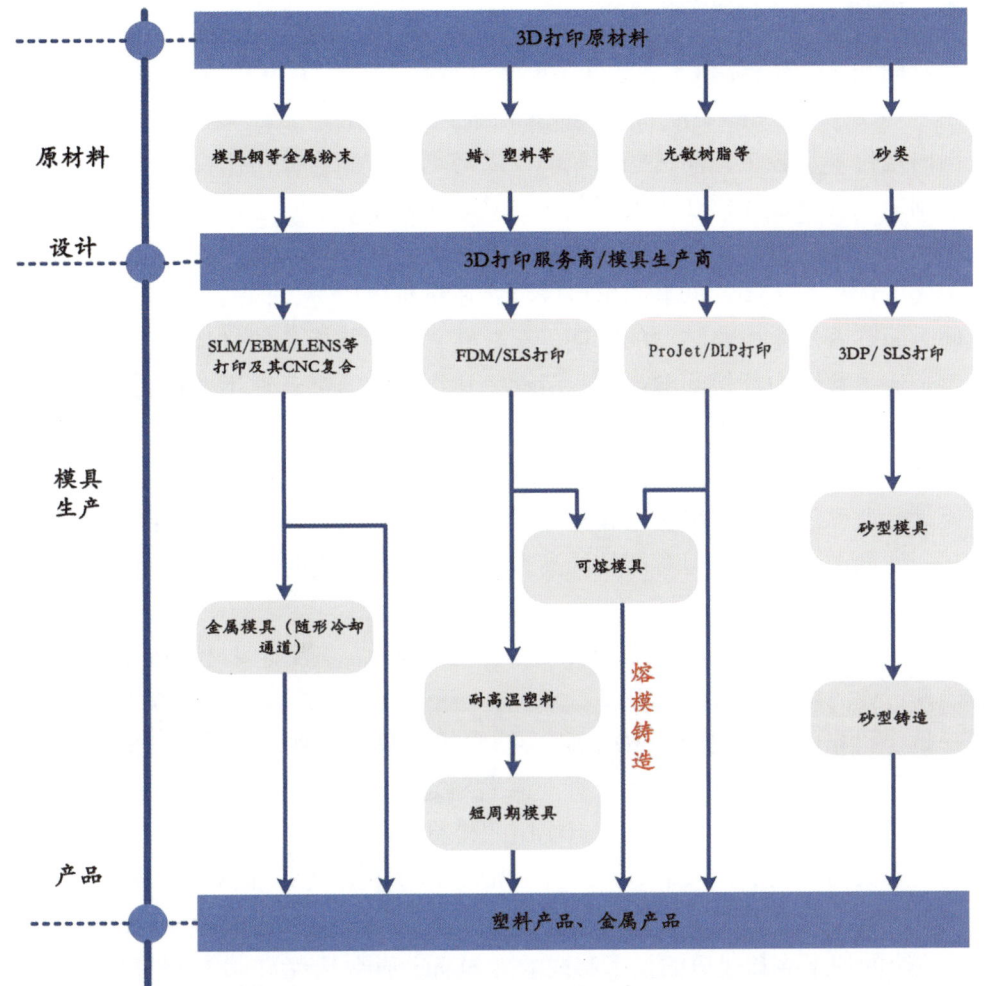

图 3.15　模具 3D 打印产业链

3D 打印模具中，打印蜡模、树脂模主要有 SolidScape 的 MAX 系列，3D Systems 的 ProJet 系列，EnvisionTech 的 DLP 技术，DWS 的 Formlabs 系列；此外，国内珠海西通、闪铸科技、极光尔沃、杜芬、同创三维等企业均有桌面系列 3D 打印树脂模，而陕西恒通、联泰科技、中瑞科技、东方博达等均有 SLA 系列的 3D 打印树脂模，并且 EOS、北京隆源、华曙高科、华科三维、易加等推出可烧结尼龙材料和砂型的 SLS 设备。Voxeljet、Exone、峰华卓立、辽宁森远增材等推出了可打印砂模的 3DP 设备，其中 Voxeljet 可打印 PMMA 材料。而金属模具，特别是可直接成型随形冷却通道的金属模具，在前面介绍金属 SLM 设备、LENS 设备、SLM+CNC 复合设备、LENS+CNC 复合设备时均有介绍相应的供应商。

在软件方面，模具建模软件常用的有：Pro/E, Solidwork, UG, Cimatron, Delcam 等软件；模流分析常用软件有：Moldflow, Moldex 3D, Procast, Flow3D 等；铸造仿真软件有：Altair Click2Cast, Anycast 等；锻造仿真软件有：Nastran, Ansys, Adams 等。

### 3.3.4 模具 3D 打印产业探索

众所周知,在电子、汽车、电机、电器、仪器、仪表、家电和通信等领域的产品中,60%~80%的零部件都要依靠模具成型。而广东省在电子、家电、通信、汽车等领域在国内地位举足轻重,而这些领域的发展与创新,新产品推出都离不开模具。省内的模具制造大部分还停留在传统工艺上,其制作周期较长、生产成本较高,与日益发展的模具工业不相符,同时面临着国际化的挑战。对于以外向型为主导的模具企业,将失去成本优势,一些中低端的出口模具企业将难以生存,但高端的模具企业影响不大;同时面临着广东战略转型的时期,在双转移及腾笼换鸟的过程中,由于模具服务的下游企业多数因为环保问题或作为劳动密集型企业,需迁往不发达或欠发达地区,对模具企业来说,服务成本加大。

3D 打印在一定程度上可以缓解这一趋势。目前广东省内增材制造(3D 打印)技术在模具行业已经有了初步应用和实际需求。一方面出口模具对随形冷却通道嵌体的要求,一方面国内上市公司对产品的高端要求。但是相对量比较少,尚未形成较大的产业规模。

针对增材制造(3D 打印)技术和模具产业的特点,当前增材制造(3D 打印)技术在模具行业的内在驱动力在于:

一是小批量。增材制造(3D 打印)技术的模具在一些小批量或者非常复杂的模具生产上具有经济上的优势,而且针对某些特定的几何形状(尤其是适合 3D 打印工艺的几何形状)更具优势。此外,当使用的模具材料非常昂贵时,在传统制成模具的材料利用率低的情况下,采用增材制造(3D 打印)技术也是非常具有成本优势的。

二是随形冷却。在模具使用过程中,常需要在模具内部制成冷却通道来加强冷却过程。传统的加工冷却通道的技术制成的冷却通道通常是直的、均匀分布的冷却通道,这种情况对于不规则形状的模具和需要不均匀的冷却效果时,是制约模具成型效果的一大因素。而增材制造(3D 打印)技术可以在模具制备的过程中,制成复杂的随形冷却通道,实现优化冷却过程且保证冷却过程更加均匀。

目前针对随形冷却通道的模具仍未大规模推广,广东省内的增材制造(3D 打印)模具应用主要集中于以下方面(见图 3.16)。

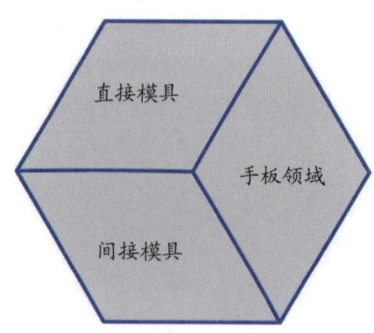

图 3.16　当前广东省内 3D 打印在模具中的主要应用

一是手板领域。以往手板行业需要完成客户要求的订单费时费力，而且有时还无法精确满足客户的需求。面对手板领域的产业转型升级要求，增材制造（3D 打印）技术的引入让手板领域重新焕发出活力。

二是直接模具领域。广东省内直接模具领域的增材制造（3D 打印）模具主要集中于直接成型 3D 打印塑料模具。在新产品的研发过程中，常常需要在短短几天内做出小批量的注塑产品，并进行功能测试。传统方法是通过"开模"，即定制金属模具然后再成型。这一过程需要 5~7 周的时间才能完成，远远满足不了产品研发的需求。而增材制造（3D 打印）技术的引入很好地解决了产品研发周期过长的难题。通过 SLA 技术和 FDM 技术，快速成型注塑模具，只需要一两周甚至更短的时间就可以将产品的样件提供给客户。

三是间接模具领域。这主要包括木模、砂模、蜡模等。在间接模具领域，主要采用的增材制造（3D 打印）技术是 3DP 技术，直接成型的砂型方便使用，比传统方法节省了不少时间成本，也提高了精度。基于此，目前广东省内已有不少企业投入了资金和研发力量在增材制造模具领域进行研究，例如深圳市银宝山新科技股份有限公司、珠海格力电器股份有限公司、广东隆凯股份有限公司、东莞康明科技有限公司、德科摩橡塑科技有限公司、东莞劲胜精密组件股份有限公司、深圳光韵达光电科技股份有限公司等，已有超过 20 家企业在模具研发和生产中采用增材制造（3D 打印）技术。

目前增材制造（3D 打印）技术在模具行业的应用，仍存在不少技术壁垒（见图 3.17）制约着该技术在模具行业的发展。

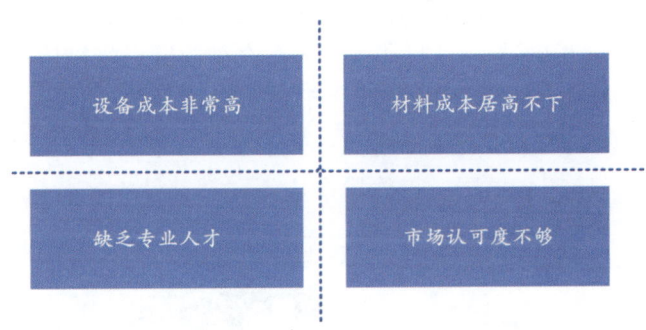

图 3.17　3D 打印技术在模具产业中面临的挑战

第一，增材制造（3D 打印）技术相关设备成本非常高。目前成熟稳定的增材制造（3D 打印）技术相关设备大部分仍然需要采用国外进口的设备，这些动辄几百万元的设备严重制约着增材制造（3D 打印）技术在模具行业中的广泛应用。

第二，材料成为增材制造（3D 打印）技术在模具中应用的最大制约因素。目前极少专门针对模具行业的专用材料，就拿金属粉末来说，市面上存在众多的医用金属粉末材料和航空航天粉末材料，包括钛合金、钴铬合金、镍基合金、不锈钢等等，模具钢粉末材料在国内几乎没有供应商，哪怕是国外供应商也很少。所以，模具专用粉末材料的价格也一直居高不下，想要得到大规模的生产推广，材料还是一大难题。与此同时，模具专用粉末材料还存在一个业内无通行标准的问题,发展也就杂乱无序。光是粉末材料的牌号就有美国牌号、德国牌号、瑞典牌号等等,这些都是需要花大力气解决的问题。

第三,缺乏专业人才。以随形冷却通道的设计为例,目前模具行业从业人员大多缺乏这方面的设计能力,针对不同形状的模具随形冷却通道设计的合理性和设计原则都是需要逐步完善的地方。

第四,市场认可度不足。模具行业作为一个成熟的行业,任何一项技术更新都需要接受市场的检验。而目前增材制造(3D打印)技术制备的模具在价格方面不具优势,导致市场认可度低。同时,业内缺乏权威的针对增材制造(3D打印)模具的第三方检测机构,也是制约该技术在业内应用的一个因素。

综上所述,增材制造(3D打印)技术作为一项前沿科技,在广东这个模具大省,将其与模具行业相结合必然是未来广东省产业转型升级的方向所在,但在该技术与模具行业大规模结合推广之前,还需要克服诸多困难。可以说,难度不小,但未来可期。

## 3.4 增材制造在汽车领域的应用

### 3.4.1 3D打印在汽车领域中的应用情况

增材制造(3D打印)技术在汽车行业的应用贯穿汽车整个生命周期,包括研发、生产以及使用环节。就应用范围来看,目前增材制造(3D打印)技术在汽车领域的应用主要集中于研发环节的试验模型和功能性原型制造(图3.18),在生产和使用环节相对较少。未来,增材制造(3D打印)技术在汽车领域仍将被广泛应用于原型制造。随着增材制造(3D打印)技术不断发展、车企对增材制造(3D打印)认知度的提高以及汽车行业自身发展需求,增材制造(3D打印)技术在汽车行业的应用将向市场空间更大的生产和使用环节扩展,最终推广应用在零部件生产、汽车维修、汽车改装等方面。

图3.18 3D打印成型汽车零部件

汽车行业的内饰、外饰、结构件、发动机原型、样车等的研发试制过程,都对增材制造有巨大的需求。目前增材制造技术在汽车中的应用主要包括:

CAD 逆向工程：对车身通过反求工程逆向进行车身三维坐标点数据的采集、三维曲面重构，最后完成整车车身的 CAD 模型构建，并使用光固化技术进行快速开发，极大地提高了汽车设计和研发的速度。

车身及综合检具的开发：采用光固化技术进行车身的快速制备和综合检具的快速开发，将汽车车身的试制周期缩短到两个半月，相对以前的六个月有大幅度缩短。

汽车发动机及关键零部件：多款车型的整车及仪表盘、前后保险杠、发动机壳体等关键部件的快速研发，采用光固化技术制造的相关部件。

发动机复杂铸型制备：利用增材制造（3D 打印）技术制作一些任务紧、时间急的单件小批量铸造用熔模，相比传统制作工艺（主要指模具注射成形）生产周期可缩短 60%。同时，整个过程无需模具，节省大量费用。对于一些特别复杂的结构，传统工艺需分体制作然后拼接，不仅工艺繁琐，而且精度难以保证。增材制造（3D 打印）技术可以整体制作复杂熔模，同时保证精度。

### 3.4.2　3D 打印在汽车领域中的应用市场

汽车由于自身规模大、研发投入多、应用 3D 打印技术时间早等特点，在 3D 打印技术应用中占有重要地位。据全球著名咨询机构 Wholers 发布的"Wholers Report 2015"统计，2014 年 3D 打印收入中，汽车占比为 16.1%，排名第 3，仅次于工 / 商业机器（17.5%）和消费品 / 电子（16.6%）。另据 Industry Week 统计，在 2014 年 3D 打印原型收入中，汽车及运输领域占比超过 3 成，在所有应用领域中排名第一。此外，根据 SMARTECH 报告，2014 年 3D 打印技术在汽车行业的总市场收入为 3.7 亿美元，预计到 2023 年有望达到 22.7 亿美元，年均复合增长率超过 20%，见图 3.19。

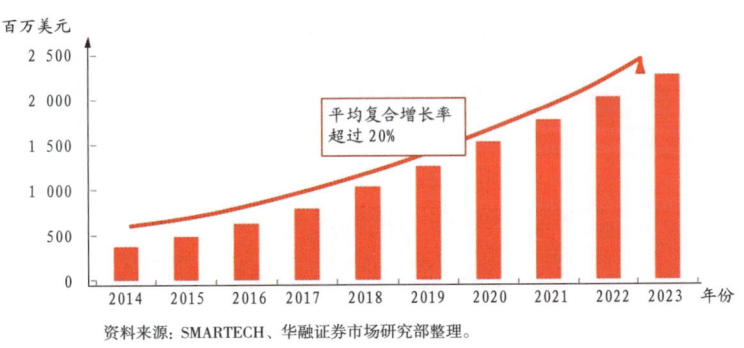

资料来源：SMARTECH、华融证券市场研究部整理。

图 3.19　3D 打印技术在汽车行业应用的市场空间预测

汽车行业市场空间巨大，为 3D 打印在汽车行业的应用提供了广阔的市场基础。2014 年，全球销售汽车 8 824 万辆，在研发、生产环节的生产总值超过万亿美元。

假设未来全球汽车产值保持 2014 年水平，那么 3D 打印只要在其中占有一小部分市场份额，哪怕只有 1%，都有超过百亿美元的市场空间。而随着 3D 打印技术的发展和在汽车行业的应用深入，从现有的市场空间较小的概念模型和功能性原型制造向功能零部件直接打印扩展，那么 3D 打印在汽车领域的市场空间将被真正打开，前景无限广阔。

目前，我国汽车市场成为世界汽车市场的重要组成部分，由于跨国公司相继在我国组建合资公司，我国的汽车工业已融入全球"6+3"格局中，国内汽车市场竞争已国际化。改革开放初期，汽车工业是广东省最重要的产业之一，由于自主开发、技术创新能力较弱，广东省汽车工业一度失去了市场竞争的优势。经过近几年的产业调整、外引内联和技术改造，借助资金、政策和区位上的比较优势，广东省汽车工业得到了较快发展。目前广东省制定节能与新能源汽车产业发展规划，到 2015 年，纯电动汽车和插电式混合动力汽车累计产销量达到 50 万辆；到 2020 年，纯电动汽车和插电式混合动力汽车生产能力将达到 200 万辆、累计产销量超过 500 万辆，燃料电池汽车、车用氢能源产业与国际同步发展。

广东省汽车零部件工业取得了较快的发展，现有汽车零部件企业 100 多家，并逐步形成了一批初具规模的零部件强势企业。

### 3.4.3　3D 打印在汽车领域的产业链

汽车研发环节，以正向开发为例，起点为项目立项，终点是量产启动，一般包括五个阶段：方案策划、概念设计、工程设计、样车试验以及投产启动。目前，3D 打印技术在汽车领域的应用主要集中于研发环节，在概念设计、工程设计、样车试验以及投产启动虽均有应用，但只体现在 3D 打印试验模型、功能性原型等方面，如图 3.20 所示。

### 3.4.4　3D 打印在汽车领域的产业探索

技术创新能力和发展潜力是衡量竞争力的重要标志，一辆乘用车由约 3 万个零部件构成，其中超过 40% 的部件在研发、设计验证、试制过程中有快速成型 / 快速制造的需求。

在 3D 打印技术众多的应用领域中，汽车行业是增材制造（3D 打印）技术最早的应用者之一。早在增材制造（3D 打印）技术发展的初期，一些欧美发达国家车企就开始将增材制造（3D 打印）技术应用于汽车研发过程。其中，应用最早、最深入、范围最广的车企是福特汽车公司。早在 1988 年 3D 打印出现之初，福特汽车公司就购入全球增材制造（3D 打印）史上第三台 3D 打印机。增材制造（3D 打印）正给汽车行业带来革命性变化。2013 年，世界第一辆 3D 打印汽车——Urbee2 诞生；2014 年世界第一辆增材制造（3D 打印）电动汽车——Strati 问世；2015 年，全球首款增材制造（3D 打印）超级跑车"Blade"、3D 打印概念赛车、3D 打印太阳能汽车概念设计等陆续登上汽车舞台。它们的登场让我们看到增材制造（3D 打印）技术正在以前所未有的速度给汽车行业带来革命性的变化。3D 打印汽车的发展如图 3.21 所示。

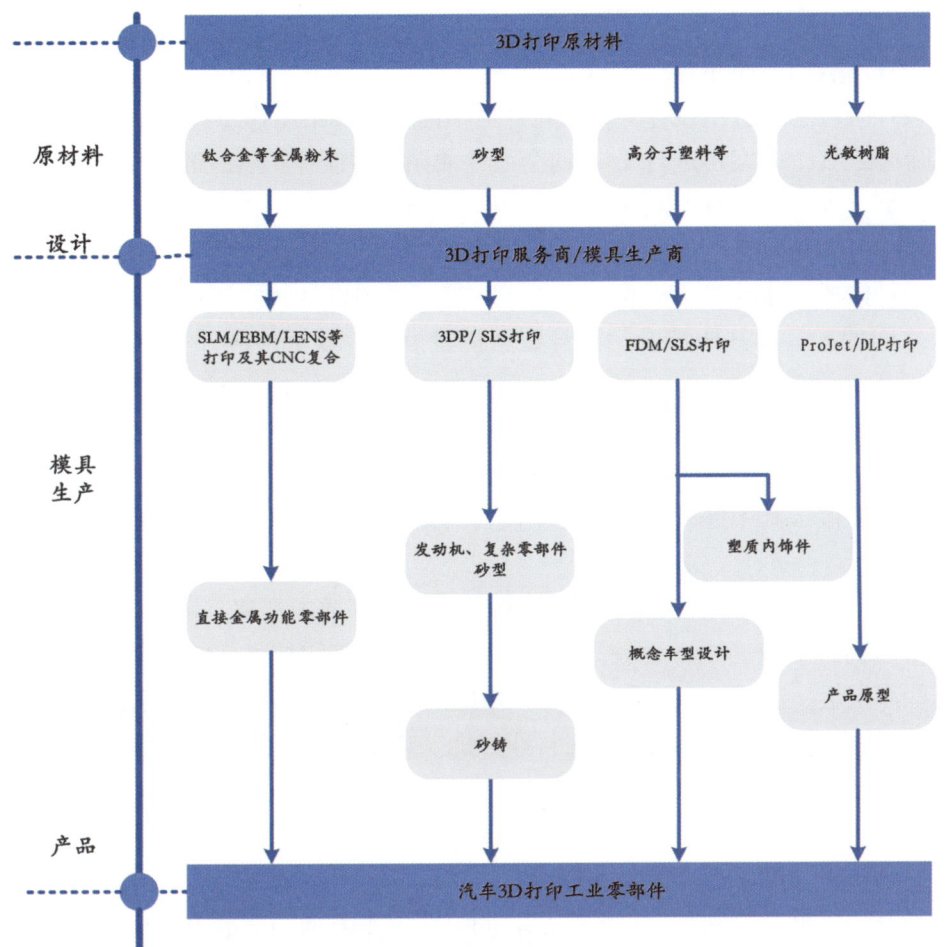

图 3.20　3D 打印技术在汽车行业应用的产业链

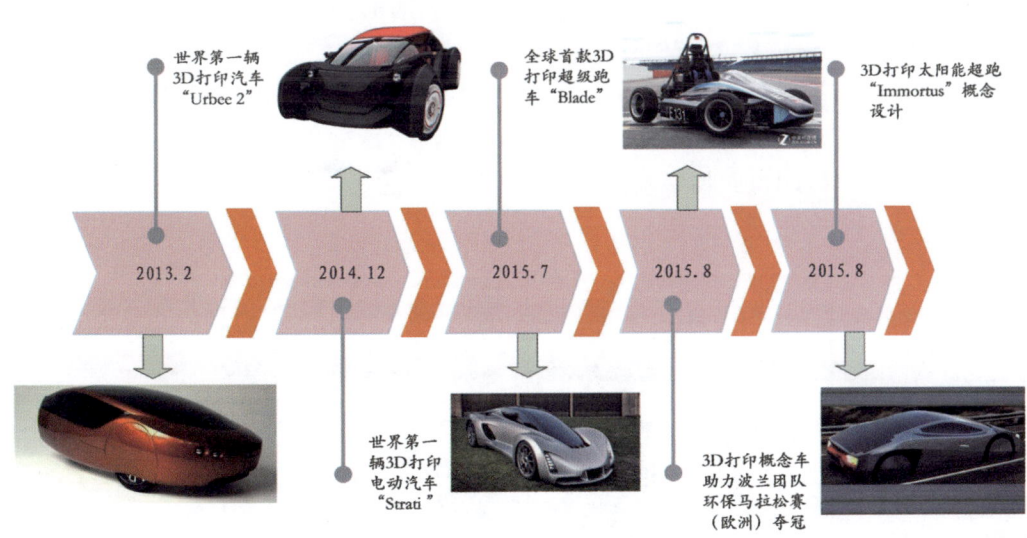

图 3.21　3D 打印汽车

与传统工艺相比，3D 打印在研发过程的各个步骤都为客户节约了大量时间和金钱。目前，3D 打印技术在汽车领域的应用主要集中于研发环节，在概念设计、工程设计、样车试验以及投产启动方面还有广阔的空间。

在概念设计阶段：如造型设计，一般先针对不同设计方案制作 1∶5 的油泥模型，经评审后，筛选 2~3 个方案再进行 1∶1 的全尺寸油泥模型制作。然后进行风动测试，修改，确定最终方案。油泥模型的制造可采用 3D 打印，节省开发时间和成本，同时易修改。

在工程设计阶段：主要是完成整车各总成及零部件的设计，协调各总成之间以及总成与整车之间的矛盾。其中涉及的车身数据检验模型、零部件样件等均可采用 3D 打印。

样车试验阶段：包括性能试验和可靠性试验。其中涉及的对前述设计环节检验未达要求进行修改的过程可应用 3D 打印。

在投产启动阶段，其中涉及各种模具、检具的开发以及小批量试产验证可靠性均可应用 3D 打印。

在生产阶段：生产环节对零部件机械性能、光洁度等要求严格，因此对 3D 打印技术水平的要求高，对应的成本也较高。因此，目前 3D 打印技术在该环节的应用主要集中于一些小批量、定制化、对成本相对不敏感的高端跑车、赛车，市场空间尚小。我们认为随着 3D 打印技术日趋成熟，在打印性能、成本方面有望达到汽车直接生产应用的要求，在该环节的市场空间广阔。

在售后维修阶段：汽车使用环节面对的是整个汽车售后市场，包括汽车金融、二手车、汽车售后服务（售后维修）、改装车等细分市场。3D 打印技术按需直接打印的特点可以弥补传统维修周期长的这一缺点，同时在成本方面与传统方式比较也占有一定优势。因此，高端车、进口车的售后维修是目前 3D 打印在汽车使用环节一个主要的应用点。3D 打印个性化/小批量生产、设计灵活的特点，使其在改装车方面与传统方式相比占有一定优势。

随着 3D 打印的发展、3D 打印性能的不断提高，未来 3D 打印不仅仅应用于原型制造，在功能零部件甚至整辆汽车的生产都可应用。

目前汽车 3D 打印也面临一些挑战，具体见图 3.22。

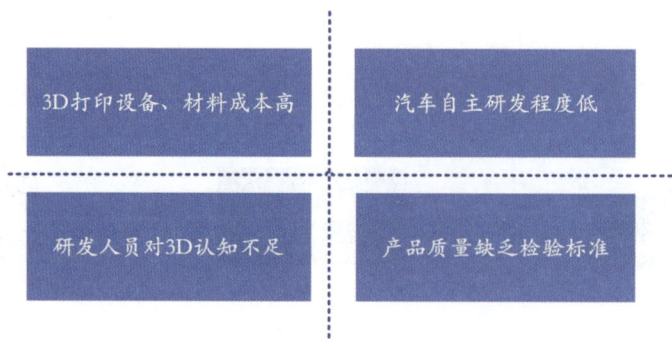

图 3.22　汽车领域 3D 打印面临的挑战

总体来讲，3D 打印技术能进一步提高国内汽车自主研发能力，同时加快研发进程，对产品创新与大众需求起到积极促进作用。在汽车领域应加大汽车 3D 打印的示范引导。

## 3.5 增材制造在珠宝首饰领域的应用

### 3.5.1 增材制造在珠宝首饰中的应用情况

3D 打印因其快速成型的技术优势，正被广泛地运用到各个领域当中，其中也包括了珠宝高级定制产业。如今，3D 打印技术日渐成熟，令过去一直保持高冷姿态的珠宝定制，更接地气。与此同时，3D 打印也解决了很多因设计过于复杂而无法快捷准确展现设计意图的制作难题。

目前，3D 打印在珠宝方面的应用主要有间接成型、直接成型两种技术方式。间接成型主要指利用蜡或者树脂通过 3D 打印成型，然后采用消失铸造的方式完成 3D 打印成型，其流程如图 3.23 所示。直接成型采用 3D 打印机直接打印金银等贵重金属手饰，其流程见图 3.24。

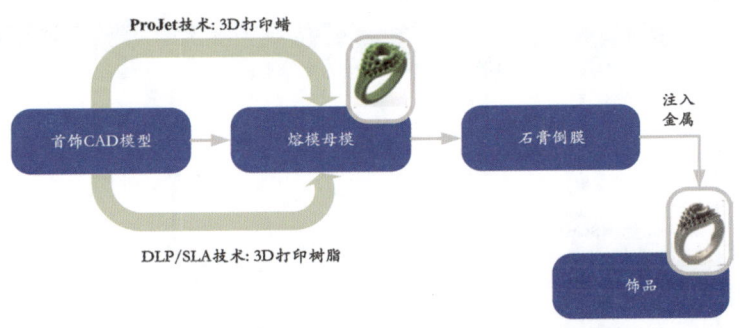

图 3.23 3D 打印技术在首饰中的间接应用流程图

图 3.24 3D 打印技术在首饰中的直接应用

### 3.5.2 增材制造在珠宝首饰中的市场分析

中国是首饰的制造和消费大国，行业整体年零售规模达 5 000 亿元，保持了 17% 的年复合增长速度。黄金类饰品占约 50% 的市场份额；K 金与镶嵌类占 17% 的市场份额；翡翠玉石类占 15% 的市场份额；其他铂金、珍珠、彩宝类占 18% 的市场份额。SWAROVSKI, Folli Follie 凭借轻奢定位获得年轻人的喜爱，首饰行业正在朝着"轻奢轻定制"的需求趋势发展。中国珠宝行业有厂商 14 000 多家，如果有 10% 的厂家用到 3D 打印，那就 1400 多家，若一台设备几十万元，那也将有过亿元的销售市场。

### 3.5.3 增材制造在珠宝首饰中的产业链

3D 打印在珠宝首饰中应用的产业链如图 3.25 所示。

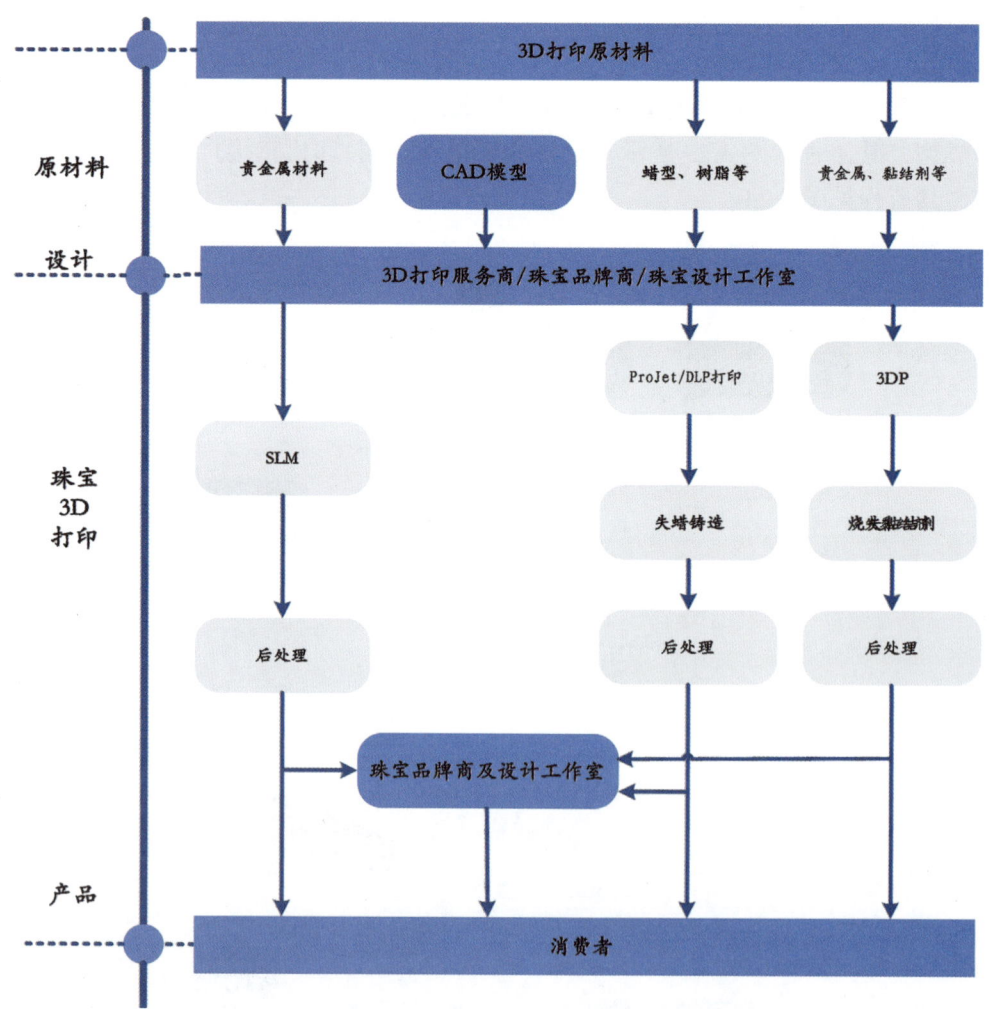

图 3.25　3D 打印在珠宝首饰中应用的产业链

贵金属材料主要供应商有 Cookson Gold、Legor Group 等，而树脂、蜡主要由设备供应商配套。设备方面，3D 打印蜡设备供应商主要有 SolidScape 的 MAX 系列，3D Systems 的 ProJet 系列；3D 打印树脂供应商主要有 EnvisionTec 的 DLP 和 cDLM 系列，DWS 的 XFab 系列，Formlabs 系列以及 Asiga、M-One、SprintRay、珠海西通、XYZ 三纬国际、同创三维等，贵金属直接 3D 打印的厂商有 EOS 的 M080, Concept Laser 的 M-Lab, Realizer 的 SLM50 等。

首饰设计软件常用的有 Rhino，Matrix，Fusion 360，Delcam 以及 JewelCAD 等。

### 3.5.4　增材制造在珠宝首饰中的产业探索

黄金的导热速度非常快，这给 3D 打印带来了挑战。Cooksongold 通过对 EOS M80 设备的研究、测试和激光光学调整，使用选择性激光熔化技术打印黄金首饰，其产品致密、几何形状复杂，使设计的自由度提高。另外，在通过选择性激光烧结技术打印银方面，Cooksongold 也获得了材料和加工工艺方面的突破。

康硕与 SolidScape 在中国合作设有 4 处服务机构，配备了上百台的 SolidScape 系列打印机，用于首饰蜡模打印。同时，康硕还渗透到其上游的设备领域。目前 SolidScape 公司授权的康硕集团制造组装工厂落户中国佛山。

未来珠宝首饰的个性化、定制化将进一步发展，而互联与云技术的采用，将使得消费者有更多的选择，其产业模式如图 3.26 所示。

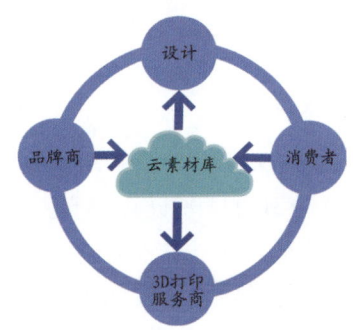

图 3.26　珠宝首饰未来产业模式

定制化珠宝设计平台 Trove、创成设计平台 Nervous System 以及美国的 American Pearl 实现了 3D 打印定制化首饰服务。这些产业化模式都值得借鉴与探讨。广州迪迈在珠宝首饰行业从事多年，目前也开展相关的珠宝 3D 打印服务（见图 3.27）。

图 3.27　3D 打印在珠宝中的应用

## 3.6 增材制造在文化创意领域的应用

### 3.6.1 3D 打印在文化创意领域应用前景分析

近年来,增材制造(3D 打印)技术正逐渐进入普通人的视野,并逐渐成为炙手可热的应用技术。目前,增材制造(3D 打印)技术已初步应用于工业创意产品设计、影视动漫、休闲旅游文化产品设计、数字出版等行业。其普遍应用将对文化创意产业产生较大影响。随着科技的进步和互联网的日益普及,增材制造(3D 打印)技术将越来越成为 DIY 制作过程的工具,所有这些发展,使得几乎人人都可成为设计师兼制造者,制造者与消费者之间的界限将会变得越来越模糊。增材制造(3D 打印)给了普通人以制造的能力,释放个体使用者的创新冲动,改变了过去发明创造只是少数人的特权,实现了普通人个性化的设计思维与表达需求,真正做到了全民创意与全民创造。增材制造(3D 打印)使这种群体性智慧得以最大限度的发挥和利用,将促使文化创意产品的创意设计表达呈现更加多元化、大众化、自由化的特征。

在网络普及化的今天,普通人轻易通过各种网络数据库模型网站就可以下载设计师最新的设计作品,然后进行增材制造(3D 打印)制作。在追求个性化的今天,人们都希望自己的东西是与众不同、独一无二的,然而因为传统制造业的限制,产品只能大批量的制造才能适合市场的需求,根本无法做到每一件产品都是不一样的,除非是高端的私人定制产品。这就给增材制造(3D 打印)留下了巨大的发展潜力,人们可以利用增材制造(3D 打印)技术,用廉价的网络传播上的知识,做出自己希望的各种各样的创意,满足自己对个性化的需求。相对于传统制造业生产前大量的准备工作和生产上的限制,增材制造(3D 打印)技术的限制就小了很多,只需要把自己想要的创意用软件绘制,再导入到 3D 打印机里面,等待几个小时,就可以拿到需要的东西。不管是时间成本还是金钱成本都比传统制造业小了不少。需要强调的是,以现在 3D 打印机的技术水平,其制造产品的精度和质量运用在文化创意领域是完全没有问题的。

增材制造(3D 打印)应用于文化创意产业,具有以下优势:第一,该技术能够为独一无二的文物和艺术品建立一个真实准确完整的三维数字档案,用增材制造(3D 打印)技术可以随时随地并且高保真地把这个数字模型再现为实物。第二,增材制造(3D 打印)技术取代了传统的手工制模工艺,在作品精细度、制造效率方面都有了极大的改善和提高,对于有实物样板的作品在编辑、放大、缩小、原样复制等方面都能够更加直接准确,高效实现小批量的生产,促进文化的传播和交流。第三,该技术带来了大量的跨界整合和创造的机会,尤其是给艺术领域的艺术家们带来了更为广阔的创作空间,在文物和高端艺术品的复制、修复以及衍生品的开发方面作用非常明显。

## 3.6.2 3D 打印在文化创意领域的市场分析

就越来越火爆的动漫产业而言,从国际上看,2006 年,全球数字动漫产业产值达到 2800 亿美元,与动漫游戏产业相关的周边衍生产品产值在 6000 亿美元以上。美日韩三国占据动漫产业龙头地位。从国内看,2006 年,中国动漫产业市场规模达 358 亿元,比 2005 年的 256 亿元增长 39.8%。2010 年广东文化产业实现增加值 2524 亿元,约占全国 1/4,连续 8 年保持全国第一。

广东省动漫及动漫衍生品发展已具备多方便利条件:一是突出的原创动漫业,如广东原创动力文化传播有限公司、广东宇航鼠动漫有限公司、广东士丹尼动漫公司、广州桌课信息技术有限公司、广州市苍龙动漫技术有限公司、中山市众森信息科技有限公司、深圳国家动漫画产业基地、神笔动画制作有限公司、佛山建明动漫公司等带动原创动漫氛围。二是发达的设计创作业。广东深圳有"设计之都"之称,汇聚了全国一流的产品设计人才,为开发新型热门动漫衍生品储备了优秀的设计人才。三是成熟的制造产业。广东东莞是中国现阶段最大的动漫衍生品制造基地之一,拥有加工集群和丰富的加工经验。四是发达的动漫衍生品产业链。广东奥飞动漫文化股份有限公司、广东星辉车模股份有限公司、骅威科技股份有限公司、广东群兴玩具股份有限公司等均为国内龙头企业。

然而目前广东省 900 多家动漫企业中,具有原创能力的生产企业不到一成。全省没有一家资产、收入超过百亿元的动漫文化企业,省级动漫文化企业仍然空白。究其原因是原创能力有待提高,而增材制造(3D 打印)技术的出现可为动漫创作提供有力支持手段,可将个人的创作想法以 3D 打印实体提前展现,如图 3.28 所示的卡通人物;同时增材制造(3D 打印)技术可创造多种活灵活现的特征满足动漫产业的需求。

图 3.28　3D 打印卡通模型

此外 3D 在文化家具等方面应用也非常广泛。比如通过 3D 打印制作家具、灯饰等(图 3.29)。

 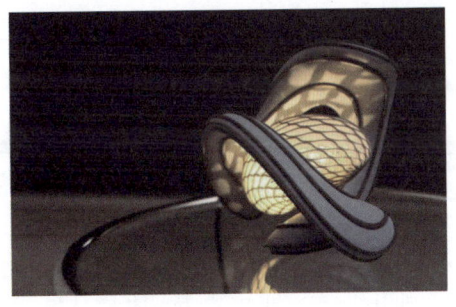

图 3.29　3D 打印仿生蜂窝座椅及灯具

### 3.6.3 3D 打印在文化创意领域的产业链

3D 打印在文化创意方面更加重视设计源泉，无论是创客，还是在动漫文化、影视道具、文化载体方面，创意源泉主导设计思维，3D 打印作为一种工具实现这种思维，将创意变为实体。其产业链如图 3.30 所示。

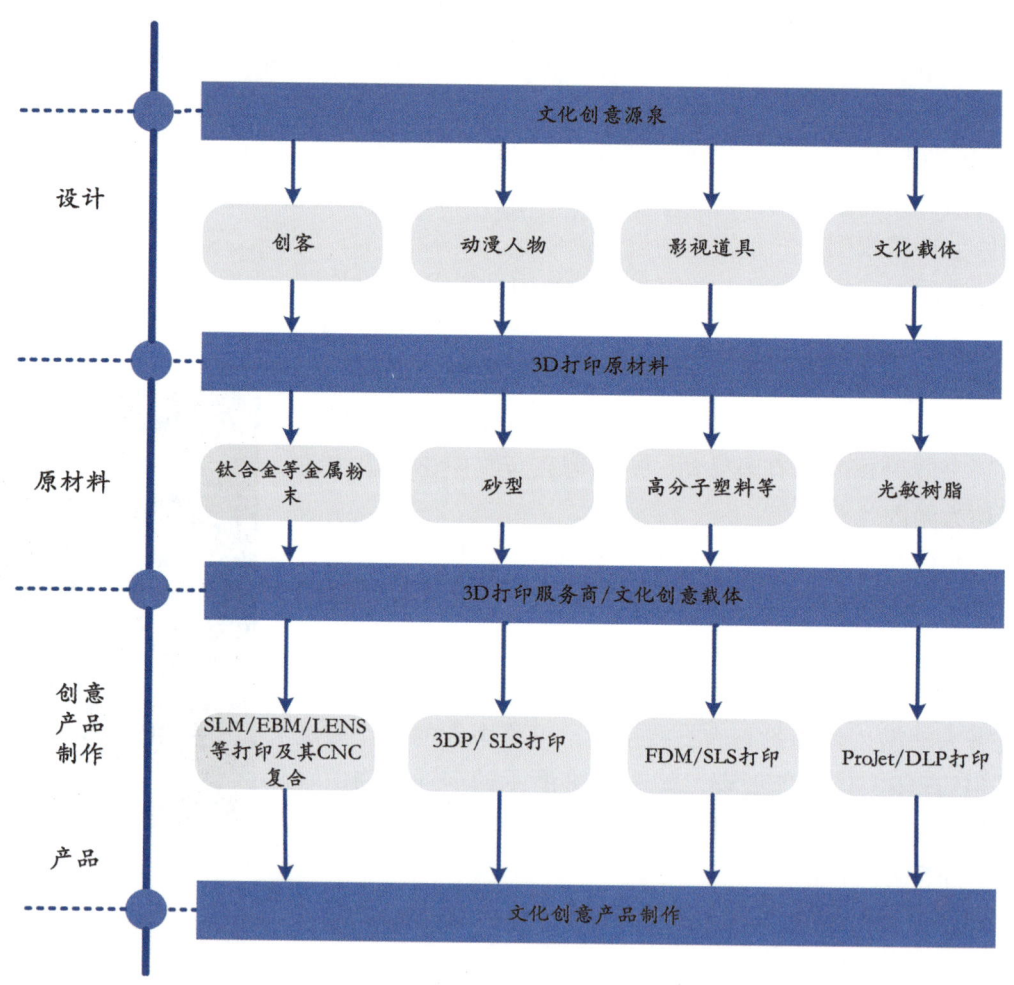

图 3.30　3D 打印技术在文化创意中的产业链

### 3.6.4 3D 打印在文化创意领域的产业探索

3D 打印使创意产品研发更讲求高效、快捷与实用性。现代创意产品研发讲求设计制作时效，一款新兴产品从创意构思诞生到投入生产的时间越短，其开发者就会更快占领市场，从而抢占商业的先机以获取最大利益。随着 3D 打印技术的逐渐成熟和广泛应用，现代创意产品设计制作的进程大大加快，3D 打印提前介入创意设计阶段，让设计者能够白天设计，晚上用快速成型设备打印出方案，次日进行讨论修改，从而大幅提高了创意设计与研发的效率。一些工业里面复杂设计结构用传统的铸造方式来，难度和成本都比较高，还有多部件组合强度无法实现，而3D打印的优势非常明显。

此外3D打印可实现文物复制与修复、影视工业中道具制作等。对于博物馆、艺术馆或者是搞文物修复的专业领域来讲，3D打印可以做一些展示，比如珍品不能拿出来，通过3D打印的方式拿出来。比如在《十二生肖》的电影里，圆明园的一个寿首，大家都有直观的了解，方法是不同，最终的效果是逼真的。实际上在电影里面道具很多都用了3D打印，3D打印能够将一些想法圆满展现出来，这是传统方式难以达到的。3D打印道具使得影视场景与效果更加真实。

当然文化创意比其他任何产业都更注重知识产权保护，而3D打印复印的特性，对知识产权的保护提出了挑战。对现有创意设计的知识产权保护法律体系也提出新挑战。由于现有网络创意设计知识产权的界定模糊而不可捉摸，这将使得以创意为核心的知识产权保护变得困难重重。在当前，有必要加强对3D打印技术的监督管理，对3D打印问题从法规和法律上予以保证，加强知识产权立法。

## 3.7　增材制造在其他领域的应用

### 3.7.1　航空航天方面

当前，3D打印技术已成为提高航天器设计和制造能力的一项关键技术，其在航空航天领域的应用范围不断扩展。国内外企业和研究机构利用3D打印技术不仅打印出了飞机、导弹、卫星、载人飞船的零部件，还打印出了发动机、无人机、微卫星整机，在成本、周期、重量等方面取得了显著效益，充分显示了3D打印技术在该领域的应用前景。

GE推出3D打印零件占35%的航空飞机发动机。GE用验证机对35%的3D打印零部件进行了验证，目的在于希望能将3D打印技术应用在飞机涡轮螺旋桨（ATP）发动机的研发中，为Cessna Denali飞机的建造服务。

据了解，为了验证飞机涡轮螺旋桨部分的可用性，GE开发了一款技术验证机"a-CT7"。随着"a-CT7"试验的成功，Cessna Denali将成为有史以来使用3D打印零部件最多的一架飞机。通过以往传统制造方法所需的855个零部件将在3D打印技术的帮助下减少到12个部分，占到了总零件数的35%。而这些3D打印零部件包括油箱、轴承座、排气架、燃烧室、热交换器和固定流道组件等。

据悉，1240SHP ATP将作为新的涡轮螺旋桨应用在1000–1600 SHP系列商业通用航空发动机（图3.31）中，并计划于2017年年底正式使用。

图 3.31　3D 打印技术在航空发动机中的应用

意大利泰雷兹阿莱尼亚宇航公司（Thales Alenia Space）与 3D 打印服务公司 Poly-Shape 合作，使用金属 3D 打印技术为韩国通信卫星 Koreasat 5A 和 Koreasat-7 制造出了天线支架（见图 3.32），并成功地通过了泰雷兹公司进行的动态测试。

据了解，这两颗卫星的天线支架也是迄今为止在欧洲使用基于粉末床的激光熔融金属 3D 打印技术打造的尺寸最大的卫星部件。该支架的尺寸为 450mm×205mm×390mm，但质量仅为 1.13kg，这两家公司称之为"巨大的轻量级部件"。

图 3.32　3D 打印在卫星技术中的应用

近日，德国 MTU 公司称，将在航空发动机业务上力推 3D 打印技术。3D 打印技术可以帮助航空制造商减少工装模具的使用，在生产少量样件时，设计也可以更加灵活，这使得生产零部件的固定成本大幅下降。据了解，世界上最大的飞机租赁公司 WizzAir、德国 Germania 航空、瑞典公司 Rockton、以色列 Arkia 航空公司和印尼 Kalstar 航空公司以及俄罗斯的伏尔加第聂伯集团等纷纷进行订购。截至目前，全世界有 30% 的民航客机采用 MTU 供应的部件图。3.33 为 MTU 公司采用 3D 打印技术制成的航空零部件。

图 3.33　MTU 公司采用 3D 打印技术制成航空零部件

## 3.7.2 建筑方面

2012 年,由美国航天局(NASA)出资,美国南加州大学工业与系统工程系的比洛克·霍什内维斯(Behrokh Khoshnevis)教授做了一个 3D 打印技术在建筑领域的电脑模拟展示,运用"轮廓工艺"系统在不到 20h 的时间内能够建造一幢面积 2500in² 的建筑。比洛克·霍什内维斯教授说,"轮廓工艺"打印出来的墙壁是空心的,虽然质量更轻,但它们的强度系数比传统房屋更高,而且节省了 20%~25% 的资金、25%~30% 的材料和 45%~55% 的人工。他表示做这项研究的最初目的只是想给穷人们又快又好地盖房子。他的这项技术创新早在 2006 年就被美国《发明家名人堂》和《现代奇迹》栏目评为年度最佳发明。但遗憾的是,这项发明却一直没能走出实验室。

图 3.34　3D 打印建筑

2013 年 1 月,来自荷兰宇宙建筑公司的荷兰建筑师简加普·鲁基森纳斯(Janjaap Ruijssenaars),表示希望能用 3D 打印技术建造一栋景观建筑,名为"Landscape House"。他们将沙子和粘合剂"打印"成若干个模块,并对其进行组装,最终的成品建筑会采用单流设计,运用创新的 3D 打印技术进行打造,由上下两层构成莫比乌斯环屋(图 3.35)。他的 3D 打印建筑项目是 Europan 竞赛的参赛部分,该竞赛允许超过 15 个国家的建筑师在两年的时间内建造建筑以参与评奖。

图 3.35　荷兰宇宙建筑公司的设计

Foster + Partners 事务所与欧洲航天局 European Space Agency 合作用月球上现有的

材料建造 3D 打印建筑。利用现有的建造技术，配合三维打印，在未来几年里，人类在月球上建造建筑物将成为可能。通过发明一种能承重的"悬链线"形拱顶和蜂窝结构墙体（图 3.36），使建筑内部能抵御月球上的微流星体和太空辐射的损伤，Foster + Partners 事务所还设计了一种增压充气配件来保护建筑内的宇航员。这种空心封闭气泡结构让人联想到鸟类的骨骼，很好地结合了建筑的强度和重量。

图 3.36　在月球上 3D 打印建筑的科学幻想

荷兰阿姆斯特丹正在建造世界上第一座 3D 打印房屋。这座房屋名为"运河屋"（图 3.37），由荷兰 DUS 建筑师事务所设计，共有 13 个房间，所采用的特大型 3D 打印机被称之为"KamerMaker"（意为"房屋建造者"）。工作时，KamerMaker 逐层打印熔塑层，凝固后形成塑料块。在此之后，建筑工人像玩乐高玩具一样建造运河屋。目前，运河屋已经在阿姆斯特丹北部地区动工，预计 3 年后竣工。

图 3.37　荷兰 3D 打印"运河屋"设计

2014 年 1 月，首批 3D 打印建筑（图 3.38）亮相上海青浦，引发国内外多方关注。这 10 幢有着方便面式外表纹理的房子，是由一台高 6.6m、宽 10m、长 32m（展开 150m）的 3D 打印机在 24h 内打印出来的，平均造价仅为两三万元。设计的多样性可以让门窗等位置在"打印"过程中就预留出来，并且根据需要安装预埋件。与众不同的墙体，也并非钢筋水泥浇筑，而是用一种特殊的"油墨"，根据电脑设计图纸和方案，在现场层层叠加"喷绘"而成。

图 3.38　位于上海青浦的 3D 打印建筑

值得注意的是，3D 打印建筑在材料安全、结构安全、寿命安全等方面尚需要时间考验。

## 3.8　广东省增材制造产业状况总体分析

国内增材制造（3D 打印）行业已经有 30 余年发展历史，但是早期的发展都被称为学院派，因为大部分都是在理论阶段。近年随着国外在增材制造（3D 打印）技术方面的突破以及在某些领域的应用，也让国内的学院派走向实践道路，同时国内很多商家看准这个领域。这一定程度上推动了国内增材制造（3D 打印）行业的发展。随着"个人制造"的兴起，在个人消费领域，增材制造（3D 打印）行业预计仍会保持相对较高的增速。这有助于拉动个人使用的桌面 3D 打印设备的需求，同时也会促进上游打印材料（主要以光敏树脂和塑料为主）的消费。在工业消费领域，由于增材制造（3D 打印）金属材料的不断发展，以及金属本身在工业制造中的广泛应用，预计以激光金属烧结为主要成型技术的增材制造（3D 打印）设备，将会在未来工业领域的应用中获得相对较快的发展。中短期内，这一领域的应用仍会集中在产品设计和工具制造环节。产业链上的专业分工会进一步深化。现阶段，主要的增材制造（3D 打印）企业一般以材料供应、设备制造和打印服务的综合形式存在。这是由产业发展初期技术推广和市场规模的限制所致。长期来看，产业链的各环节会产生专业化的分离，专业材料供应商和打印企业会出现，产品设计服务会独立或向下游消费企业转移。增材制造（3D 打印）有望转化为一个真正意义上的工具平台。

广东省增材制造（3D 打印）产业化应用在全国来说是最早的，早在 20 世纪 90 年代末，深圳、中山已经开始引进增材制造（3D 打印）技术，但近些年在产业政策方面滞后。然而相对来说，广东省 3D 打印技术创新与世界仍保持同步，产业基础全国领先，产业发展模式创新占得先机。

目前，广东省增材制造（3D 打印）科研大多集中在研究院所以及高校，如华南理工大学、中科院广州电子技术研究所、广州中国科学院先进技术研究所、东莞理工大学、中山大学、广东省工业技术研究院等。其中华南理工大学精密金属零件增材制造（3D 打印）课题组，经过 10 年的研究发展，在设备、工业、应用等方面的关键技术达到国际指标，研发的系列金属增材制造（3D 打印）成型机目前正在产业化，在国内的该领域有重要影响力。中科院广州电子技术研究所在树脂、塑料等增材制造（3D 打印）材料的引进消化吸收的基础有所创新。

此外，广州博冠光电科技股份有限公司、佛山峰华卓立公司等 30 多家企业均涉及增材制造（3D 打印）产品研发、产业化。广州博冠光电科技股份有限公司 3D 立体打印预成像设备、3D 立体观看设备、3D 立体显微建模及成像系统，2013 年已实现产值 1 亿元人民币。峰华卓立公司研发的 PCM 无模快速制造技术属国内独创，达到国际先进水平，已研发出 PCM 系列化设备，并为国内 24 个省市自治区的 110 多家企业提供技术服务或销售设备，2012 年产值达 1 500 万元。广州中望龙腾软件有限公司 3D 设计软件已面向全球销售，年产值超过 1 000 万元，其 3D 打印服务网络基础架构和技术整合 3D 设计软件、3D 网络平台、3D 打印机，提供线上线下一体化的系统和服务。广州迈普再生医学科技有限公司在已有的技术及研发成果的基础上，正在建立以生物分子、活性分子和生物材料为基本单元的生物 3D 打印先进生物材料制造平台和材料筛选数据库，研发生物 3D 打印设备，并计划将该技术及装备应用于市场急需的仿生和个性化组织修复产品的开发。

广东拥有增材制造（3D 打印）产业基础优势，一直致力于发展汽车、医疗、模具、动漫等产业并已形成一定的规模。

在汽车领域：广东省汽车工业在日趋国际化的国内市场竞争中得到了较快发展，是广东省最重要的产业之一。目前广东省制定了"到 2020 年，纯电动汽车和插电式混合动力汽车生产能力达 200 万辆、累计产销量超过 500 万辆"的目标，汽车产品设计和开发需要同步进行，对快速原型制作以及快速产品研发有较大需求。

在医疗领域：目前我国正通过成本优势和技术提升，推动本土医疗器械产业逐步向价值链上游高端医疗器械领域转移。广东省的医疗器械领域在国内一直占据前列。截至 2016 年 10 月，我国医疗器械生产企业挂牌上市共 34 家，其中广东企业就占了四成以上。广东省 2011 年医疗器械产业产值为 480 亿元，位居全国第一，同比增长 25%，而基于 3D 打印的个性化医疗器械将成为主要增长点。

在模具领域：广东模具进出口一直领先全国，出口占全国总额的近一半。仅东莞长安镇模具产业年产值就达 120 亿元，占全国模具总产值的近 10%，而 3D 打印直接制造随形冷却通道的高端模具，将成为经济转型重要突破口。

在动漫领域：从国际上看，2006 年全球数字动漫产业产值达到 2 800 亿美元，与动漫游戏产业相关的周边衍生产品产值在 6 000 亿美元以上。广东省连续 8 年在文化产业保持全国第一，在动漫文化产业方面仍有较大提升空间，动漫形象开发与 3D 立体展示将为 3D 打印发展提供一个重要平台。

这些都是增材制造（3D 打印）技术实现深入应用的巨大目标产业集群，在这些领域，有应用增材制造（3D 打印）技术的需求和空间。企业通过应用在时间、成本等方面与传统方式相比拥有巨大优势的 3D 打印技术，可大幅提升技术创新能力和发展潜力，形成竞争优势。图 3.39 为对广东省 3D 打印优势的探索与思考。

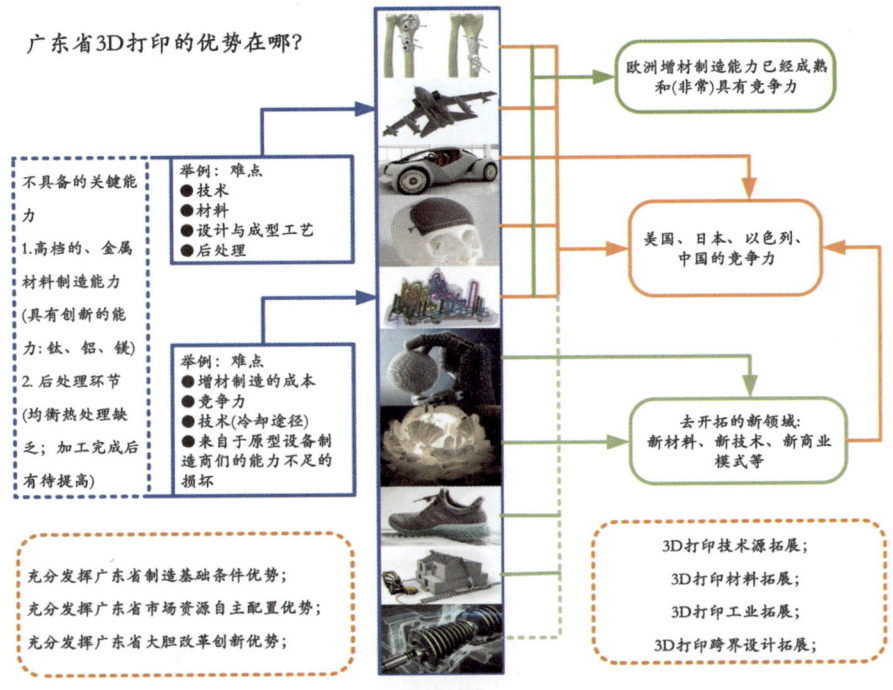

图 3.39　广东省 3D 打印优势探索与思考

## 3.9　广东省增材制造（3D 打印）产业链存在的问题

在增材制造（3D 打印）的现阶段发展当中，还是会遇到非常多的问题。其中主要问题有以下几方面。

### 1. 价格因素

大多数桌面级 3D 打印机的售价在 2 万元左右，一些国内的仿制品价格可以低到 6 000 元。但是据 3D 打印机代理商透露，国产的 3D 打印机虽然价格低，但质量很难保障。

对于桌面级 3D 打印机来说，由于仅能打印塑料产品，因此使用范围非常有限，而且对于家庭用户来说，3D 打印机的使用成本仍然很高。因为在打印一个物品之前，人们必须懂得 3D 建模，然后将数据转换成 3D 打印机能够读取的格式，最后再进行打印。

### 2. 原材料

增材制造（3D 打印）不是一项高深艰难的技术。它与普通打印的区别就在于打印材料。

以色列的 Object 是掌握最多打印材料的公司。它已经可以使用 14 种基本材料并在此基础上混搭出107种材料，两种材料的混搭使用、上色也已经实现。但是，这些材料种类与人们生活的大千世界里的材料相比，还相差甚远。不仅如此，这些材料的价格便宜的也要几百元一公斤，最贵的要四万元左右。

### 3. 社会风险成本

如同核反应既能发电，又能破坏一样。增材制造（3D打印）技术在初期就让人们看到了一系列隐忧，而未来的发展也会令不少人担心。如果什么都能彻底复制，想到什么就能制造出什么，也着实让人恐惧。

### 4. 著名的增材制造（3D打印）悖论

增材制造（3D打印）是一层层来制作物品，如果想把物品制作得更精细，则需要每层厚度减小；如果想提高打印速度，则需要增加层厚，而这势必影响产品的精度与质量。若生产同样精度的产品，同传统的大规模工业生产相比，没有成本上的优势，尤其是考虑到时间成本和规模成本之后，更没优势。

### 5. 整个行业没有标准，难以形成产业链

21世纪3D打印机生产商是百花齐放。3D打印机缺乏标准，同一个3D模型给不同的打印机打印，所得到的结果大不相同。此外，打印原材料也缺乏标准，2012—2013年3D打印机厂商都想让消费者买自己提供的打印原料，这样他们能获取稳定的收入。但3D打印机生产商所用的原料一致性太差，从形式到内容千差万别，这让材料生产商很难进入，研发成本和供货风险都很大，难以形成产业链。表面上是3D打印机捆绑了3D打印材料，事实上却是材料捆绑了打印机，非常不利于降低成本和抵抗风险。

### 6. 意料之外的工序

很多人可能以为增材制造（3D打印）就是电脑上设计一个模型，不管多复杂的结构，摁一下按钮，3D打印机就能打印一个成品。这个印象其实不正确。真正设计一个模型，特别是一个复杂的模型，需要大量的工程、结构方面的知识，需要精湛的技巧，并根据具体情况进行调整。以塑料熔融打印来举例，如果一个复杂部件没有设计合理作支撑，打印的结果很可能会变形，后期的工序通常也避免不了。媒体将增材制造（3D打印）描述成打印完毕就能直接使用的神器，可事实上，制作完成后还需要一些后续工艺：或打磨，或烧结，或组装，或切割，这些过程通常需要大量的手工操作。

### 7. 缺乏杀手锏产品及设计

都说增材制造（3D打印）能给人们巨大的生产自由度，能生产前所未有的东西。可直到2012年，这种"杀手锏"级别的产品还很少，几乎没有。做些小规模的饰品、艺术品是可以的，做逆向工程也可以的，但要谈到大规模工业生产，3D打印还不能取代传统的生产方式。如果增材制造（3D打印）能生产别的工艺所不能生产的产品，而这种产品又能极大提高某些性能，或能极大改善生活的品质，或许能更快地促进3D打印机的普及。

# 4 广东省增材制造（3D 打印）技术边界划分与技术水平

按照前述不同的技术类型，增材制造（3D 打印）具体技术可以分为：激光选区熔化（SLM）、电子束成型（EBM）、激光近净成型（LENS）、激光选区烧结（SLS）、熔融沉积成型（FDM）、光固化成型（SLA）、数字光处理（DLP）、聚合物喷射技术（PolyJet）、三维立体印刷技术（3DP）等技术。这些技术边界内容在第 2 章介绍技术时已经涉及，而在第 3 章介绍了增材制造应用于医学、模具、汽车、珠宝首饰、文化创意、航空航天、建筑等方面，对其应用边界也有涉及。本章对 3D 打印标准以及专利情况进行分析，并从具体要素层面对 3D 打印产业技术边界进行划分，以及对技术水平和相关壁垒进行分析。

## 4.1 广东省 3D 打印专利分析

本节立足于广东省近年的专利发表情况，以国家知识产权局公开的专利文献数据为基础，主要采用"3D 打印"和"三维成型"进行相关的专利检索，并且对专利数据进行筛选统计，通过分析 3D 打印专利的申请数量、申请类型、重点申请人、技术分布等状况，掌握该技术领域的发展状况及趋势，引导并帮助企业确立专利布局，以抢占行业先机。

### 4.1.1 检索概述

#### 1. 专利数据库的选择范围

在国外，1986 年已经开始出现了商用的 3D 打印机，而我国则出现得比较晚，直到 2004 年国内才开始出现国外公司的中国专利申请；到 2008 年，国内的高校和企业以及个人才开始在该领域进行相关专利的申请和布局，例如广东省的华南理工大学。

通过对国家知识产权局（网址 http://epub.sipo.gov.cn/gjcx.jsp）公开的专利数据进行查阅发现，广东省在 3D 打印/三维打印这一方向 2012 年后才有较多的专利申请，因此对广东省 3D 打印专利申请状况进行统计与分析的时间范围选定为 2012 年至 2016 年 12 月 20 日。

由于专利数据的滞后性（《中华人民共和国专利法》规定，如果专利发明人不申请提前公开的话，专利在申请之日起 18 个月后公开），因此，虽然本次分析的数据截止至 2016 年 12 月 20 日，但实际上仍有一部分专利的申请日早于 2016 年 12 月 20 日，却没有列入本次的分析之中。

**2. 数据检索方法**

采用关键词和专利分类号相结合的交叉检索方法。
中文关键词：3D 打印　三维成型　3D 成型；
分类号：B41J　B29C。

### 4.1.2　国内外 3D 打印专利概况

21 世纪以后，3D 打印技术发展迅猛，新兴技术不断涌现，技术发展分支众多，可面向金属、树脂、尼龙、生物组织等不同材料，其应用领域极其广泛。关于 3D 打印的技术预测受到学术界与产业界的普遍重视。科学分析 3D 打印技术的发展和应用趋势，能够为科研机构及企业单位制定技术战略、确立重点研发方向提供依据。

**1. 国外 3D 打印专利概况**

来自英国知识产权局的一份 3D 打印技术专利数据报告显示，在 1980—2013 年间的 24 年时间内有关 3D 打印的专利申请共有 9 000 余项，且在 2000 年以后 3D 打印专利申请出现飚升，主要领域是电路、电极制造以及生物医学。在 3D 打印应用的专利申请中，组织工程是最受关注的应用领域，申请专利的公司数量最多。

在 2011 年以前，全球 3D 打印技术专利申请的国家中，美国居于首位，第二位是日本，第三位是加拿大。位居首位的美国占据了 40% 以上的申请量，而我国仅仅约 5%。虽然相比美、日，中国 3D 打印行业起步较晚，但 2011 年之后增长趋势明显，直到 2013 年，中国专利申请数量已经超过美国，成为世界 3D 打印技术专利申请数量最多的国家。全球申请该领域专利的公司中，申请量较多的公司有美国 Stratasys 公司、3D Systems 公司和德国 EOS 公司等，分别在一定的专利技术领域占据统治地位。

近年来，学者们开始尝试从文献和专利角度对 3D 打印技术进行分析研究。学者许冠南等通过对全球范围内 3D 打印相关专利的检索与分析绘制出 3D 打印技术领域的专利数量和专利申请人的增长情况（见图 4.1），用以表征技术发展阶段并获得 3D 打印技术的生命周期。从图 4.1 可以看出，3D 打印相关专利技术是从 20 世纪 60 年代开始出现的，90 年代专利数量增长速度开始加快，在 1999 年时专利数量首次突破百件，随后专利数量出现波动，在 2006 年后，专利数量持续快速增长。

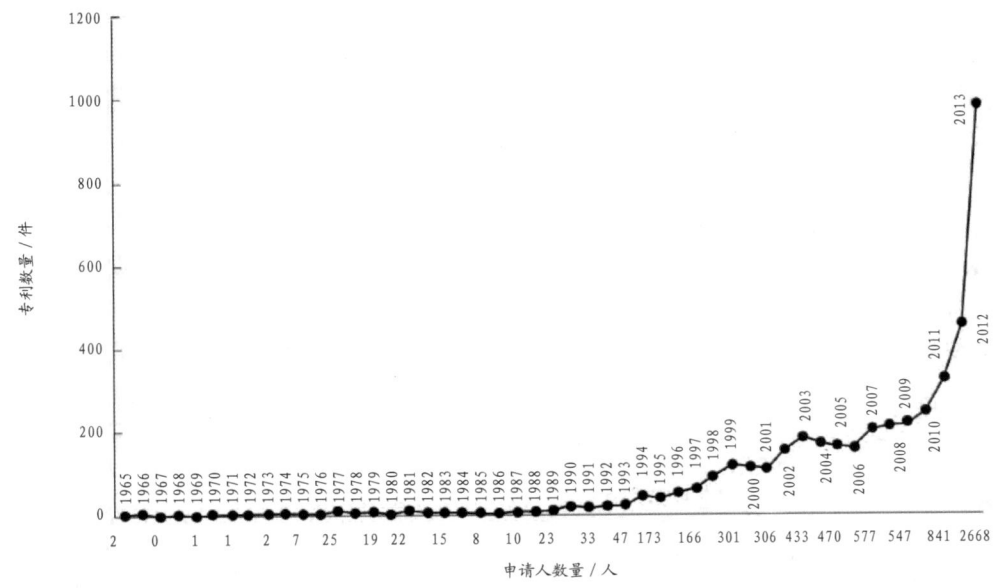

图 4.1　3D 打印申请数量变化

从图 4.1 可以看出，1960—1999 年是 3D 打印技术发展的萌芽期，专利数量增长较慢且专利数均在百件以下，此阶段技术发展的重点在于 3D 打印技术的基础性原理、技术和设备方面的研究。

2000—2006 年，这一时期的专利数量增长速度加快，此阶段技术发展的重点在于 3D 打印技术在支撑和实体材料以及精度和质量上的改进。1999 年以后专利数量一直波动增加，在 2006 年达到局部最小值点，此后专利数量一直快速增长。

2006 年至今，技术进入成长期，这一时期的专利量增速较前一时期加快，专利数量出现了井喷式增长，3D 打印技术发展显示出快速增长态势。此阶段，技术发展的重点除了工艺和流程方面的持续改进，已开始与 3D 打印的具体应用领域融合发展。

总体来说，当前 3D 打印技术多集中于方法、装置和技术，其相关应用的专利并不是很多，尚未呈现出完整稳定的技术应用路径，但 3D 打印技术发展已经逐渐从技术原理进入实际应用阶段。近年来 3D 打印技术已经在艺术设计、航空航天、地理信息、军工、医疗和消费电子产品等诸多领域实现了应用。

2. 国内 3D 打印专利概况

2013 年 4 月，我国首次将 3D 打印产业纳入国家 "863" 计划中。2015 年 2 月 11 日，工业和信息化部、国家发展与改革委员会、财政部联合公布了《国家增材制造产业发展推进计划 (2015 — 2016 年 )》，作为阶段性指导方针。该计划明确了我国当前 3D 打印技术和相关产业所处的形势，对相关产业发展作出了阶段性部署。在中国北京、西安、成都和武汉等城市，政府已经陆续开始着手对 3D 打印相关产业进行布局和规划，从设备研发、软件设计、材料制备和技术服务等众多环节全面鼓励发展 3D 打印产业。希望中国能够把握此次制造业转型改革机遇，成为世界 3D 打印产业强国。

图 4.2 为我国 3D 打印领域的专利申请情况，从申请数量方面看，在 1999 年以前，有关 3D 打印机的中国专利申请量较少；1999 年以后，与 3D 打印相关的中国专利申请量呈现上升的趋势；2003 年，我国有关 3D 打印的专利申请数量达到一个峰值，这反映出当时我国的相关企业和科研机构已经认识到了 3D 打印技术的重要性，纷纷投入资金和人力物力进行研究开发；而在 2005 年，专利申请量略有下降，可能是因为当时 3D 打印技术在我国还没有形成产业链，这在一定程度上制约了产业的发展，影响了专利申请；从 2006 年开始，我国 3D 打印行业专利申请量一路上升，在 2014 年专利申请量达到最高，表明我国相关企业和机构正在这一新兴技术领域积极寻求专利保护。从主要申请人方面，3D 打印机领域中国专利申请主要由国内企业和高校提出，个人申请量较少。

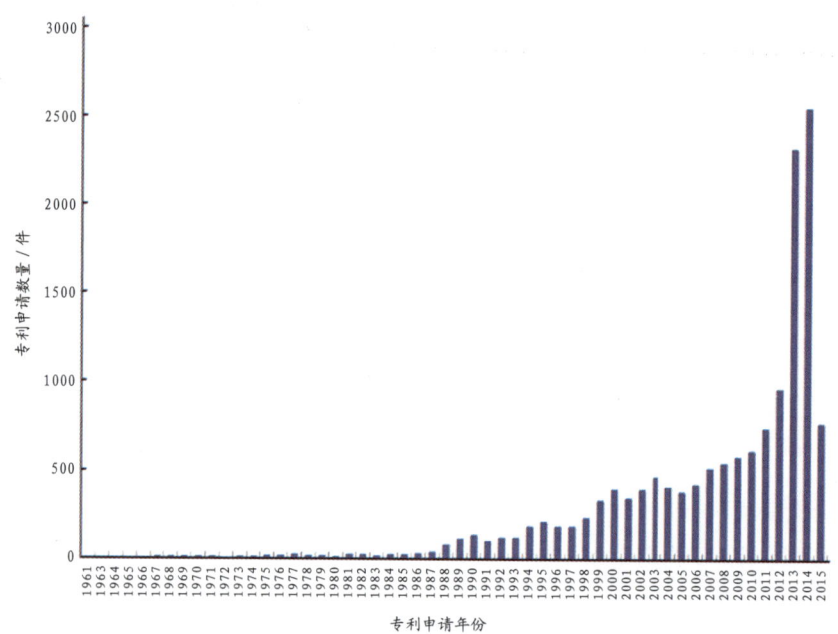

图 4.2　3D 打印机领域中国专利申请量趋势

### 4.1.3　广东省 3D 打印专利数量分析

本节对广东省从 2012 年开始到 2016 年末有关 3D 打印技术的专利状况进行统计，从一些方面进行了相关的分析，主要包括以下几个方面：①专利申请数量分析；②专利申请类型分析；③专利方向分布分析；④申请数量较多的申请人。

#### 1. 专利申请数量分析

通常来讲，一个行业相关专利申请量的逐年变化情况是市场需求的一种表现，也是行业发展状况的一个缩影。因此,对广东省在3D打印行业的专利申请量进行逐年统计分析,无论是对3D打印技术在广东省的发展状况,还是其市场需求,都具有一定的指示性作用。表4-1列出了分析期间广东省3D打印各年的专利申请情况。

表4-1　广东省3D打印各年专利申请量（2012—2016.12.20）

| 序　号 | 年　份 | 专利申请量／件 | 逐年增长倍数 |
| --- | --- | --- | --- |
| 1 | 2012 | 4 | |
| 2 | 2013 | 39 | 9.75 |
| 3 | 2014 | 125 | 3.2 |
| 4 | 2015 | 198 | 1.584 |
| 5 | 2016 | 238 | 1.232 |

可见,广东省的3D打印相关行业专利申请数量从2012年以来呈现出逐年上升的趋势。可以看到的是,2013年是广东省内3D打印专利申请崛起的一年,相比于2012年,广东省内2013年对于3D打印行业的专利申请翻了将近10倍。从2013年开始,此后的2014年、2015年、2016年逐年较之前一年都呈成倍上升的趋势。

2. 专利申请类型分析

将广东省3D打印行业相关专利分成发明专利、实用新型和外观设计专利三类进行份额的比较与分析（见表4-2）,以大致判断该领域技术的发展情况。若发明专利占据的份额较大,则说明该领域的技术还处于初步阶段；反之,若实用新型和外观设计专利所占据的份额较大,则说明该领域技术的发展趋于成熟。

从2012年初至2016年年末,广东省关于3D打印/三维打印/3D成型的发明专利公布共计602项（其中授权66项）实用新型专利597项,外观设计专利126项。

表4-2　我国3D打印领域专利数量及百分比（2012—2016）

| | 发明专利 | 实用新型专利 | 外观设计专利 | 总　计 |
| --- | --- | --- | --- | --- |
| 数量总计 | 602 | 597 | 126 | 1325 |
| 百分比/% | 45.4 | 45.1 | 9.5 | 100 |

可见,发明专利的份额和实用新型专利的份额大体相当,而实用新型专利与外观设计专利加和之后的份额略高于发明专利。可以看到,从2012年发展至今,广东省的3D打印行业发展趋于成熟；又因为实用新型专利与外观设计专利份额并未大幅超过发明专利,因此,广东省3D打印行业发展至今仍有着很大的发展潜力与上升空间。

3. 专利方向分布分析

对广东省近年来有关3D打印行业的专利进行技术分布的统计与分析,是指按照现有的分类习惯,将3D打印行业涉及的专利分为设备、材料、软件等方向,分析各个方向各自包括的专利数量（见表4-3和图4.3）,获知广东省近年来在3D打印行业申请相关专利的侧重方向情况，以较好地把握该领域内市场经营主体关注的技术方向。

表 4-3　广东省 2012—2016 年 3D 打印相关专利技术分布

| 年　份 | 设备方面 | 材料方面 | 软件／控制 | 工艺／应用 |
| --- | --- | --- | --- | --- |
| 2012 | 2 | 1 | 0 | 1 |
| 2013 | 19 | 6 | 1 | 14 |
| 2014 | 62 | 21 | 16 | 16 |
| 2015 | 83 | 52 | 25 | 37 |
| 2016 | 115 | 56 | 17 | 28 |
| 总计 | 281 | 136 | 59 | 96 |
| 占比 /% | 49.13 | 23.78 | 10.31 | 16.78 |

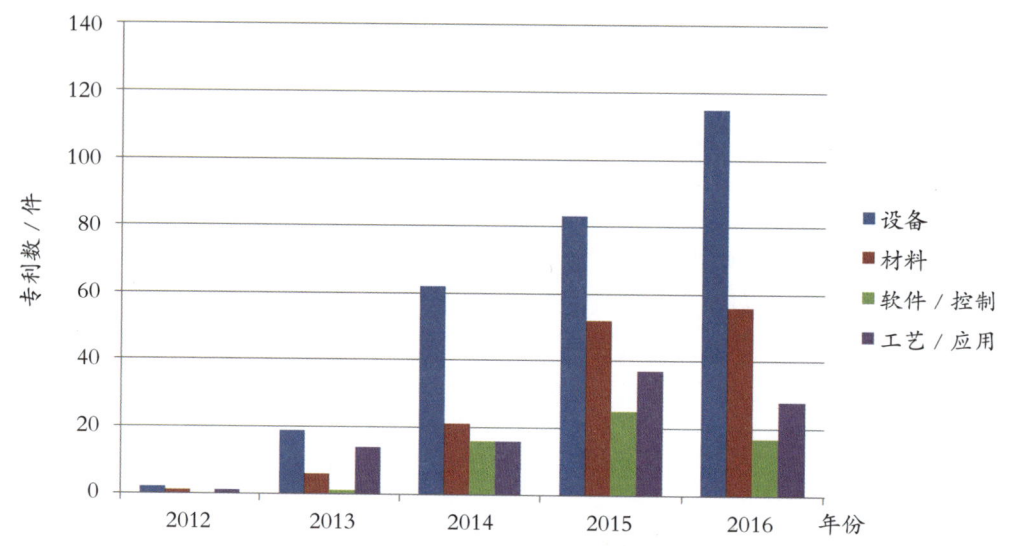

图 4.3　广东省 2012—2016 年 3D 打印相关专利技术分布

近年来广东省在 3D 打印行业设备方向和材料方向申请的相关专利逐年稳步增长，在软件 / 控制方向大致呈增长趋势。在每一年内，有关设备方向的专利申请数量皆大幅高过其余三个方向，材料方向的专利申请量居于第二，有关软件 / 控制方面的专利申请数量则最少。

纵观广东省 2012—2016 年 3D 打印相关专利的技术总分布图（图 4.4）可以看出，设备方向的专利申请数量占了将近一半，材料方向的专利申请量大致占 1/4，工艺与应用方向的相关专利数量居第三，软件 / 控制方向的专利申请数量则最少。这说明，广东省 3D 打印相关技术方面，相比于设备市场和材料市场，软件与控制方面以及应用方面还有很大的市场需求和发展空间。业内人士在对设备与材料不断探索的过程中，更可在软件 / 控制方向有所作为，以填补省内市场在软件 / 控制方面的缺失。

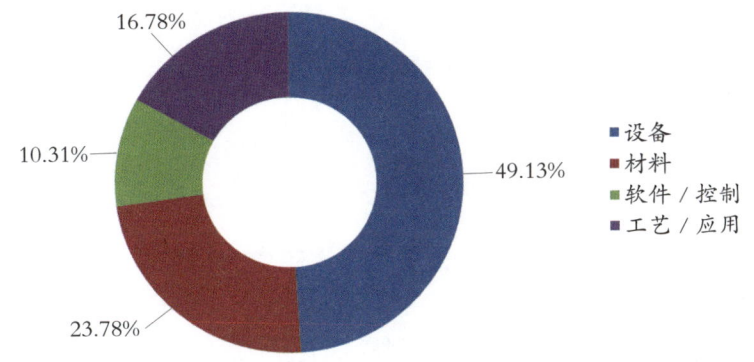

图 4.4 广东省 3D 打印相关专利技术总分布（2012—2016）

**4. 申请数量较多的申请人**

通过对广东省内近年 3D 打印行业的专利申请人情况的统计（见表 4-4），发现广东省内申请相关专利数量排名前五的是：华南理工大学（56 例）、广州市文博智能科技有限公司（41 例）、深圳长朗三维科技有限公司（28 例）、佛山市高明区诚睿基科技有限公司（27 例）、珠海天威飞马打印耗材有限公司（24 例）等。

表 4-4 广东省内部分单位 3D 打印专利申请数量

| 序 号 | 单位名称 | 申请数量 / 件 |
|---|---|---|
| 1 | 华南理工大学 | 56 |
| 2 | 广州市文博智能科技有限公司 | 41 |
| 3 | 深圳长朗三维科技有限公司 | 28 |
| 4 | 佛山市高明区诚睿基科技有限公司 | 27 |
| 5 | 珠海天威飞马打印耗材有限公司 | 24 |
| 6 | 东莞市榴花艺术有限公司 | 18 |
| 7 | 深圳市优特打印耗材有限公司 | 18 |
| 8 | 深圳万为智能制造科技有限公司 | 14 |
| 9 | 东莞劲胜精密组件股份有限公司 | 14 |

在广东省对 3D 打印产业的大力推动下，多家单位积极开展 3D 打印技术的研发。可以看到，广东省的 3D 打印势必朝着一个蓬勃发展的方向前进。

## 4.1.4 广东省 3D 打印产业布局情况及特点

2015 年，广东省增材制造行业实现产值超过 30 亿元，主要分布在珠三角的广州、深圳、东莞、珠海、佛山等城市。广州市增材制造企业达 138 家，主要应用于教育、医疗、服饰等消费市场；深圳在增材制造的研发及产业化等方面已初步形成建模系统、材料、设备、应用服务的增材制造全产业链，并成功应用于医疗健康、文化创意、电子信息、航天航空等领域；东莞市拥有增材制造关联企业 100 余家，主要应用在模具行业。广东省形成了以深圳惠程、东莞银禧为代表的增材制造材料研发企业,以深圳大族激光、珠海西通、中山汉唐、佛山中南机械为代表的增材制造设备制造企业,以深圳光韵达、易尚展示为代表的增材制造应用与服务商,以及以华南理工大学、中科院广州电子技术研究所为代表的增材制造技术研发科研院所。广东省3D打印行业呈现出了以下特点。

### 1. 拥有较雄厚的科研力量

广东省增材制造科研力量大多集中在研究院所和高校,有华南理工大学、中科院广州电子技术研究所、先进技术研究所(南沙)、中山大学、广东省工业技术研究院等涉及相关技术。中科院广州电子技术研究所在引进消化吸收的基础上,对树脂、塑料等方面的增材制造技术进行了创新。东莞理工学院已开展增材制造技术应用培训。

华南理工大学精密金属零件增材制造项目组经十多年的努力,目前已经开发出三款激光选区熔化快速制造设备,主要应用于各种金属零件的增材制造,包括航空航天部件、工业模具、汽车部件和生物医学部件等。在设备、工业、应用等方面的关键技术已达到国际指标,研发的系列化金属增材制造成型机已经产业化,在国内该领域内具有重要影响力。华南理工大学历年来承担和参加多项国家、国际合作、省市级科研项目,其中25项为项目负责人。申请专利82项,其中授权发明专利30余项,实用新型专利50余项。但是,目前国内增材制造技术研发的"第一梯队"主要分布在西安交通大学、清华大学、华中科技大学等几所高等院校。广东省高校和研究院所的技术研发水平和他们的比起来,还有一定的差距。

### 2. 产业基础好、结合程度高

广东省软件、汽车、医疗、模具、动漫、鞋帽、礼品等产业已形成可观的规模,这些领域都是增材制造技术实现深入应用的目标产业集群,有着应用增材制造技术的巨大需求和空间。虽然广东省增材制造技术的应用不是最早、技术也不是最领先的,但是通过依托现有产业,广东省增材制造技术应用非常广泛,与产业结合的程度也很高。以东莞为例,作为模具、鞋帽、礼品制造名城,庞大的市场规模及快速增长态势为增材制造技术提供了充分的发展空间。据统计,在东莞,模具开发和制造占东莞市增材制造产业的49.6%,礼品和鞋帽私人定制则占22.3%。增材制造技术为传统制造业的设计开发带来了更多创意和灵活性,其与传统制造业相结合已经成为主流趋势。

### 3. 拥有完善的公共服务平台

广东省成立了一系列的增材制造产业联盟,为联盟成员间举办活动、进行信息交流提供了平台。例如广州市工信委支持组建广州市增材制造(3D打印)技术产业联盟,并推动建设了"广州市服务型制造业集聚区·增材制造产业园",目前该产业园进驻的增材制造相关企业已超过20家。

2016年,广东省成立了增材制造协会,超过150家具有一定规模和实力的增材制造企业递交了入会申请。这是一个全省增材制造产业资源融汇交流的大平台,通过这个平台,将加速广东省增材制造技术产业链的整合,促进产学研结合和产业应用,推动增材制造技术的市场化和产业化。

**4. 新兴产业应用 3D 打印的发展空间大**

广州战略性新兴产业的重点是支持高端新型电子信息产业、新能源汽车、LED、生物、高端装备制造、节能环保、新能源等领域,增材制造技术将助推战略性新兴产业的培育与壮大。

深圳以市场化为导向,积极设立创新载体,聚集具有技术领先优势的增材制造产业人才团队。如易尚展示与深圳大学牛憨笨院士联合成立了三维影像院士工作站,深圳市第二人民医院是广东省数字骨科主要单位,拥有深圳市重点工程实验室——深圳数字骨科技术工程实验室。

东莞市人民政府与华南理工大学合作共建华南协同创新研究院,目前研究院已启动基于增材制造技术的"个性化数字齿科"等项目,与国内领先的义齿加工企业密切合作,面向医疗机构提供口腔修复、种植、正畸、医学模型定制加工,以及增材制造技术咨询及培训服务。

## 4.2 增材制造(3D 打印)产业标准分析

### 4.2.1 国外 3D 打印标准发展现状

目前,欧美发达国家纷纷制定发展和推动增材制造技术的国家战略和规划,增材制造技术已经受到政府、研究机构、企业和媒体的广泛关注。

国外增材制造标准化工作的发展,从时间上大体分为两个阶段。

第一个阶段:2002 年,美国机动车工程协会(SAE)发布了增材制造领域第一项标准 AMS 4999《退火 Ti-6Al-4V 钛合金激光沉积制品》,预示着增材制造标准化工作的开始。该标准于 2011 年 9 月进行了修订,更名为 AMS 4999A《退火 Ti-6Al-4V 钛合金直接沉积制品》,不规定所使用的高能束流的种类,仅对最终制件的性能指标提出了要求,并结合现有的测试技术,提出了相应的推荐性检测指标。该标准规定了 Ti-6Al-4V 增材制造的原材料、前处理、制造工艺、后处理、检验检测要求及方法等,其材料对应于国内 TC4 钛合金,适用于能量直接沉积制件的验收。

第二个阶段:从 2008 年开始,增材制造标准化工作正式进入快速发展阶段。美国材料与试验协会(ASTM)着手开展相关工作,2009 年 ASTM 国际标准组织组建了 F42 增材制造技术委员会。F42 下设 8 个分技术委员会,目前已发布标准 11 项,还有 11 项标准正在制定中,主要由 F42 01 检测方法、F42 04 设计、F42 05 材料与工艺以及 F42 91 术语等 4 个分技术委员会起草发布。目前,F42 05 主要针对粉末床熔化(对应于 SLS 和 SLM）技术的钛合金、镍基合金及塑料件开展了相应的标准制定，在标准中规定了相关工艺的原材料要求、前处理、制造过程中质量控制、后处理、检验检测要求及方法等方面的要求，适用于粉末床熔化制件的验收。

国际标准化组织 ISO 的增材制造技术委员会 TC261 制定的标准 ISO17296《增材制造——快速技术（快速原型制造）》，包括术语、生产综述、测试模型和执行标准综述、数据交互综述四个分标准（见图 4.5）。

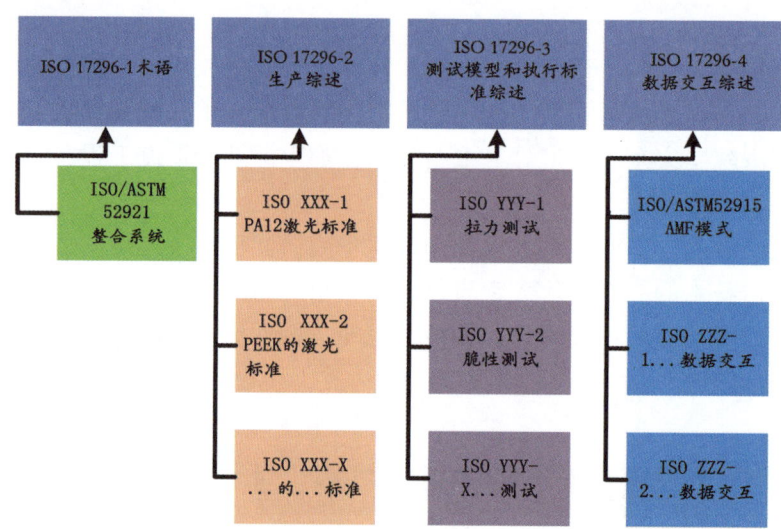

资料来源：ISO/TC 261 *Additive Manufacturing* 会议机械制造系统工程国家重点实验室发布时间：2015-08-11

图 4.5　ISO 17296 相关标准

2015 年 1 月，CEN 制定了一项与 3D 打印相关的 CEN/TC 438 标准。AM Platform 起草了战略研究议程，其中强调了标准化的重要支柱作用，并且最终在欧盟地七框架计划的资助下，命名为"3D 打印标准化支持行动（SASAM）"的项目于 2015 年 6 月发布了一份 3D 打印标准化路线图（见图 4.6），对整个产业做一个整体规划，对接德国工业 4.0 政策。

该 3D 打印标准路线图是基于 3D 打印领域目前的发展状况而制定的，它包含了这一产业和其他主要利益相关者的需求和展望，并且大体上反映出了这项技术在制造业与社会中的发展趋势。路线图重点关注工艺稳定性和产品质量、材料、生产和其他、目标等四个方面。

2017 年 2 月，美国 3D 打印标准化合作组织 AMSC 公布了"3D 打印标准化路线图"（见图 4.7），从而明确了现有的和正在开发的标准和规范，评估差距，并找出有必要采取额外标准化措施的领域。

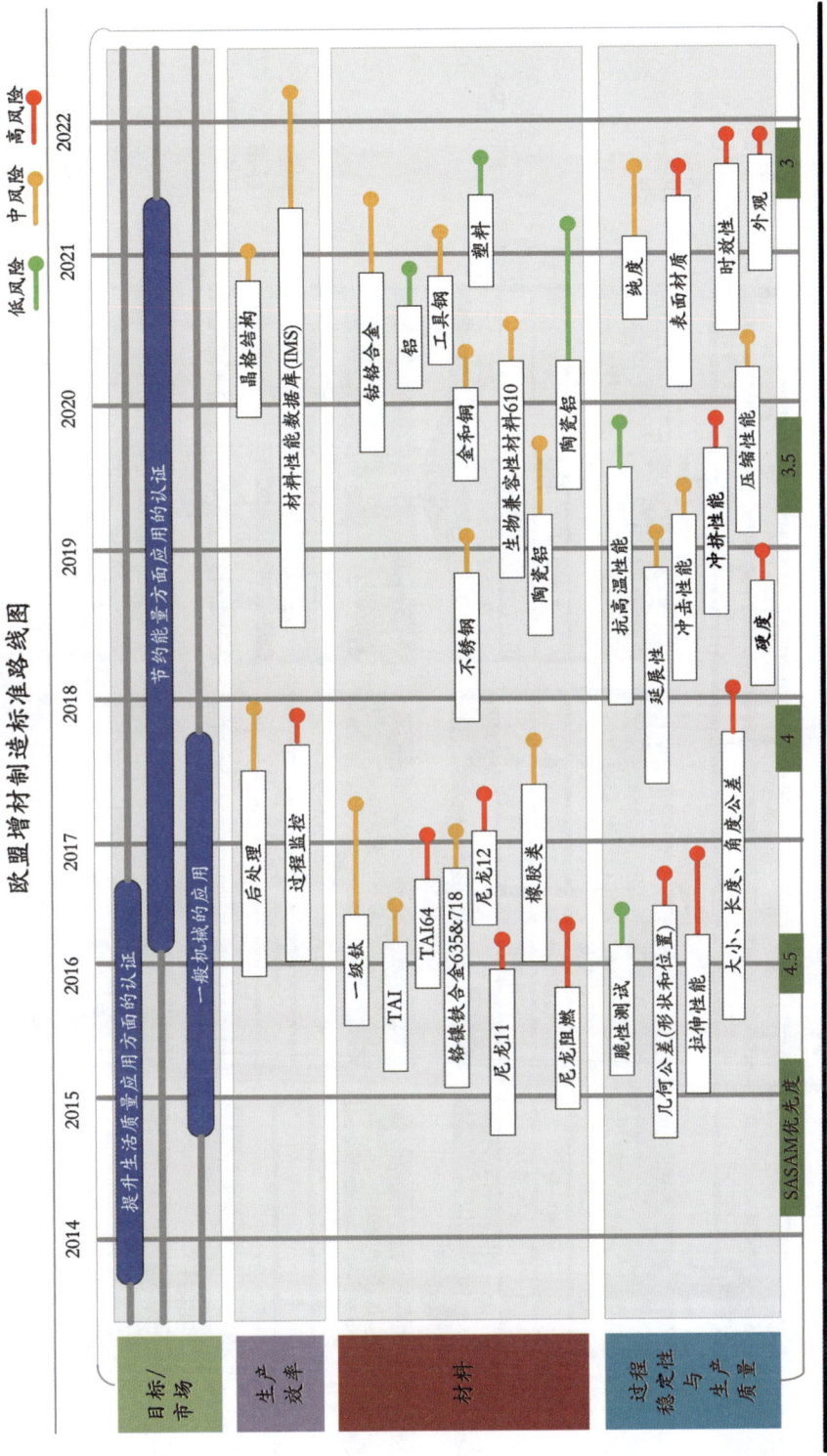

图 4.6 欧盟 3D 打印标准/认证发展路线图

## 美国增材制造标准化路线图

**顶层通用**
增材制造概念
- 通用要求
- 共同要求
- 一般应用

**增材制造类标准**
具体到增材制造和工艺

**具体到增材制造标准**
具体到材料和工艺标准

### 通用增材制造标准

**材料供应**
- 具体材料目录：金属粉末、陶瓷粉末、光敏树脂、聚合物粉末、金属棒材、高分子丝材、等
- 具体材料：钢丝材、钛合金粉末、尼龙粉末、镍基合金粉末、ABS高分子材料、等
- 材料到具体应用：航空领域、汽车领域、医疗领域、等

**装备与工艺**
- 具体工艺分类：材料喷射、粉末熔融、粘结喷射、能量沉积、材料挤出、薄层堆积、真空成型、等
- 具体材料工艺：尼龙粉末成型、ABS挤出成型、钛合金能量沉积成型、钢材粉末熔融成型、等
- 材料到具体应用：航空领域、汽车领域、医疗领域、等

**数据格式 / 质量保证 / 系统运行和稳定性 / 测试方案**
**测试方法 / 安全性 / 检测方法 / 等等**
**技术 / 设计指南 / 测试标准**

**成形件**
- 所有成形件：机械测试、无损检测、生物兼容性测试、化学测试、后处理、等等
- 具体材料：钛合金、铝合金、镍基合金、纸、尼龙、砂、ABS、等
- 材料到具体应用：航空领域、汽车领域、医疗领域、等

## 4.7 美国3D打印标准化路线图

## 4.2.2 国内 3D 打印标准发展现状

我国于 2016 年 4 月 21 日召开了全国增材制造标准化技术委员会（TC562）成立大会，对口国际标准化组织 ISO TC261，在国家层面上开展增材制造技术标准化工作。TC562 主任委员由中国工程院院士卢秉恒担任，王华明、单忠德、吴锋任副主任委员，共有委员 61 名，肖乘翔任委员兼秘书长，秘书处由中机生产力促进中心承担。基本涉及我国增材制造领域具有代表性的高校、科研院所、企业、行业协会等，涵盖工艺、材料、设备、服务、监测、认证及医学等多个领域。

目前 TC562 会正在制定的标准共有 6 项，涉及增材制造技术术语、文件格式、工艺和材料分类等方面。作为国内高端装备领域，中国航空综合技术研究所自 2007 年就开始了增材制造技术标准化的研究，与北京航空航天大学王华明院士团队开展合作，研究形成了一系列增材制造技术标准，并积极推行行业标准的立项及制定工作。目前正在开展钛合金零件激光直接沉积工艺、粉末、制件规范等 5 项行业标准的制定工作。

卢秉恒院士指出，近年来，在政策引导和项目带动下，我国增材制造技术发展迅猛，光固化、选取激光烧结、选取激光熔融、熔融沉积成型等工艺和装备等方面已经具有良好基础，部分增材制造技术和产品已经在航空航天、生物医疗、文化创意等领域得到广泛应用，高性能金属构件增材制造技术等已经达到国际先进水平。同时指出，增材制造技术领域标准体系建立应从技术维度、保障维度及应用领域维度这三个维度进行思考。

技术维度是增材制造技术的核心部分，主要从增材制造技术的一般工艺过程的需求出发，分为设备、设计、材料、工艺等。保障维度是增材制造技术的基本保障，主要从增材制造技术全生命周期的保障技术需求出发，建立各环节、各阶段、各类事物及人员的基础性、检测、认证、基础数据格式等标准。应用领域维度则依据增材制造技术产品在各领域应用的不同要求及特点进行划分，包括航天、航空、汽车、医疗、教育等，由此规划的增材制造技术标准体系见图 4.8。

图 4.8 中的每一个胞元均由数量不同、层级不同的多项标准构成。胞元与胞元之间的标准可能会有重叠。当重叠较多，且在各领域内要求相同或相近时，可在国家层面上进行统一，形成国家标准。当胞元内标准具有明显的行业特色（例如，航空产品检测时对于疲劳性能的要求）时，该类标准应制定成为行业标准，而当胞元内

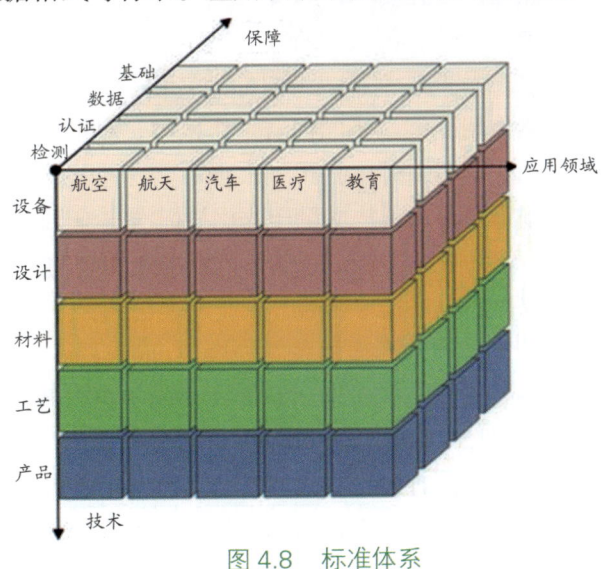

图 4.8 标准体系

标准具有明显技术独占性（例如，航空零件的具体增材制造工艺标准），仅适合在企业内部执行时，标准应制定成为企业级标准。

### 4.2.3 广东省3D打印标准的发展

"十三五"时期，将建立适应广东经济社会发展需求，具有广东特色，国内领先、与国际接轨的标准化管理体制和标准体系，广东标准的有效性、先进性、适用性将明显增强，对经济社会的贡献率和国际竞争力将大幅提升，标准化改革创新将取得突出成效，推动广东省成为先进标准创新创制的示范区和辐射源，建成标准强省。省内增材制造技术不断发展也要求相应的技术标准及时跟进。目前广东省内增材制造行业标准暂未出台，但已在筹备过程中。

在《广东省人民政府关于深化标准化工作改革 推进广东先进标准体系建设的意见》（下称《意见》）中明确提出建设先进标准体系的主要目标有：

第一，确保标准化管理体制更加完善。

第二，先进标准体系更加健全。

第三，标准化基础更加坚实。

第四，标准化服务水平明显提升。

在《意见》中，明确提出要将增材制造（3D打印）技术等重大领域的科技创新成果向标准转化，充分发挥标准在科研成果转化为生产力过程中的桥梁作用。

此外，针对广东省增材制造技术特点及产业情况，标准化建设应该加快先进体系标准建设：

一是加强先进标准体系规划。科学规划广东省增材制造相关领域标准体系建设。重点围绕专用材料、成型设备、专用软件、其他共性技术等，由省政府各有关部门与标准化主管部门共同研究、制定、发布标准体系规划与路线图，并推动实施。

二是推进创新成果向标准转化。充分发挥标准在科研成果转化为生产力过程中的桥梁作用，健全协同创新工作机制，在增材制造（3D打印）技术重大科技专项领域，推动企业实施科技创新与标准化"三同步"（科研与标准研究同步、科技成果转化与标准制定同步、科技成果产业化与标准实施同步），鼓励企业将自主创新技术形成技术标准，推动企业按照国际通行规则形成专利与标准结合机制，加快科技成果产业化。及时跟踪研究全球技术创新、产业发展趋势，规划未来产业标准体系，引领产业高端发展。

三是提升标准体系先进性。审视目前广东省增材制造技术及相关行业标准及规范的发展情况，针对增材制造技术的特点，重点制定一批抢占行业制高点的国际、国家和行业标准。重点研制需统一技术和管理，体现区域特色和亮点，符合广东实际的地方标准。鼓励制定关键指标先进的企业标准，推动企业普遍制定关键指标高于国家标准或行业标准的内控标准，提升标准实施的先进性。

四是培育发展标准联盟（团体）组织。鼓励根据增材制造产业发展需要成立标准联盟（团体）组织，研究制定规范标准联盟（团体）运作的规定，加强对标准联盟（团体）的培育和扶持，使标准联盟（团体）成为促进服务产业发展、保障质量底线、抢占标准高地、共享技术创新的平台。按照"标准引领—技术改造—做强产业"模式，制定一批满足市场和创新需要的联盟（团体）标准，引导广东省联盟（团体）标准逐步上升为地方标准、行业标准、国家标准乃至国际标准。引导企业将自主核心专利融入联盟（团体）标准，形成"技术专利化—专利标准化—标准国际化"商业模式，实现自主创新价值最大化。

## 4.3 增材制造技术边界划分

经过多年的发展，我国增材制造技术与世界先进水平基本同步，广东省增材制造（3D 打印）技术水平也基本走在全国前列，在高性能复杂大型金属承力构件增材制造等部分技术领域已达到国际先进水平。但是，广东省增材制造产业化仍处于起步阶段，与先进国家相比存在较大差距，尚未形成完整的产业体系，离实现大规模产业化、工程化应用还有一定距离。

依据相关技术和相关产业在广东省技术水平情况以及在国民经济中的产业发展需求，下面将从不同技术角度和不同技术要素角度分别界定广东省增材制造（3D 打印）技术边界，从而再进一步分析和制定广东省增材制造（3D 打印）产业技术路线图。

对于增材制造产业技术路线图边界划分，一方面结合广东省现存技术要素，一方面结合国家发布的政策，将边界划分为两层：第一层分别从 3D 打印高性能材料、金属 3D 打印装备、非金属 3D 打印装备、3D 打印行业应用、3D 打印共性技术来介绍。第二层将对第一层涉及的内容进行细化（见图 4.9）。

### 4.3.1 增材制造（3D 打印）高性能材料边界

增材制造（3D 打印）材料是增材制造（3D 打印）技术发展的重要物质基础，在某种程度上，材料的发展决定着增材制造（3D 打印）能否有更广泛的应用。目前，增材制造（3D 打印）材料主要包括工程塑料、光敏树脂、橡胶类材料、金属材料和陶瓷材料等。除此之外，彩色石膏材料、人造骨粉、细胞生物原料以及砂糖等食品材料也在增材制造（3D 打印）领域得到了应用。增材制造（3D 打印）所用的这些原材料都是专门针对增材制造（3D 打印）设备和工艺而研发的，与普通的塑料、石膏、树脂等有所区别，其形态一般有粉末状、丝状、层片状、液体状等。通常，根据打印设备的类型及操作条件的不同，所使用的粉末状增材制造（3D 打印）材料的粒径为 $1\sim100\mu m$ 不等，而为了使粉末保持良好的流动性，一般要求粉末要具有高球形度。

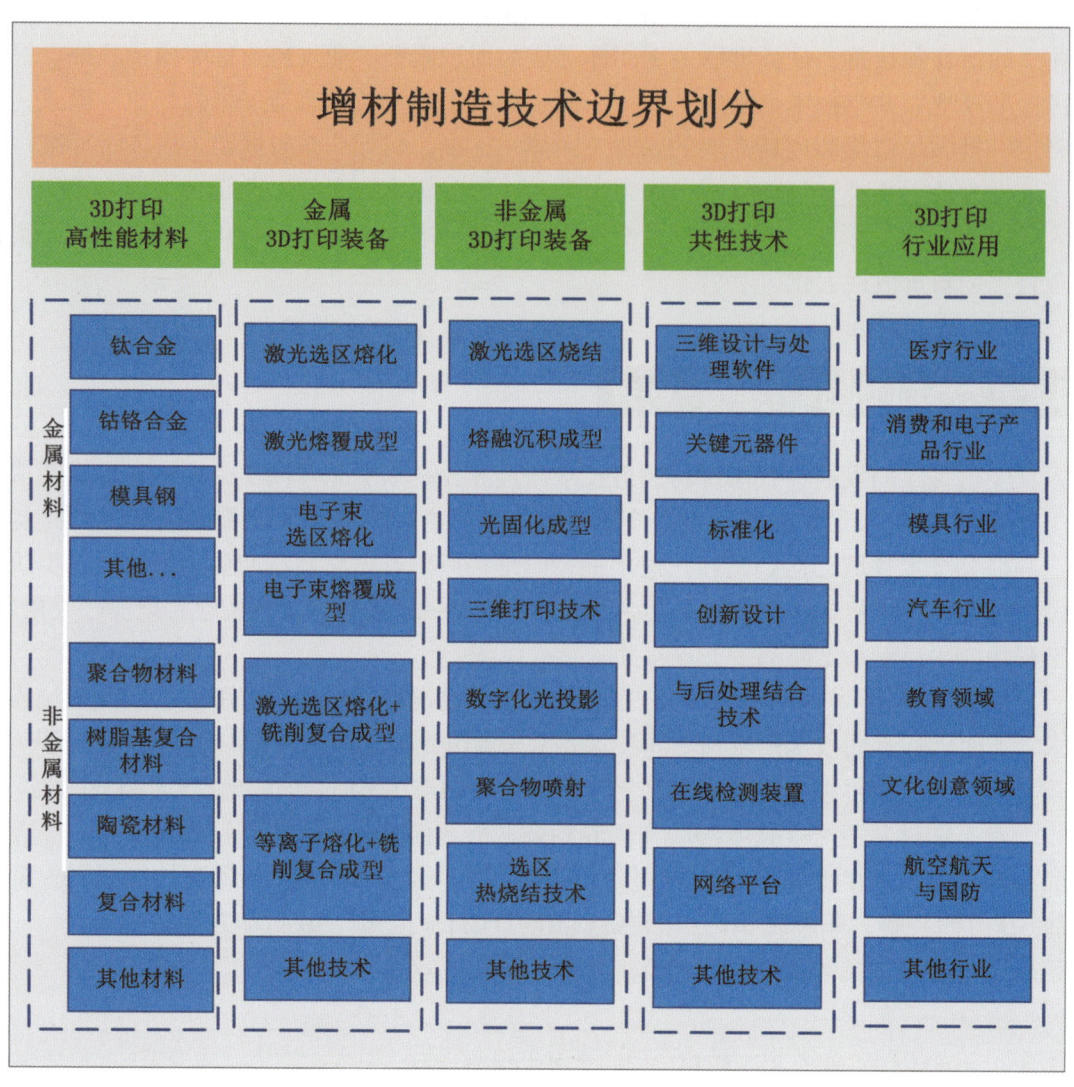

图 4.9  增材制造技术边界划分图

1. 金属材料

（1）钛合金。钛合金强度高、耐蚀性好、耐热性高，目前主要用于打印制作飞机发动机压气机部件，以及火箭、导弹和飞机的各种结构件。

采用增材制造（3D 打印）技术制造的钛合金零部件，强度非常高，尺寸精确，能制作的最小尺寸可达 1mm，而且其零部件机械性能优于锻造工艺。英国的 Metalysis 公司利用钛金属粉末（见图 4.10）成功打印了叶轮和涡轮增压器等汽车零件。此外，钛金属粉末耗材在 3D 打印汽车、航空航天和国防工业上都将有广阔的应用前景。

 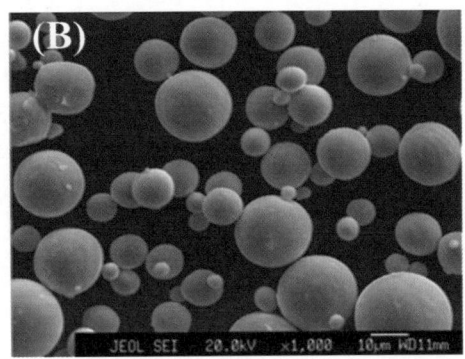

图 4.10　显微镜下的金属粉末材料

（2）钴铬合金。钴铬合金抗腐蚀性能强、机械性能优，目前主要用于打印制作要求强度高、耐高温、尺寸精确的零部件。

（3）不锈钢。不锈钢是最廉价的金属打印材料，经 3D 打印出的高强度不锈钢制品，表面略显粗糙且存在麻点。不锈钢具有各种不同的光面和磨砂面，常被用作珠宝、功能构件和小型雕刻品等的 3D 打印。

（4）镁铝合金。镁铝合金因其质轻、强度高的优越性能，在制造业的轻量化需求中得到了大量应用。在 3D 打印技术中，它也毫不例外地成为各大制造商所中意的备选材料。

2. 非金属材料

（1）工程塑料。

工程塑料指被用作工业零件或外壳材料的工业用塑料，是强度、耐冲击性、耐热性、硬度及抗老化性均优的塑料。工程塑料是当前应用最广泛的一类增材制造（3D 打印）材料，常见的有丙烯腈 – 丁二烯 – 苯乙烯共聚物（ABS）、聚酰胺（PA）、聚碳酸酯（PC）、聚苯砜（PPSF）、聚醚醚酮（PEEK）等，其在 3D 打印方面的应用如表 4-5 所示。

（2）生物塑料。

3D 打印生物塑料主要有聚乳酸（PLA）、聚对苯二甲酸乙二醇酯 –1,4– 环己烷二甲醇酯（PETG）、聚羟基丁酸酯（PHB）、聚羟基戊酸酯（PHBV）、聚丁二酸、丁二醇酯（PBS）、聚己内酯（PCL）等，具有良好的可生物降解性。生物塑料在 3D 打印方面的应用如表 4-6 所示。

（3）热固性塑料。

热固性树脂如环氧树脂、不饱和聚酯、酚醛树脂、氨基树脂、聚氨酯树脂、有机硅树脂、芳杂环树脂等具有强度高、耐火性好等特点，非常适合于增材制造（3D 打印）的粉末激光烧结成型工艺。哈佛大学工程与应用科学院的材料科学家与 Wyss 生物工程研究所联手开发出了一种可增材制造（3D 打印）的环氧基热固性树脂材料，这种环氧树脂可 3D 打印成建筑结构件，用在轻质建筑中。

表 4-5　工程塑料在 3D 打印方面的应用

| 材料名称 | 应　用 |
| --- | --- |
| 丙烯腈-丁二烯-苯乙烯共聚物（ABS） | ABS 材料因具有良好的热熔性、冲击强度，成为通过熔融沉积 3D 打印的首选工程塑料。目前主要是将 ABS 预制成丝、粉末化后使用，应用范围几乎涵盖了所有日用品、工程用品和部分机械用品。2014 年国际空间站用 ABS 塑料 3D 打印机为其打印零件；世界上最大的 3D 打印机材料公司 Stratasys 公司研发的最新 ABS 材料 ABS-M30，专为 3D 打印制造设计，机械性能比传统的 ABS 材料提高了 67%，从而扩大了 ABS 的应用范围 |
| 聚酰胺（PA） | PA 强度高，同时具有一定的柔韧性，因此可直接利用 3D 打印制造设备零部件。利用 3D 打印制造的 PA 碳纤维复合塑料树脂零件，强度韧性很高，可用于机械工具代替金属工具。索尔维公司作为全球 PA 工程塑料的专家，基于 PA 的工程塑料进行 3D 打印样件，用于发动机周边零件、门把手套件、刹车踏板等。用工程塑料替代传统的金属材料，最终解决了汽车的轻量化问题 |
| 聚碳酸酯（PC） | PC 具有优异的强度，其强度比 ABS 材料高出 60% 左右，因此适合于超强工程制品的应用。德国拜耳公司开发的 PC2605 可用于防弹玻璃、树脂镜片、车头灯罩、宇航员头盔面罩、智能手机的机身、机械齿轮等异型构件的 3D 打印制造 |
| 聚苯砜（PPSF） | PPSF 具有最高的耐热性、强韧性以及耐化学品性，在各种快速成型工程塑料材料之中性能最佳，通过碳纤维、石墨的复合处理，PPSF 显示出极高的强度，可用于 3D 打印制造高承受负荷的制品，成为替代金属、陶瓷的首选材料 |
| 聚醚醚酮（PEEK） | PEEK 具有优异的耐磨性、生物相容性、化学稳定性以及其杨氏模量最接近人骨等优点，是理想的人工骨替换材料，适合长期植入人体。基于熔融沉积成型原理的增材制造（3D 打印）技术安全方便、无需使用激光器、后处理简单，通过与 PEEK 材料结合制造仿生人工骨 |
| 弹性塑料（EP） | EP（Elasto Plastic）是 Shapeways 公司最新研制的一种增材制造（3D 打印）原材料，它能够避免用 ABS 打印的穿戴物品或可变形类产品存在的脆性问题。这种材料可用于制作 3D 打印鞋、手机壳和 3D 打印衣物等产品 |
| 仿聚丙烯（Endur） | Endur 是先进的仿聚丙烯材料，具有高强度、柔韧度好和耐高温性能，用其打印的产品表面质量佳，且尺寸稳定性好，不易收缩。Endur 能够用于打印运动部件、咬合啮合部件以及小型盒子和容器 |

（4）高分子凝胶。

高分子凝胶具有良好的智能性，海藻酸钠、纤维素、动植物胶、蛋白胨、聚丙烯酸等高分子凝胶材料可用于增材制造（3D 打印），在一定的温度及引发剂、交联剂的作用下进行聚合后，形成特殊的网状高分子凝胶制品。如受离子强度、温度、电场作用和化学物质变化时，凝胶的体积也会相应地变化，用于形状记忆材料；凝胶溶胀或收缩发生体积转变，用于传感材料；凝胶网孔的可控性，可用于智能药物释放材料。

表 4-6　生物塑料在 3D 打印方面的应用

| 材料名称 | 应用 |
| --- | --- |
| 聚乳酸（PLA） | PLA（Poly Lactic Acid）是一种半透明色和具有光泽质感的环境友好型塑料，源于可再生资源——玉米淀粉和甘蔗。新加坡南洋理工大学的 Tan K H 等研究制造了高孔隙度的 PLA 组织工程支架 |
| 聚对苯二甲酸乙二醇酯-1,4-环己烷二甲醇酯（PETG） | PETG 是以乙二醇为原料合成的生物基塑料，具有出众的热成型性、坚韧性与耐候性，热成型周期短、温度低、成品率高。材料的收缩率非常小，并且具有良好的疏水性，无需在密闭空间里贮存，可以广泛应用于板片材，高性能收缩膜，瓶用及异型板等市场，同时其二次加工性能优良，可以进行常规的机加工修饰 |
| 聚己内酯（PCL） | PCL 是一种生物可降解聚酯，熔点较低，只有 60℃左右。与大部分生物材料一样，人们常常把它用作特殊用途如药物传输设备、缝合剂等，同时，PCL 还具有形状记忆性。在医学领域，可用来打印心脏支架等 |

（5）光敏树脂。

光敏树脂，即 Ultraviolet Rays（UV）树脂，由聚合物单体与预聚体组成，其中加有光（紫外光）引发剂（或称为光敏剂）。在一定波长的紫外光（250～300 nm）照射下能够立刻引起聚合反应完成固化。光敏树脂一般为液态，可用于制作高强度、耐高温、防水材料。常见的光敏树脂有 somos NEXT 材料、somos 11122 材料、somos 19120 材料和环氧树脂。

somos NEXT 材料是一种类似 PC 的新材料，韧性较好，基本可达到选择性激光烧结（SLS）制作的尼龙材料的性能，目前主要用于汽车、家电、电子消费品等领域。

somos 11122 材料具有防水性强、尺寸稳定性好，并具有多种类似工程塑料的特性，目前主要用于打印制作汽车、医药、电子类消费、透镜、包装、流体分析、RTV 翻模、耐用的概念模型、风洞试验、快速铸造等方面。

somos 19120 材料具有低留灰烬率、高精度，颜色粉红，成型后可直接代替精密铸造的蜡膜原型的特性，是铸造的专用材料。

环氧树脂因其含灰量极低（800℃时的残留含灰量＜0.01%）、不含重金属锑而用于熔融石英和氧化铝高温型壳体系，目前主要用于打印制作极其精密的快速铸造型模。

（6）陶瓷材料。

陶瓷材料具有高强度、高硬度、耐高温、低密度、化学稳定性好、耐腐蚀的优点，但也因其硬而脆的特点使其加工成型尤其困难，特别是复杂陶瓷件需通过模具来成型。然而模具加工成本高、开发周期长，在产品更新换代迅速的当下，单一的陶瓷材料已难以满足企业需求。目前较为常用的增材制造（3D 打印）陶瓷材料是由陶瓷粉末和某一种黏结剂粉末所组成的混合物。然而由于黏结剂分量对零件的尺寸精度影响较大，导致目前陶瓷直接快速成型工艺不成熟，国内外利用陶瓷材料进行增材制造（3D 打印）仍处于研究阶段，尚未真正实现商品化。

（7）其他增材制造（3D 打印）材料。

除了以上几种增材制造（3D打印）材料外，目前市场上较为常见的还有橡胶类材料、彩色石膏材料、人造骨粉、细胞生物原料以及砂糖等材料。

橡胶类材料因其硬度强、断裂伸长率低，抗撕裂和拉伸性好，非常适合用于要求防滑或柔软表面的应用领域。目前主要用于打印制作消费类电子产品、医疗设备以及汽车内饰、轮胎、垫片等。

彩色石膏材料是基于石膏的、易碎、坚固且色彩清晰的材料，其增材制造（3D打印）成品处理完毕后，表面可能出现细微的颗粒状效果，外观很像岩石，在曲面表面可能出现细微的年轮状纹理，因而备受动漫玩偶等领域欢迎。

人造骨粉目前主要用于加拿大正在研发的"骨骼打印机"。此打印机利用类似喷墨打印机的技术，在人工骨粉制作的薄膜上喷洒一种酸性药剂，使薄膜变得更坚硬，将人造骨粉转变成精密的骨骼组织，从而实现增材制造（3D打印）技术与医学、组织工程的结合。

细胞生物原料，用于增材制造（3D打印）过程为：先在实验室培养出细胞介质，生成类似鲜肉的代替物质，以水基溶胶为粘合剂，再配合特殊的糖分子制成生物墨水，然后在计算机的控制下喷到生物纸上，最终形成各种器官。

食品材料，目前主要是砂糖3D打印机，其通过喷射加热过的砂糖，直接打印成具有各种形状的美味甜品。

### 3. 复合材料

（1）镀银材料。镀银材料的导热性、导电性强，并极具延展性，打磨后表面十分明亮，目前主要用于打印制作首饰、人像、纪念品等。

（2）尼龙铝材料。由灰色铝粉与腈纶混合而成，具有强度高且硬挺、尺寸精度高及金属外观的特性，目前主要用于打印制作展示模型、模具镶件、夹具及小批量制造模具。

（3）碳纤维和尼龙12的混合材料。具有重量轻、机械性强、高电阻的特性，目前主要用于打印制作全功能部件及做风洞试验的表面精致样件。

## 4.3.2 增材制造（3D打印）的金属3D打印装备边界

增材制造（3D打印）设备根据成型材料的不同而有所差异，金属材料3D打印成型装备按照具体技术分为：激光选区熔化成型设备、电子束选区熔化设备、激光熔覆成型设备、电子束熔覆成型设备等，以及目前广东省正在发展的复合3D打印技术，如激光选区熔化与铣削复合技术设备、等离子束与铣削复合技术设备等。该部分技术细节及技术边界已经在第2章中有涉及，在此不赘述。

## 4.3.3 增材制造（3D打印）的非金属3D打印装备边界

非金属3D打印装备主要包括激光选区烧结设备、熔融沉积成型设备、光固化成型设备、数字光处理成型设备、聚合物喷射技术成型设备、三维立体印刷技术成型设备等。具体技术细节及技术边界已经在本书第 2 章中有所涉及，在此不赘述。

### 4.3.4　增材制造（3D 打印）相关共性技术边界

增材制造（3D 打印）在整个成型的技术链中，涉及多项软件处理工序。首先是建立模型过程中，需要运用建模软件进行三维设计与建模；其次，需对三维实体模型进行分层处理或切片处理，需要运行相关的切片软件；再次，在导入设备运行成型加工过程中，还需要对扫描路径（针对激光或电子束为热源的成型方式）或喷头运行路径进行规划与处理，运用相应的路径规划算法实现优质的成型效果；最后，需要运用相应的设备控制软件进行成型操作。这些均属于增材制造相关共性技术中的相关软件范畴。

此外，针对增材制造（3D 打印）技术的特点，包括增材制造（3D 打印）技术数据库、在线平台等的网络服务也在增材制造（3D 打印）技术范围内。

### 4.3.5　增材制造（3D 打印）技术应用领域边界

增材制造（3D 打印）技术应用非常广泛，目前 3D 打印技术应用包括但不限于以下的行业。

#### 1. 医疗行业

3D 打印医疗产品适合走产业化发展道路，虽然当前产业化之路并不明朗，但若找到合适的切入点，将会十分具有发展前景。合适的切入点包括三个要素：即生产的可行性、产品的可替代性与相当的市场规模。经过调研我们发现，已经有企业找到了比较明晰的应用方向，并且十分具有发展前景：一是药物筛选，二是体内植入物，如可吸收血管支架。

目前 3D 打印在医疗领域已经取得了不少令人可喜的成果，但生物 3D 打印正处于并可能长期处于发展的初级阶段，产品研发到面市的过程也十分漫长，3D 打印在医疗行业中的发展不可能一帆风顺，但同时一定不会因为存在这些困难而驻足不前。无论最终器官打印的梦想是否能实现，人类对生命科学的探索都不会停止。

#### 2. 消费和电子产品行业

长期来看，3D 打印是传统制造不可或缺的补充，而不是替代。传统的大规模生产仍将在很长的一段时间占据主导地位，而 3D 打印对消费品行业的影响也会逐渐显现，这些影响主要来自消费品行业价值链的重塑和技术发展。

3D 打印可以减少零件生产和组装，从而缩短供应链。未来实体产品都可以转化为数据，产品的销售模式由卖实物转为卖数据。产品先通过互联网销售再生产，滞销的风险被降到最低。当技术和材料发展到一定程度时，产品的生产端将无限接近客户需求端，传统的物流和库存管理将不复存在。

放眼未来，3D 打印技术的发展，数字化库存、当地即时生产以及分散式的制造模式逐渐兴起，工业时代繁琐的分工协作模式和冗长的供应链条将极大简化，个性化需求持续释放，人类社会终将迎来大规模定制时代。

### 3. 模具行业

现阶段大多数对模具快速制造的研究集中在铸造模具、注塑模具等软金属的冲压模具上，受机械力学性能的限制，针对锻模和挤压模具的快速成型研究相对较少。因此，如何提高模具的力学性能、模具寿命，使其满足高强度模具的要求是该领域的研发热点。

### 4. 汽车行业

未来，3D 打印技术在汽车领域仍将被广泛应用于原型制造。随着 3D 打印技术不断发展、车企对 3D 打印认知度的提高以及汽车行业自身的发展需求，3D 打印技术在汽车行业的应用将向市场空间更大的生产和使用环节扩展，在最终零部件生产、汽车维修、汽车改装等方面的应用将逐渐提高。

### 5. 教育领域

教育应用背后可能潜藏几十亿元的桌面打印机市场，同时教育应用的推广也有助于打开家用 3D 打印的市场。目前，3D 打印在教育领域的应用处于技术发展的期望值膨胀期阶段，有望在未来几年实现商品化。从长远来看，能够提供 3D 打印硬件、软件、课程培训以及交流互动平台的一体化综合解决方案才是该领域的发展方向。也许 3D 打印带给教育的并不会是颠覆式的变革，但毋庸置疑的是，3D 打印可以为教育注入新的活力，为学生们的梦想插上翅膀。

### 6. 航空航天和国防领域

3D 打印在航空航天领域的应用前景较为乐观，虽在产品质量和可靠性上与锻造件相比还有差距，但加工产品在尺寸精度、力学性能上有所提高。未来的产品发展方向，将从变形、开裂等问题入手，研究如何改变组织提高性能，在减轻部件重量、节省材料、保证材料性能的前提下，由非承力件、次承力件走向主承力件。

## 4.4 增材制造技术水平及技术评价

通过对增材制造各项技术的相关分析和广东省增材制造产业发展情况的相关汇总分析，可以准确把握广东省增材制造技术以及产业的相关情况。事实上，除了行业和产业不断发展的背后，体现的是技术水平，技术水平的不断发展推动着产业的不断增值。因此，制定广东省增材制造产业技术路线图的过程中，需要整合广东省增材制造技术发展的水平、状态和需求，结合国内外增材制造技术发展的趋势，制定广东省增材制造技术发展的愿景和路线图。为此，将广东省增材制造技术以各影响要素为依据分为材料、装备、共性技术、应用等方面进行技术水平分析。

### 4.4.1 增材制造材料技术发展水平及技术评价

#### 1. 非金属材料

目前,国外3D打印非金属专用材料技术较成熟,国内非金属增材制造专用材料依赖进口的情况仍然比较严重,价格较高,广东省情况也较类似,制约了国内3D打印技术的发展。过去3D打印非金属专用材料技术不过关,使得打印产品存在表面精度不高、刚度低、适用面窄等问题,因此,业内对能被快速、精确地加工成型,且达到一定强度、刚度和热稳定性要求的3D打印高性能非金属专用材料有强烈的需求。

广东省在增材制造非金属专用材料方面的基础技术已经有了一定的积累,并在此基础上进行了更深入的技术研发,整合上下游产业链,开发了基于ABS的低收缩型和高刚型3D打印专用材料,制备了适合FDM工艺的3D打印材料;同时针对光固化等相关技术,在光敏树脂光固化反应机理、光固化成型工艺和三维立体印刷材料特性的研究工作基础上,采取了光聚合实时(real time)监测收缩率的研究手段,研究了光固化3D打印成型用光敏树脂在固化成型过程中固化反应条件以及树脂结构的变化对体积收缩形变及演化规律的影响,为进一步了解树脂成型性能和制定合适成型工艺奠定基础,也为实现高精度、高效率光固化模塑成型加工提供指导。与此同时,研究利用纳米二氧化硅($SiO_2$)及纳米微晶纤维素(NCC)对ABS树脂、聚乳酸(PLA)进行改性,系统研究$SiO_2$、NCC的物化性质及其用量对ABS、PLA力学性能、加工性能、热性能等的影响,开发新型ABS及PLA纳米复合材料制备先进工艺,解决制备过程中加工流变特性、界面改性、分散技术、表面处理的关键性技术,构建材料结构、性能与3D打印工艺关系,制备适用于熔融沉积成型3D打印的改性ABS基及PLA线材。上述针对包括线材和树脂材料等的技术已经有了足够的积累,相关技术研发出的样件也已开发出小批量样件,未来逐步投入市场。

#### 2. 金属材料

3D打印金属材料以粉末为主,要求纯度高,球形度好,少(无)卫星颗粒,孔隙率低,粒度细,粒度分布窄,流动性和铺展性好。国内尚不能完全工业化生产满足上述所有要求的粉末,目前严重依赖进口且种类有限。

广东省具备生产金属粉末材料的厂家较少,为此省内多家企事业单位均针对广东省增材制造技术金属材料制备及特性开展了技术研发,目前技术水平及技术研究集中于:利用组合雾化法制备金属粉末、多种新型气雾化喷嘴及雾化制粉设备的设计和改造,开展金属材料的雾化试验和工艺参数的优化,以及激光选区熔化成型金属粉末材料研究、等离子和气雾化制粉工艺研究,通过改善雾化喷嘴改善成型粉末性能。升级改造和完善现有雾化系统,开展组合雾化理论分析与工艺设计,合理设计雾化工艺参数,使雾化机制处于最佳的滴状分裂模式或短间距长纤维的纤维状分裂模式区域,从而确保得到均匀微细球形粉末;系统研究金属熔体过热度、气体压强、金属气体流率比、喷射高度、旋转盘转速、旋转盘直径等工艺参数对粉末的平均粒度、粒度分布、球形度和粉末形貌的影响及其规律，并根据3D打印对金属粉末的要求，调整和优化雾化主要工艺参数。

目前已开发出微细球形的钴铬微细粉末，基本达到良好球形度和粒径低于30μm的使用要求；以及开发出镍基合金、不锈钢及模具钢等材料，但针对钛合金材料仍需要突破量产时雾化过程中含氧量过高的技术限制。

### 3. 技术评价

在产业调研过程中，专家通过对各类材料评估并结合广东省发展现状，按照材料发展的紧迫性以及对省内3D打印技术发展的促进作用将增材制造材料发展评分如图4.11所示。（注此报告为24份有效调研报告的平均分）

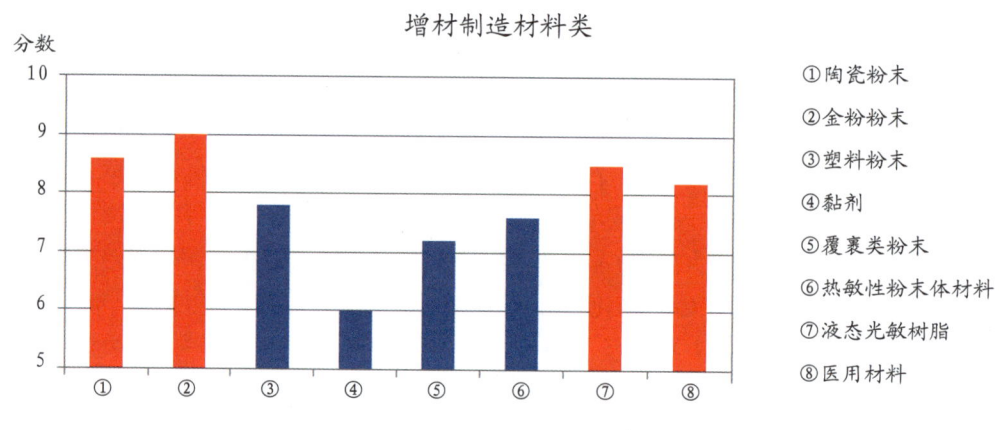

图4.11 增材制造3D打印高性能材料评估分数表

从图4.11可以看出，对金属粉末材料的需求最高，液态光敏树脂、医用材料、陶瓷材料的需求评价次之。

### 4.4.2 金属3D打印装备水平

金属3D打印成型设备中，广东省是国内最早进行激光选区熔化成型研究的省份之一，广东省的华南理工大学在金属激光选区熔化工艺研究和相关性分析方面也走在全国前列，且是最早将激光选区熔化技术装备实现产业化的省份，相关的设备已经进入商业化阶段。在此基础上，省内各相关企事业单位还积极在激光选区熔化与铣削复合加工设备方面投入研发，目前只有日本松浦机械研发出激光选区熔化与铣削复合加工设备，国内尚无此类复合加工设备，且国外对金属3D打印与铣削结合的复合加工等高端技术都进行技术封锁，国内很难直接获得这方面的设备实物和文献资料，目前，广东省正在开展相关技术研发。激光选区熔化3D打印与铣削复合设备可以大大提高金属3D打印直接成型产品的精度，相对传统金属3D打印技术有着很大的优势，相关的技术可以为广东省乃至全国制造加工行业提供精密金属零件的直接制造方法，具有广阔的市场前景，将来可以广泛应用于生物医疗（牙科、人工关节植入体）、精密工业模具、精密机械零件快速制造、航空航天等领域。

### 4.4.3 非金属 3D 打印装备水平

在光固化成型设备与技术方面，主要针对光固化成型机构平面曝光升降台结构设计、升降平台精度优化、自动进料系统、自动回收系统等方向进行技术积累和技术研发，对产业发展将起到推进作用。

针对微滴喷射无模铸造装备，广东省技术积累主要体现在：

（1）耗材的配方和选择。它包括两个方面：一是在黏结剂（树脂）的配方及选用方面：经过多次的研究和使用，在深入掌握酚醛树脂和呋喃树脂的特性的前提下，明确其影响打印出来的砂型的强度和发气量。经过对黏结剂的研究，优化了黏结剂的成分和特性，生产过程中有了更好的选择。二是打印用砂方面：在影响砂型强度、发气量、精度方面的用砂问题有相应的研究和积累。

（2）微滴喷射无模铸造装备整机开发。对机械结构进行不断完善，改进了横梁刚度不够的问题，从而优化机械结构，进而改善了成型质量。另外，送砂机构的改良、层叠式砂箱的设计、喷头自动清洗装置设计、喷头墨路循环系统设计、多种喷头及控制系统开发测试应用等技术方面的积累，提升了无模铸造设备的技术水平。

在产业调研过程中，专家通过对各类金属 3D 打印、非金属 3D 打印设备的评估，同时结合广东省发展现状，按照技术发展的紧迫性及对省内 3D 打印技术发展的促进作用对增材制造技术发展进行评价，评分如图 4.12 所示（注此报告为 24 份有效调研报告的平均分）。

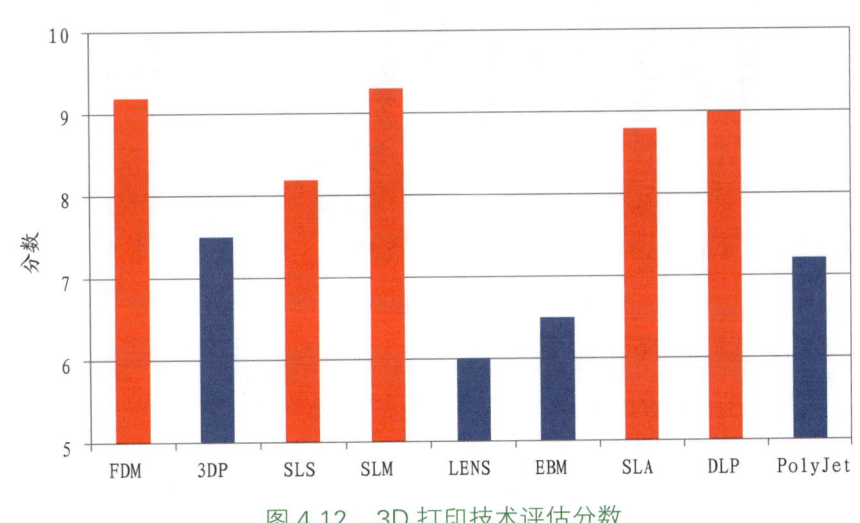

图 4.12　3D 打印技术评估分数

根据统计分析，SLM、FDM、SLA、DLP 技术的专家评价分较高。SLM 技术广东省有相应的技术源——华南理工大学,在技术发展过程中占据一定的优势。但广东省目前 FDM 技术的发展大多是基于开源程序获得,导致设备缺乏核心竞争力,相对于国外几十万元的工业设备,广东省 FDM 设备大多是千元级别设备。而 SLA、DLP 技术则是在广东省巨大研发与市场需求带动下产生。据相关资料,国内有六成的 SLA 设备销售到广东。

### 4.4.4 增材制造共性技术水平

增材制造共性技术包括增材制造专用软件、增材制造模型库、数据库、技术预见及产业发展监测研究等等。广东省增材制造专用软件有前期技术基础,正往高端化、集成化、智能化方向发展。在技术研究方面,AMF 模型处理核心算法以及路径生成技术研究为多材料多颜色成型打下基础,大尺寸 3D 打印装备多激光并行加工算法则为后续激光选区熔化成型大尺寸零件有了软基础保障。

除此之外,广东省对基于网络的 3D 打印应用服务平台建设也展开了相应的摸索,在软件的可操作性、彩色 3D 打印素材建模等方面的研究有所突破,相关技术将有利于 3D 打印技术在更广泛的领域内进行普及和推广。

在产业调研过程中,专家通过对各种共性技术进行评估,同时结合广东省发展现状,按照应用发展的需求程度及对省内战略新兴产业的促进作用对增材制造共性技术发展进行评价,评分见图 4.13(注此报告为 24 份有效调研报告的平均分)。

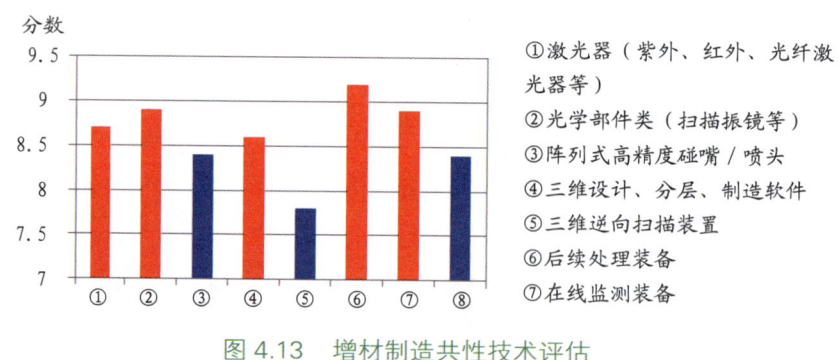

图 4.13 增材制造共性技术评估

从图 4.13 可以看出,3D 打印后处理,在线检测、光学部件在未来的需求更多。

### 4.4.5 增材制造应用技术水平

广东省增材制造技术的应用非常广泛,尤其在医学应用方面更是得到了前所未有的发展。省内现有的相关技术集中在以医学影像相结合的手术规划导板、骨科、定制化心脏房间隔缺损修复器、个性化修复硬脑膜片、齿科等,相关技术已经非常成熟。

医学影像结合的手术规划导板已经有不少临床应用，从术前规划到模型定制均有相对成熟的技术做支撑。骨科层面也利用增材制造技术解决了多项难题，完成了世界首例增材制造髋臼骨折固定板的临床应用。在齿科方面也拥有世界一流的增材制造个性化齿科研究水平，多家企业、医院积累了增材制造齿科应用的技术经验。整个广东省增材制造技术的应用涉及面广，效果显著。

在产业调研过程中，专家通过对各种应用领域进行评估，同时结合广东省发展现状，按照应用发展的需求程度及对省内战略新兴产业的促进作用对增材制造技术发展进行评价，评分见图4.14（注此报告为24份有效调研报告的平均分）。

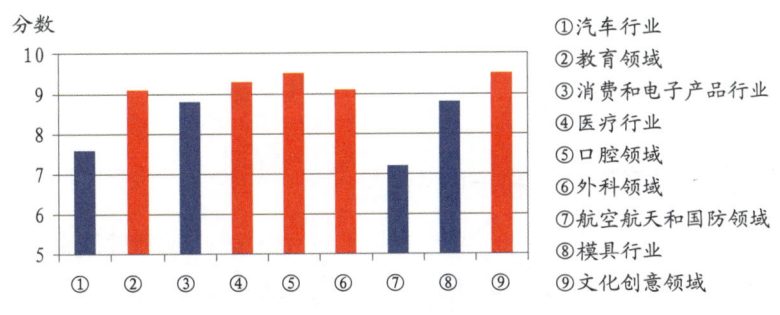

图 4.14　增材制造应用类评估

根据评分结果可见，3D打印在广东省内医疗行业应用方面评价最高，这是因为广东省为医疗器械大省，另外一方面，广东省内医院能大胆创新应用。此外，在文化创意领域、教育领域、消费和电子产品行业方面评分也相对较高，这与广东省的发展大环境密不可分。而在汽车、航空航天方面评分相对较低，主要因为广东省在汽车自主研发及新车开发方面相对力度不大，而且航空航天方面因为国家军工布局，在广东涉及相对较少。

## 4.5　技术壁垒分析

通过对增材制造技术材料、装备、产业发展历程，具体技术形式、国内外和省内技术发展情况的剖析，得到了关于增材制造各个要素目前的技术水平、产业水平和面临的一些挑战，进而提炼出技术壁垒的相关要素。将技术壁垒的要素进行整理，最后分析技术壁垒，形成各要素的技术壁垒的影响因素和未来可能的解决方案如表4-7所示，为进一步制定广东省增材制造产业技术路线图做好铺垫。

### 4.5.1　增材制造材料的技术壁垒

增材制造材料以各个技术为前提，根据广东省内现状，分为包括ABS、PLA在内的线材、光敏树脂材料、金属或复合材料等。在线材方面，存在省内品种比较单一、成型件表面精度不高、成型件刚度不高，不足以直接用作功能件等技术壁垒。光敏树脂材料则主要存在研发和生产成本高、配备专用光敏树脂材料技术能力不足等技术壁垒。金属粉末和复合材料主要存在优质材料严重依赖进口，国内制备技术不足、制粉效率低，成本过高、粉末球形度和含氧量等关键技术指标不过关、气雾化生产技术对含氧量要求高的材料无法成型等技术壁垒。

### 4.5.2　金属3D打印设备的技术壁垒

目前广东省金属增材制造设备中，主要的技术壁垒包括：成型精度不高；成型件表面粗糙度过大，不利于直接使用；致密度不够；设备可成型尺寸有限；成型效率低，时间消耗长；成型过程的缺陷始终存在；设备智能化程度需要提高等方面。

### 4.5.3　非金属3D打印设备的技术壁垒

针对非金属增材制造设备情况，主要的技术壁垒包括：成型效率低；成型件尺寸精度低；黏结剂及其他辅助添加剂存在诸多问题与缺陷；材料挤出头堵塞现象普遍；缺乏成熟的多材料成型设备等方面。

### 4.5.4　增材制造共性技术的技术壁垒

增材制造的影响因素不仅有材料与设备，还涉及增材制造共性技术，包括软件、平台等。目前广东省增材制造共性技术的相关技术壁垒包括：缺乏性能优异、功能齐全、拥有自主知识产权的三维建模软件；缺乏性能优异、功能齐全、拥有自主知识产权的增材制造路径规划、切片处理等专用软件；缺乏适用于多色、多材料的增材制造软件；当前常用软件大数据量处理时间过长、效率低下；缺乏大型增材制造网络平台；缺乏增材制造专用数据库；缺乏面向普通大众的增材制造平台和资源库等。

### 4.5.5　增材制造技术应用的技术壁垒

广东省增材制造技术应用主要面向医学类（包括骨科和手术规划、口腔医学等）、模具行业应用、文化创意等。目前主要的技术壁垒包括：神经外科等领域手术规划体外分析模型的需求非常精细、复杂，目前实现困难；活体增材制造技术需求大，但暂未实现；口腔医学应用中，排牙过程复杂、困难、耗时长；省内汽车工业发达，但增材制造在汽车工业的应用稀少；增材制造直接成型生物植入体获得医疗许可证较难；缺乏增材制造医学专用平台；省内动漫文化等行业发达，缺乏与相关行业的融合等。

表 4-7　增材制造技术壁垒及成因与解决方案

| 类别 | | 技术壁垒 | 技术壁垒形成原因 | 未来可能的解决方案 |
|---|---|---|---|---|
| 增材制造专用材料 | 线材 | ①品种单一。②成型件表面精度不高，刚度低 | ①专业人才不足。②创新力度不足 | ①增加科研投入。②制备 ABS、PLA 等线材专用的增强剂、添加剂。③选用不同粒径的本体 ABS 与 PC 熔融，通过优化组分含量，解决高性能、高刚度的线材制备技术 |
| | 树脂 | ①成本高。②制备专用材料能力不足 | ①科研人才不足，科研投入不足。②材料添加剂不理想 | ①通过政策手段吸引、培养专业人才。②鼓励全方面，多角度创新 |
| | 金属粉末 | ①材料依赖进口，国内制备技术不足。②制粉效率低，成本过高。③粉末球形度、含氧量等关键指标达不到要求。④气雾化生产能力对一些含氧量要求高的材料制备无法达标 | ①原材料品质不达标。②气雾化制粉原理制约。③缺乏制备合格粉末的技术和设备 | ①通过改善粉末成型工艺，改善粉末成型效果。②改善气雾化喷嘴。③引进和培养研发人员和团队，突破人才瓶颈。④研制性能好、成本低的复合材料 |
| 增材制造应用 | 手术规划类 模具行业 汽车零配件 文化创意 口腔 电子产品 文物复制 | ①神经外科等领域手术规划体外分析模型需求精细、复杂。②活体增材制造技术未实现。③口腔医学中排牙过程复杂、困难、耗时。④在汽车行业和模具行业的应用稀少。⑤增材制造直接成型植入体难以获得医疗许可证。⑥无增材制造医学服务平台。⑦在电子行业和文化创意行业的应用稀少 | ①目前的成型精度和多色、多材质复合成型技术不成熟。②活体增材制造（3D 打印）技术不成熟。③缺乏专用的口腔医学排牙系统和软件。④申请许可证困难，受政策影响 | ①研发面向临床的个性化医学影像、增材制造复合系统。②数字化骨科与增材制造直接成型相结合。③开展生物 3D 核心技术平台的产业化研究。④开发用于疾病治疗和组织损伤修复的 3D 打印系列平台。⑤开发数字化排牙软件，提高口腔医学中排牙过程的效率 |

续表

| 类别 | | 技术壁垒 | 技术壁垒形成原因 | 未来可能的解决方案 |
|---|---|---|---|---|
| 共性技术 | | ①缺乏拥有自主知识产权的性能优异、功能齐全的三维建模软件。②缺乏拥有自主知识产权的增材制造专用软件。③缺乏适用多色、多材料的增材制造软件。④复杂模型处理时间过长、效率低。⑤缺乏大型增材制造网络平台。⑥缺乏增材制造专用数据库。⑦缺乏面向大众的增材制造平台和资源库 | ①科研投入不足。②缺乏专业的人才和从业人员。③针对增材制造的软件功能需求未明确。④增材制造数据处理算法落后。⑤网络平台、资源库建设未与时俱进 | ①加强资金和资源投入，为创新软件开发模式做铺垫。②加大资金支持，引进人才。③针对不同功能的软件平台做相应的统筹设计规划 |
| 增材制造成型设备 | 金属3D打印设备 | ①成型精度不高。②成型表面粗糙度高，不利于直接使用。③致密度不够高。④成型尺寸过去局限。⑤成型效率低。⑥成型过程可能出现缺陷。⑦设备智能化程序不够 | ①机械结构不合理。②因成型原理制约表面粗糙度。③成型工艺未在最佳状态。④单激光有效扫描成型范围有限。⑤扫描路径不合理 | ①采用复合成型技术，将激光选区融化与铣削进行复合加工，提高成型精度和降低表面粗糙度，增减材结合。②改进光路系统，研发可变焦的激光光路系统，提升效率。③优化支撑设计，研究支持设计的理论依据，形成经验文件。④优化激光逆扫描路径算法。⑤优化机械结构，解决机械结构不合理造成的精度问题。⑥多激光系统成型大尺寸零件 |
| | 非金属3D打印设备 | ①成型效率低。②尺寸精度低。③黏结剂存在诸多问题和缺陷。③材料挤出头堵塞现象普遍。④缺乏成熟的多材料成型设备 | ①单喷头成型过程的原理性弊端。②喷头结构设计合理性和高效性尚未得到最佳方案。③机械结构精度不高。⑤缺乏对成型过程及成型原理的深入研究 | ①研制多喷头、阵列型喷头。②研究以视觉检测技术为终端反馈的控制反馈模式，提高成型精度。③针对挤出头中材料流变过程进行有限元分析，改进挤出头的结构。④研究自动切换挤出头的多喷头成型系统。⑥加大对改进黏结剂性能的研发投入。 |

# 5 广东省增材制造技术路线图绘制和描述

## 5.1 路线图绘制方法

针对广东省增材制造技术产业应用领域广、技术复杂多样、学科交叉多、平台需求大等特点，通过对广东省内增材制造技术产业分析、增材制造技术特点分析、增材制造技术壁垒分析，结合广东省优势产业特点和增材制造技术应用情况，制定广东省增材制造技术重大科技专项路线图。

基于前述增材制造技术的技术特点、产业特色以及广东省增材制造技术相关发展现状，结合广东省委、省政府发布的《中共广东省委广东省人民政府关于全面深化科技体制改革 加快创新驱动发展的决定》提出的"应加快制定并实施以增材制造技术为增长极的产业发展路线，以重大科技专项为相关组织实施方式，全面鼓励创新，以创新驱动发展为主要路径，全面提升增材制造技术及产业的快速发展"要求，制定广东省增材制造产业技术路线图。路线图绘制的前期工作如下。

### 1. 科研机构、龙头企业和产业发展调研

2013年5月起，针对广东省3D打印在高校、研究院所、企业进行多种形式调研，实地考察20余个单位，并完成广东省3D打印技术及产业发展研究报告。

### 2. 专家座谈

多次邀请瞿金平院士，华南理工大学、暨南大学、广东工业大学、广州医科大学、中望龙腾软件、广州机械科学院、中科院广州电子所、广州迈普再生医学科技有限公司等多家单位的专家代表，针对广东省3D打印发展的必要性以及发展方向进行专家座谈论证。

### 3. 实施方案与指南编制

制定广东省重大专项——增材制造（3D打印）技术，多次修改专项实施内容，

在此基础上初步确定了申报指南的内容,并经过专家多轮修订。

路线图项目自开展以来,先后召开两次研讨会,第一次研讨会从产业技术和产业应用分析进行研讨,第二次研讨会从专利、标准及技术壁垒进行分析,中间又走访了多家企业,见图5.1。

在此期间,又举行4次小规模头脑风暴讨论会,从SWOT角度对广东省3D打印的发展进行讨论,并得出了SWOT矩阵如下:

| 内部因素 \ 外部因素 | 优 势(S) | 劣 势(W) |
|---|---|---|
| | 1.毗邻港澳台地区,有独特的地域和技术优势;<br>2.制造业发达,对3D技术需求巨大;<br>3.拥有一定的3D设备制造基础及工艺开发能力;<br>4.拥有国际3D技术合作平台优势;<br>5.市场自主配置能力强 | 1.企业研发能力弱;<br>2.3D人才缺乏;<br>3.缺乏人才和公共技术研发平台及成果转化基地;<br>4.3D设备产品性能普遍不高;<br>5.缺乏知名品牌 |
| 机遇(O)<br>1.国际制造业向中国转移,市场发展空间巨大;<br>2.3D技术的重要性逐渐为人们认可;<br>3.国家鼓励发展3D技术;<br>4.汽车、造船、航空等产业对3D技术的需求日益增长;<br>5.人们节能环保意识增强;<br>6.国际合作日益加强 | SO战略(依靠内部优势,利用外部机遇)<br>1.抓住广东省产业升级转型的机遇,大力发展先进3D技术;<br>2.拓展先进3D技术在汽车、造船、海洋工程、航空领域的应用;<br>3.积极进行国际合作,引进、消化和融合国际先进3D技术和理念;<br>4.通过引智和科学发展,增强3D技术创新能力 | WO战略(利用外部机遇,克服内部劣势)<br>1.政府制定相关政策,促进3D产业发展;<br>2.加速人才培养,构建3D人才创新体系;<br>3.加强国际3D人才及技术的引进;<br>4.研发具有国际先进水平的3D技术 |
| 威胁(T)<br>1.国内其他省份大力发展3D技术,抢占市场份额;<br>2.国外先进的3D技术冲击国内市场;<br>3.国内其他省份在高端3D材料和3D设备方面投入加大,竞争力不断提升 | ST战略(依靠内部优势,应对外部威胁)<br>1.提升现有3D技术水平,开发先进3D技术;<br>2.发挥3D技术在广东省应用领域广的优势,占领和拓展市场;<br>3.借助省内良好的国际合作交流,引进高端技术及人才,加快自主特色3D技术发展,提升竞争能力 | WT战略(减少内部劣势,应对外部威胁)<br>1.加大3D产业技术的研发投入;<br>2.培养人才,打破国外、省外的技术壁垒;<br>3.加强省内的产学研联合平台建设,吸引高端人才,打造3D技术核心竞争力 |

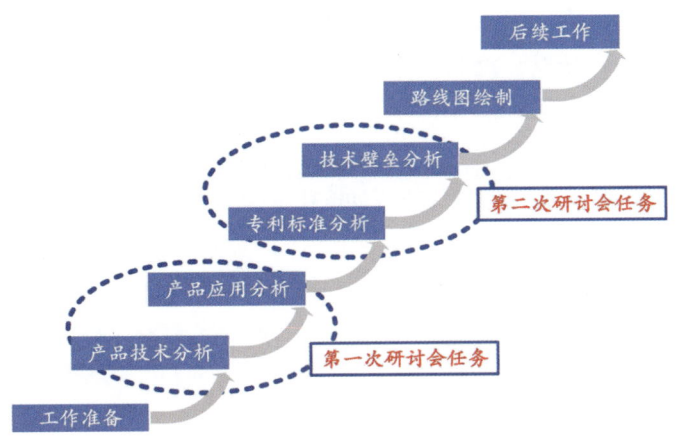

图 5.1　路线图筹备情况

## 5.2　广东省增材制造（3D 打印）产业路线图

从增材制造技术涉及的七大方面入手，制定增材制造技术广东省重大科技专项技术路线图。

### 5.2.1　关键技术与装备

①面向工业应用的 3D 打印非金属材料（ABS 等塑料）及装备；
②金属 3D 打印设备；
③基于 3D 打印的个性化医疗器具、高端植入物研发与产业化；
④面向 3D 打印的数据处理及三维重建软件平台；
⑤面向工业应用的 3D 打印非金属材料（树脂类）及装备；
⑥3D 打印金属材料（钛合金、钴铬合金、铝合金、铜合金等）；
⑦3D 打印专用核心零部件（阵列喷头、高性能激光器、振镜及动态聚焦系统等）的研发；
⑧面向医疗应用的 3D 打印生物材料及装备；
⑨面向多种材料的 3D 打印装备；
⑩面向互联网开放的 3D 打印软件平台；
⑪面向行业的 3D 打印专用软件开发；
⑫面向活体组织及器官的 3D 打印技术。

针对关键技术与装备方面，以广东省增材制造技术与环境的研究情况，未来 5 年内的研究和发展重点应集中于面向工业应用的增材制造非金属材料（ABS 等塑料）及装备、各级别金属增材制造装备、基于增材制造的个性化医疗器具和高端植入物研发与产业化、面向工业应用的增材制造树脂型材料与技术装备、面向增材制造的数据处理及三维重建软件平台开发、增材制造专用金属材料开发、增材制造专用核心零部件及核心模块的开发、面向医疗应用的增材制造生物材料及装备应用开发、复合材料及多种材料的增材制造技术装备研究、面向互联网的增材制造平台开发与建设、增材制造专用软件开发与研究、活体组织与器官的 3D 打印成型。

### 5.2.2 行业示范应用

①手术规划医学示范应用；
②模具行业示范应用；
③汽车零配件示范应用；
④文化创意、动漫衍生品示范应用；
⑤口腔医学示范应用；
⑥电子产品示范应用；
⑦文物复制、时尚用品、艺术品示范应用。

在行业示范应用方面，应由易到难建立完善的行业示范应用效应，初期以手术规划医学示范应用、模具行业示范应用为主，然后根据广东省产业特色，以汽车零配件示范应用和文化创意、动漫衍生品示范应用为主导，进而开展增材制造口腔医学示范应用、电子产品示范应用等。

### 5.2.3 服务平台建设

①建设广东省增材制造技术及装备工程实验室；
②申报建设国家生物打印工程实验室；
③申报建设省金属材料增材制造重点实验室；
④建设检验检测机构；
⑤建设金属 3D 打印工程中心。

为促进增材制造技术的持续发展，配备相应的服务平台是有效的保障途径。服务平台不仅可以有效地支持增材制造技术研究的不断发展，而且可以为增材制造技术的应用与推广起到助推作用。因此应全面布局服务平台建设，依托华南理工大学、中科院电子所、广东省增材制造协会、迈普生物等企事业单位，循序渐进地建设服务平台，建设广东省增材制造技术及装备工程实验室、国家生物打印工程实验室、广东省金属材料增材制造重点实验室以及增材制造专业检验检测机构、金属 3D 打印工程中心等。

### 5.2.4 基地培育示范

①广东省 3D 打印教育培训基地；

②佛山南海、顺德 3D 打印产业基地；
③广州 3D 打印基地培育示范；
④广汽集团、东风日产等 3D 打印示范应用基地；
⑤东莞教育示范基地；
⑥在中山小榄、横栏建立 3D 打印专业镇。

为了加大增材制造技术的推广普及，全面提升产业的活力，培育技术发展的创新精神，还应进行大范围、全方位的培育基地建设。全力建设广东省 3D 打印教育培训基地、佛山 3D 打印产业基地、广州 3D 打印培育示范基地、3D 打印示范应用基地、东莞教育示范基地、3D 打印专业镇等。

### 5.2.5　产业集群与联盟

①广州 3D 打印技术产业联盟；
②东莞 3D 打印技术产业联盟；
③深圳 3D 打印技术产业联盟；
④佛山 3D 打印技术产业联盟；
⑤广东省 3D 打印技术产业联盟；
⑥在广州、深圳、佛山、东莞建设 3D 打印产业集群。

应发挥广东省珠三角制造业集中的优势，对产业加以梳理并促成产业集群的形成，进一步降低成本因素对增材制造技术和产业发展的影响，以产业集群和联盟的形式共同发展，不断巩固前期发展优势，创造产业发展的新机遇和新条件。在省级层面应加强省级 3D 打印技术产业联盟的建设，在相关产业发展的重点城市——广州、深圳、东莞及佛山充分利用政府资源，以各地政府主导形成产业集群与联盟。

### 5.2.6　人才引进与培育

①佛山市南海区广工大数控装备协同创新研究院拟引进"千人计划"人才；
②广州生物岛计划引进国外人才；
③引进、培养学术和技术带头人 30 多名。

行业与产业的可持续发展离不开相关人才的支持。为打造经济增长的创新引擎，必须加大人才引进与人才培养的力度。人才引进以海外具有相关研究经历的高端人才为主，人才培养则以本地化为依托，通过科研项目支持、企事业单位共同合作为途径，着力培育增材制造技术人才。

### 5.2.7　各部门与省市联动

①推进深圳市创新委出台 3D 打印专项计划；

②与省发改委、粤科技风险投资公司、民间社会私募资本联合设立3D打印创业投资资金；

③与佛山市共同开展3D打印关键技术海内外招标；

④联合东莞市开展3D打印重大科技项目的申报；

⑤广州、深圳、佛山、东莞市扶持3D打印产业。

增材制造不断发展还需要充分发挥部门之间、省市之间的联动作用，充分利用各级资源，为增材制造技术和产业的发展不懈努力。相应的发展规划应以各地市为主导，省级部门联合资源分配，为增材制造的发展创造有利条件。

## 5.3　广东省增材制造（3D打印）技术路线图

以增材制造质量/技术、效率与市场、技术源与成本、公共服务平台与示范中心为产业目标，从高性能3D打印材料、金属3D打印设备、非金属3D打印设备、3D打印应用、3D打印共性技术五方面入手，制定了广东省3D打印产业技术路线图如下。

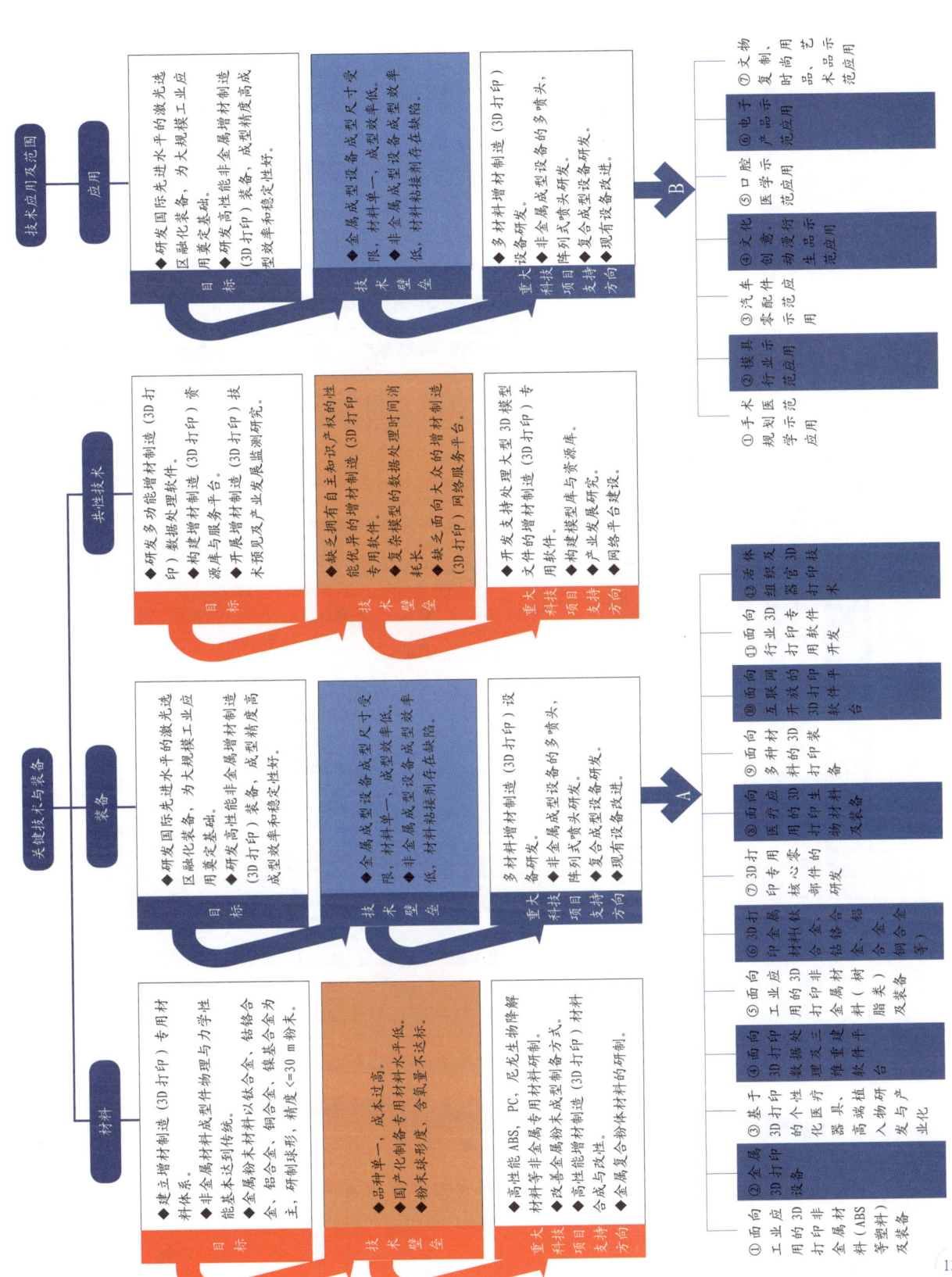

# 广东省增材制造（3D打印）产业技术路线图

## 平台建设与资源整合路线图

**目标**
① 突破3D打印核心关键技术，研发打印技术、材料技术、控制软件、打印装备等关键技术，突破高精度、高性能打印技术，并实现产业化。
② 引导高等院校、工业设计企业、软件企业、3D打印机及材料研发企业、3D打印服务应用提供商等组建产业技术创新联盟，共同推动3D打印技术应用准则制定，促进3D打印技术公共服务平台建设。
③ 结合广东省特色产业，在医疗、汽车、模具、家电、动漫文化等领域加强示范应用，建立一批应用示范机构和基地，促进3D打印技术应用于各有关行业。

**服务平台**
① 建设广东省增材制造技术及装备工程实验室
② 启动申报建设国家生物打印工程实验室
③ 启动申报建设省金属材料增材重点实验室
④ 建设检验检测机构
⑤ 建设金属3D打印工程中心

**基地培育示范**
① 广东省3D打印教育培训基地
② 佛山南海、顺德3D打印产业基地
③ 广州3D打印基地培育示范
④ 广州开展3D打印示范应用基地
⑤ 东莞教育示范基地
⑥ 在中山小榄、横栏建立3D打印专业镇

**产业集群与联盟**
① 广州3D打印技术产业联盟
② 东莞3D打印技术产业联盟
③ 深圳3D打印技术产业联盟
④ 广东省3D打印技术产业联盟
⑤ 在广州、深圳、佛山、东莞建设3D打印产业集群

**人才建设**
① 拟引进千人计划
② 广州生物3D计划引建
③ 引进、培养学术和技术带头人30多名

**各部门与省市联动**
① 推进深圳市创新委出台3D打印专项计划
② 设立3D打印创业投资资金
③ 与佛山市共同开展3D打印关键技术海内外招标
④ 联合东莞市开展3D打印重大科技项目申报
⑤ 与广州、深圳、佛山、东莞市建立3D打印产业

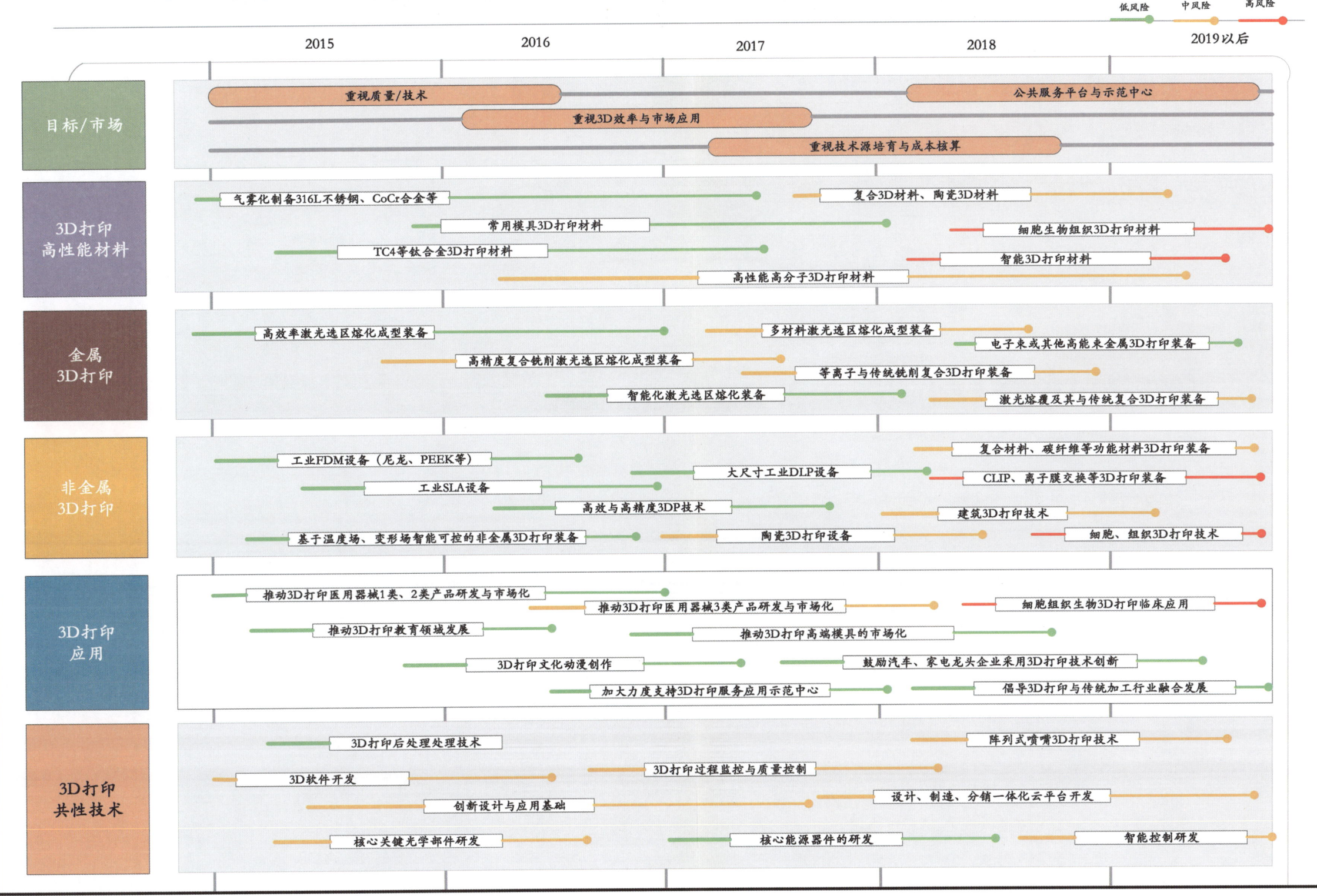

# 广东省重大专项——增材制造（3D打印）产业技术路线图

**风险等级：** 低风险 | 中风险 | 高风险

**时间轴：** 2015 | 2016 | 2017 | 2018 | 2019以后

## 关键技术与装备
- 面向工业应用的3D打印非金属材料（ABS等塑料）及装备（2015–2016）
- 面向工业应用的3D打印非金属材料（树脂类）及装备（2017–2019以后）
- 金属3D打印设备（2015–2016）
- 面向多种材料的3D打印装备（2018–2019以后）
- 3D打印金属材料（钛合金、钴铬合金、铝合金、铜合金等）（2015–2016）
- 3D打印专用核心零部件（阵列喷头、高性能激光器、振镜及动态聚焦系统等）的研发（2017–2018）
- 面向3D打印数据处理及三维重建软件平台（中风险，2015–2016）
- 面向行业3D打印专用软件开发（中风险，2016–2017）
- 面向互联网开放的3D打印软件平台（2018–2019以后）
- 基于3D打印的个性化医疗器具、高端植入物研发与产业化（中风险，2015–2016）
- 面向医疗应用的3D打印生物材料及装备（中风险，2016–2017）
- 活体组织及器官3D打印技术（高风险，2019以后）

## 行业示范应用
- 手术规划医学示范应用（2015–2017）
- 口腔医学示范应用（2017–2018）
- 电子产品示范应用（2015–2017）
- 模具行业示范应用（2017–2018）
- 文化创意、动漫衍生品示范应用（2015–2016）
- 文物复制、时尚用品、艺术品示范应用（2017–2018）

## 服务平台建设
- 建设金属3D打印工程中心（2015–2016）
- 建设广东省增材制造技术及装备工程实验室（2016–2017）
- 建立检验检测机构（2018）
- 启动建设国家生物打印工程实验室（2015–2016）
- 启动建设省金属材料增材制造重点实验室（中风险，2016–2018）

## 基地培育示范
- 东莞教育示范基地（2015）
- 佛山南海、顺德3D打印产业基地（2016）
- 中山小榄、横栏建立3D打印专业镇（中风险，2018）
- 广州3D打印基地培育示范（2015–2016）
- 广东省3D打印教育培训基地（2016–2017）
- 广汽集团、东风日产等开展3D打印示范应用基地（2018）

## 产业集群与联盟
- 广州3D打印技术产业联盟（2015）
- 东莞3D打印技术产业联盟（2016）
- 在广州、深圳、佛山、东莞建设3D打印产业集群（2018–2019以后）
- 广东省3D打印技术产业联盟（2015）
- 深圳3D打印技术产业联盟（2016）

## 人才引进与培育
- 佛山市南海区广工大数控装备协同创新研究院拟引进"千人计划"人才（2015–2016）
- 引进、培养学术和技术带头人30多名（2018）
- 广州生物岛计划引建：美国Atala（研究膀胱及肾脏3D打印）、Boland（研究细胞打印）（中风险，2016–2018）

## 各部门与省市联动
- 推进深圳市创新委出台3D打印专项计划（2015）
- 与广州、深圳、佛山、东莞市扶持3D打印产业（2016–2017）
- 联合东莞市开展3D打印重大科技项目组织申报（2018）
- 与佛山市共同开展3D打印关键技术海内外招标（2015–2016）
- 与省发改委、粤科技风险投资公司、民间社会私募资本联合设立3D打印创业投资资金（2016–2018）

# 6 广东省增材制造重大专项实施

## 6.1 广东省重大科技专项总体实施方案

根据广东省增材制造技术重大专项发展路线图，为深入贯彻落实《中共广东省委 广东省人民政府关于全面深化科技体制改革 加快创新驱动发展的决定》（粤发〔2014〕12号），加快组织实施省重大科技专项，增创广东创新驱动发展新优势，特制定了重大科技专项总体实施方案。

### 6.1.1 总体思路

#### 1. 指导思想

深入贯彻落实中共中央全面深化改革和广东省委、省政府加快创新驱动发展的战略部署，以占领国际高新技术产业和战略性新兴产业的技术制高点为总目标，充分发挥市场对创新资源配置的决定性作用，强化政府对重大科技专项的统筹和引导作用，聚焦产业发展、科技创新的重点领域和关键环节，着力突破一批关键核心技术，推动重大科技成果转化，建设重大科研基地和平台，有效提升广东省自主创新能力和产业竞争力，为经济社会全面转型升级提供强有力的支撑。

#### 2. 主要原则

**市场导向**。充分发挥市场对技术研发方向、路线选择和各类创新要素配置的导向作用，立足全省产业转型升级、企业创新发展的实际和需求，凝练、找准核心关键技术和战略产品领域。面向企业技术需求编制项目指南，遴选有条件的企业牵头组织实施产业导向类科研项目，强化企业的技术创新主体地位。

"三链"融合。坚持产业链、创新链与资金链相融合，全面推动重大科技专项的组织实施。瞄准产业链上下游的关键节点，广泛集聚创新资源，形成与产业链高度吻合的创新链；整合财政资金、金融资本、民营资本等资源，形成高效配套的资金链，满足产业链和创新链上各类主体创新发展的资金需求。

集群推进。在重大研发平台建设、产业园区建设、科研团队引进、产学研合作等方面，整体推进实施，完善产业生态和创新链条，培育形成高端产业集群和创新集群。

协同创新。强化上下联动、横向协调，积极与国家有关部委沟通对接，完善"三部两院一省"产学研合作机制，争取更多适合广东发展需求的国家重大科技项目落户。加强省市联动和部门协同，大力推进产业技术创新联盟建设，促进省市有关部门、企业、高校、科研单位等多主体协同创新，形成推动重大科技专项实施的合力。

### 3. 实施路径

以产业链、创新链、资金链"三链"融合为主要抓手，创新重大科技专项组织实施方式，促进科技与经济紧密结合，加快重大科技成果产业化步伐。

一是瞄准高端前沿，实现重点突破。紧跟世界科技发展前沿，面向产业链长、带动力强、发展前景广阔的战略性新兴产业领域，适度超前规划布局，找准科技创新的主攻方向和突破口，攻克一批核心关键技术，引领和带动全省产业转型升级。

二是促进"三链"融合，坚持整体推进。依托产业链上下游的骨干企业、重点科研单位和主要集聚区域（高新区、专业镇）等，进一步整合技术、人才、成果和信息等创新资源，充分利用国家、省、市等各级财政资金，以及传统金融机构的金融资本、各类投资资金和基金、民营资本等，实现"三链"融合，促进科技成果产业化，确保重大科技专项的顺利实施。

三是大力培养引进，聚集高端人才。坚持将科技人才培养与省重大科技专项的组织实施结合起来，在创新实践中引进人才、培养人才、凝聚人才。完善各类人才管理服务体系和考核评价机制，加快建设一支规模宏大、富有创新精神、敢于承担风险的科技人才队伍。

四是严格管理监督，加强绩效考核。加强项目、资金监管，严格财政经费审计和绩效评价。实施动态管理，建立完善滚动支持机制，视跟踪评价结果予以滚动支持或中止淘汰。加强重大科技专项相关项目和产业发展的监测和统计工作。

## 6.1.2 主要目标

**突破掌握一批核心关键技术。** 重点聚焦并力争突破计算与通信集成芯片、移动互联关键技术与器件、云计算与大数据管理技术、新型印刷显示技术与材料、可见光通信技术及标准光组件、智能机器人、新能源汽车电池与动力系统、干细胞与组织工程、增材制造（3D打印）技术等重点领域关键核心技术。到2018年，力争组织实施重大科技专项项目50~100项/年，新增发明专利约2 300件，突破一批重大技术瓶颈。

**研发推广一批重大战略产品。** 强化原始创新和集成创新，在重点领域加速形成重大战略产品。组织实施重大新技术、新产品示范和推广，培育一批高新技术知名品牌。到 2018 年，力争推动重大科技专项累计实现新增产值约 3 000 亿元，每个重大科技专项辐射带动不低于 1 000 亿元的产业发展。

**培育壮大一批创新型产业集群和骨干企业。** 到 2018 年，力争形成 40 个左右具有较强国际竞争力的新兴产业集群；培育一大批创新能力强、成长性好的科技型中小企业，以及具有核心竞争力的高新技术企业。其中，扶持发展销售收入超 100 亿元、500 亿元的大型骨干企业分别为 30 家、8 家左右。

**构建一个支撑和引领产业持续发展的技术创新体系。** 到 2018 年，力争建成一批高水平的研发及应用重大创新平台；联合产业链的上下游企业以及相关高校、科研院所，组建 35 个左右的产业技术创新联盟和面向区域或行业发展的协同创新中心。在重点领域培养和凝聚一批高水平的科技人才队伍，培养学术和技术带头人 170 名以上，引进创新科研团队 20 个左右及一批科技领军人才。在前沿技术领域参与制定国家、行业和地方标准 200 项左右，并产生显著的经济社会效益。

增材制造技术作为广东省重大科技专项之一，重点任务包括：一是突破 3D 打印核心关键技术。研发打印技术、控制软件、材料技术、打印装备等关键技术，突破高精度、高性能打印技术，并实现产业化。二是引导高等院校、工业设计企业、软件企业、3D 打印机及材料研发企业、3D 打印服务应用提供商等组建产业技术创新联盟，共同推动行业标准制定，促进 3D 打印技术公共服务平台建设。三是结合广东省特色产业，在医疗、汽车、模具、家电、动漫文化等领域加强示范应用，建立一批应用示范机构和基地，促进 3D 打印技术应用于各有关行业。

预期目标：到 2018 年，争取培养学术和技术带头人约 50 名，申请发明专利 100 件以上，制定国家、行业和地方标准约 20 项，组建产业技术创新联盟 2~3 个；培育形成产业集群 2~3 个，扶持形成一批销售收入超亿元企业，辐射形成约 50 亿元的 3D 打印产业规模。

### 6.1.3 保障措施

**加强组织领导。** 重大科技专项的组织实施由省政府宏观指导，省科教领导小组统筹协调，省科技厅牵头落实。建立重大科技专项专家决策咨询机制，组建总体专家组和各专项专家组。建立国家、省、市联动机制，加强与国家科技重大专项的对接与配套；引导全省各地市和有关部门的计划、项目、资金等创新资源形成合力，做好重大科技专项成果转化和产业化的对接，带动新兴产业和创新型产业集群发展壮大。

**强化顶层设计。** 紧跟国际产业和技术发展前沿，借鉴发达国家科技攻关和产业培育经验，建立定位准确、组织健全、分工明确、管理有效、保障得力的重大科技专项运行机制，完善项目筛选论证、"政产学研用"协同创新、多级联动、绩效管理等机制，健全重大科技专项项目相关管理规定和制度，加强项目实施全过程监管。强化总体实施方案与各专项实施方案的衔接，加强重大科技专项与国家和省"十三五"发展规划的衔接，确保重大科技专项"有影响、有创新、有成效"。开展国际产业技术发展跟踪研究，建立科学的重大科技专项统计方法，研究制定重大科技专项配套政策等。

**分类推进核心技术攻关及产业化**。通过专家论证和编制技术路线图等方式，重点凝练和研发核心技术。掌握一批处于国际产业、技术发展前沿，与国际先进水平基本同步，提升广东省国际地位和声誉的"明星级"技术。支持企业突破一批创新链研究开发后期、产业链成果转化阶段，具有重大引领作用的"卡脖子"技术。支持行业创新平台攻克一批符合区域发展规划、制约地方产业转型升级的"牛鼻子"技术。

**建立多元化投入机制**。针对自主研发、技术引进等不同类型项目以及项目实施的不同阶段，通过政府扶持、资本市场融资、企业兼并重组等方式，有序引导财政资金、企业自有资金、产业资金、风险投资资金、社会资本等加大投入。一是组织金融机构等参与调研筛选和论证评审，提供专业咨询并制定相应的融资方案；邀请产业资金、股权投资基金等参与项目管理，及时了解并有效对接项目实施和依托单位的资金需求。二是及时汇总项目科技成果，召开成果转化对接会，鼓励依托单位通过企业并购重组等方式获取知识产权，推动重大科技专项成果产业化。三是发挥财政资金的杠杆作用，加大省战略性新兴产业发展扶持基金的投入，加快建立重大科技专项产业投资基金，充分发挥省战略性新兴产业创业投资引导基金的引导带动作用，吸引社会资本发起设立创业投资基金，拓宽重大科技专项项目融资渠道。四是省有关部门加强协同配合，共同加大财政资金对重大科技专项及产业化的投入。

**建立健全平台载体**。一是发挥高新区和专业镇在组织重大科技专项中的主要载体作用，打造若干个创新型产业集群，促进重大科技成果实现产业化。二是发挥大中型企业的创新骨干作用，支持其牵头承担重大科技专项，并建立完善企业工程（技术）研究中心、工程实验室、企业技术中心、企业重点实验室等研发机构，牵头组建产业技术创新联盟和产业共性技术研发基地，加强产业共性技术研发和成果推广运用。三是结合重大科技专项的实施，建设和完善各类孵化器，培育科技型中小企业，培养创新型人才。

**做好舆论宣传工作**。充分利用督查专报、政务信息报送等形式，及时报送重大科技专项的实施进展情况。加强与新闻媒体和社会公众的互动，宣传报道重大科技专项的实施情况及成效，形成关心、了解、支持重大科技专项的良好环境和舆论氛围。

### 6.1.4 实施进度

**策划启动（2014年）**。完成重大科技专项的总体方案和各专项实施方案，制定管理办法，编制申报指南，建立咨询专家组。根据各专项进展情况，按照"成熟一批、实施一批"的原则，陆续发布项目申报指南，完成重大科技专项的评审立项、项目和资金下达等工作。

**重点推进（2015—2017 年）**。推进重大项目、平台载体、产业化基地、孵化器的建设；引进和培养科研团队和领军人才；开展对重大科技专项的中期考核，视考核情况予以滚动支持和动态调整。

**总结推广（2018 年）**。完成各重大科技专项的结题验收和总体评估工作，形成绩效评估报告；组织重大科技成果的推广应用和宣传报道。

## 6.2　广东省增材制造重大科技专项支持专题情况

近年来，增材制造技术发展迅速，对制造业领域影响巨大，受到世界各国的极大关注，被列入省战略性新兴产业。本专项围绕增材制造装备、材料、技术、应用及软件等研究开发，结合生物、医疗、模具、家电、汽车、创意设计等产业发展需求，突破一批共性关键技术，研发一批专用材料，研制一批高端装备，促进广东省增材制造技术走向国际前列，加快产业转型升级步伐。

### 6.2.1　广东省增材制造重大科技专项支持专题

#### 1. 高性能 3D 打印材料专题

专题内容：通过 3D 打印用高性能材料研发与专用材料体系研究，建立 3D 打印专用材料体系。重点研制 ABS、生物降解材料、尼龙、PC、光敏树脂等非金属 3D 打印专用材料和钛合金、钴铬合金、铝合金、铜合金、镍基合金等金属 3D 打印专用材料。

专题目标及经济技术指标：①非金属 3D 打印材料：3D 打印制品物理与力学性能基本达到传统方法的水平；②金属粉末材料，球形粉末，粒度 $\leq 30\mu m$，3D 打印制品物理与力学性能基本达到传统方法的水平；③项目执行期内完成产值 2 000 万元以上，申请核心技术发明专利 5 件以上，提交行业或企业标准 3 项以上。

#### 2. 金属 3D 打印装备及产业化

专题内容：针对金属 3D 打印成型精度和表面质量等技术瓶颈，研发激光选区熔化 3D 打印装备，达到国际先进或国内领先水平，为大规模工业应用奠定基础。

专题目标及经济技术指标：①高精度激光选区熔化金属 3D 打印装备，成型精度达到 ±0.005mm，可成型不锈钢、钛合金、铝合金、钴铬合金等材料，致密度 98% 以上；② 3D 打印制品物理与力学性能基本达到传统方法的水平，项目执行期内完成产值 2 000 万元，申请核心技术发明专利 5 件以上，提交行业或企业标准 3 项以上。

#### 3. 非金属 3D 打印装备及产业化

专题内容：针对热塑性聚合物挤出、光敏树脂固化、激光烧结和黏合剂喷射等 3D 打印装备技术瓶颈，通过研发高性能非金属 3D 打印装备，提高非金属 3D 打印产品的尺寸精度、成型效率和稳定性，降低设备成本，达到国际先进水平，提升非金属 3D 打印装备的市场竞争力，拓展应用范围。

专题目标及经济技术指标：①熔丝堆积成型 3D 打印装备的打印工件尺寸大于 400mm×350mm×400mm，尺寸精度 ≤ ±0.2%；②激光烧结打印工件尺寸大于 700mmm×700mm×400mm，尺寸精度 ≤ ±0.2%；③阵列喷头的无模铸造 3D 打印装备成型空间 800mm×600mm×500mm，打印分辨率 100~200dpi，尺寸精度 ≤ ±0.2%；④聚合物熔体喷射堆砌成型制品尺寸精度 ≤ ±0.2%；⑤光固化成型制品尺寸精度 ≤ ±0.1%；⑥ 3D 打印制品物理与力学性能基本达到传统方法的水平。项目执行期内完成产值 2 000 万元以上，申请核心技术发明专利 5 件以上，提交行业或地方标准 3 项以上。

### 4. 生物医疗 3D 打印技术和产品研发

专题内容：针对组织损伤修复、疾病治疗及康复等，通过研发生物医疗 3D 打印技术及装置，开发高端植入式医疗器械产品和个性化医疗器具。

专题目标及经济技术指标：①高端植入式医疗器械产品具有良好的生物相容性，完成设计定型并通过安全性检测；②个性化医疗器具打印精度不低于 ±0.1mm/100mm，并实现 100 例以上的临床应用；③项目执行期内完成产值 2 000 万元以上或高端植入体达到申请三类医疗器械许可的标准并启动申报程序，申请核心技术发明专利 5 件以上，提交行业或企业标准 2 项以上。

### 5. 面向 3D 打印的共性技术研究

专题内容：研发多功能 3D 打印数据处理软件，构建 3D 模型库，开展 3D 打印技术预见及产业发展监测研究。

专题目标及技术经济指标要求：

（1）多功能 3D 打印数据处理：开发出支持处理超过 1 000 万个平面三角形的大型 3D 模型文件；在金属、非金属 3D 打印装备中成功应用；项目执行期内完成产值 1 000 万元，申请核心技术发明专利 2 件以上或软件著作权 5 件以上，提交行业或企业标准 3 项以上。

（2）构建 3D 模型库：构建服务于 3D 打印的在线建模系统和搜索引擎，建成超过 2 万个模型的在线数据库；项目执行期内完成 3D 打印技术服务产值 1 000 万元，申请核心技术发明专利 2 件以上或软件著作权 5 件以上，提交行业或企业标准 3 项以上。

（3）3D 打印技术预见及产业发展监测研究：跟踪研究 3D 打印产业发展趋势、市场需求、技术壁垒等产业状况，构建合理的分析技术及方法，形成广东省 3D 打印产业技术发展研究报告；建立 3D 打印产业统计指标体系，构建产业发展数据库，执行期内连续 3 年发布广东省 3D 打印产业发展年度报告；制定产业发展情况监测技术规范 1 项以上。

### 6.2.2 项目分布情况

2014年、2015年增材制造(3D打印)技术专项均设置了5个专题,除2014年"3D打印软件平台开发与应用""精密金属零件3D打印技术装备及产业化"专题2015年调整为"面向3D打印的共性技术研究""金属3D打印装备及产业化"专题外,其余三个专题两年一致,支持方向和金额如表6-1所示。

表6-1 各专题立项情况表

| 专题名称 | 2014年 | | | | 2015年 | | | |
| --- | --- | --- | --- | --- | --- | --- | --- | --- |
| | 立项数 | 立项数占比/% | 经费总额/万元 | 经费额度占比/% | 立项数 | 立项数占比/% | 经费总额/万元 | 经费额度占比/% |
| 高性能3D打印材料 | 3 | 23.08 | 900 | 17.31 | 5 | 23.81 | 1 500 | 18.52 |
| 3D打印软件平台开发与应用 | 1 | 7.69 | 200 | 3.85 | | | | |
| 面向3D打印的共性技术研究 | | | | | 2 | 9.52 | 600 | 7.41 |
| 精密金属零件3D打印技术装备及产业化 | 5 | 38.46 | 2 500 | 48.08 | | | | |
| 金属3D打印装备及产业化 | | | | | 2 | 9.52 | 1 000 | 12.35 |
| 非金属3D打印装备及产业化 | 2 | 15.38 | 600 | 11.54 | 5 | 23.81 | 1 500 | 18.52 |
| 生物医疗3D打印技术和产品研发 | 2 | 15.38 | 1 000 | 19.23 | 7 | 33.33 | 3 500 | 43.21 |
| 合计 | 13 | | 5 200 | | 21 | | 8 100 | |

2014年、2015年共立项34项,项目承担单位包括高校、科研院所、企业和其他一些研究机构,具体见表6-2。除5家单位独立承担项目研发外,其余29个项目都是由企业与高校、科研院所共同合作来完成,占比达到85%(见图6.1),充分体现了产学研合作的特点。

在29个产学研合作的项目中除了与省内高校、科研院所合作外,还有8个项目是与清华大学、西安交通大学、华中科技大学、厦门大学、东北大学和中国科学院金属研究所等省外高校和科研院所合作,共同开展项目的实施,占产学研合作项目的28%。可以看出,省内企业正积极引入国内的先进技术和资源,推动了广东省增材制造技术和产业的发展。

表 6-2　承担单位分布情况

| 年份 | 独立承担项目数 | 合作承担项目数 | | | 项目总数 |
|---|---|---|---|---|---|
| | | 本省高校合作 | 省外高校和科研院所 | 合计 | |
| 2014 | 1 | 11 | 1 | 12 | 13 |
| 2015 | 4 | 11 | 6 | 17 | 21 |
| 合计 | 5 | 21 | 8 | 29 | 34 |

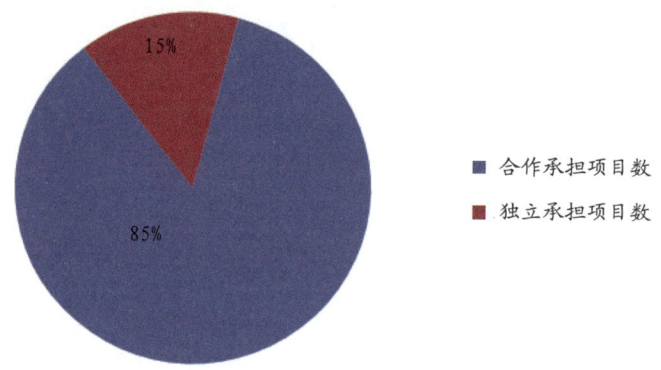

图 6.1　项目合作情况

从项目承担单位所在地区来看，34 个项目中，只有一个项目的承担单位在阳江市，其余 33 项承担单位均在珠三角地区，其中又集中在广州和东莞两地，见表 6-3 和图 6.2。

表 6-3　珠三角地区地市项目分布数量及经费分配情况

| 地市 | 2014 年 | | 2015 年 | | 合计 | |
|---|---|---|---|---|---|---|
| | 项目数量 | 投入经费/万元 | 项目数量 | 投入经费/万元 | 项目数量 | 投入经费/万元 |
| 广州市 | 6 | 2 100 | 15 | 5 900 | 21 | 8 000 |
| 深圳市 | 2 | 1 000 | 0 | 0 | 2 | 1 000 |
| 珠海市 | 1 | 300 | 0 | 0 | 1 | 300 |
| 东莞市 | 1 | 500 | 4 | 1 400 | 5 | 1 900 |
| 佛山市 | 1 | 500 | 1 | 300 | 2 | 800 |
| 中山市 | 1 | 500 | 0 | 0 | 1 | 500 |
| 惠州市 | 1 | 300 | 0 | 0 | 1 | 300 |

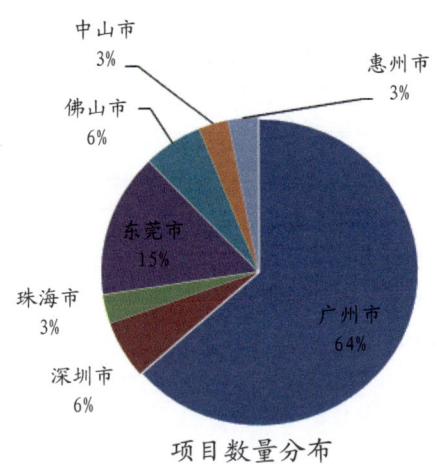 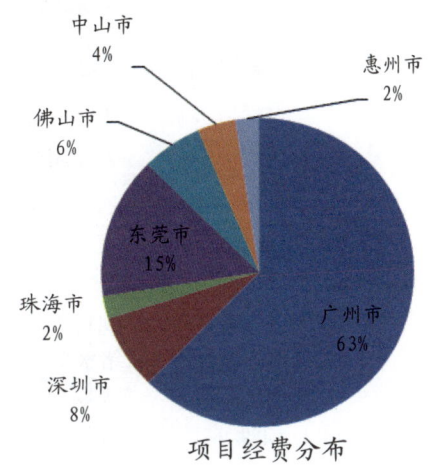

图 6.2 项目地区分布

## 6.3 专项实施情况

本专项从评价等级和项目进展情况看,所有项目均已开展相关工作,基本都能按照项目计划进度推进,总体实施进展情况良好。

### 6.3.1 评价内容

根据《广东省重大科技专项中期评估实施方案》要求,本次中期评估从项目和专项两个层面开展。项目评估是专项评估的基础。在对各个项目进行充分评估的基础上,评估组通过数据统计、案例分析、座谈研讨等方式开展专项评估。

项目评估主要从具体项目角度,设置了技术指标和财务指标,其中技术指标权重70%,财务指标权重30%。考察项目承担单位的基础条件及发展能力、项目实施进展情况、项目关键技术就绪水平、项目预期前景、专项经费财务管理情况和使用情况等六个方面。

专项评估主要是瞄准各重大科技专项目标,普查专项实施以来在突破关键核心技术、研发重大战略产品、构建公共服务平台、促进产业集群、引进和培养创新人才等方面取得的成效。同时,分析专项对相关产业创新驱动发展的支撑作用,以及组织实施面临的困难和挑战等,研究提出进一步完善组织实施与管理的措施建议等。

#### 1. 评价分数及等级

根据现场考察专家组综合评分,本专项平均得分 80.41 分,整体评价等级为 B,34 个项目各指标的平均得分情况如表 6-4 所示。

表 6-4  广东省重大科技专项项目中期评估现场考察评价汇总表

| 项目 | 一级指标 | 二级指标 | 2014 年 | 2015 年 | 平均分 |
|---|---|---|---|---|---|
| 技术 | 基础条件及发展能力（10分） | 单位情况 | 3 | 2.79 | 2.87 |
| | | 人才团队情况 | 3.62 | 3.12 | 3.31 |
| | | 项目组织管理 | 2.52 | 2.21 | 2.33 |
| | 项目实施进展情况（25分） | 项目实施进展情况 | 21.12 | 21.84 | 21.56 |
| | 项目关键技术就绪水平（20分） | 项目关键技术就绪水平 | 16.04 | 16.65 | 16.42 |
| | 项目预期前景（15分） | 预期项目目标完成情况 | 7.06 | 6.65 | 6.81 |
| | | 产业化及经济社会效益前景 | 6 | 5.69 | 5.81 |
| 合计 | | | 59.36 | 58.95 | 59.1 |
| 财务 | 财务管理情况（10分） | 财务管理情况 | 7.15 | 7.86 | 7.59 |
| | 专项经费使用情况（20分） | 资金支出情况 | 2.85 | 2.57 | 2.68 |
| | | 资金支出规范性 | 10.92 | 11.12 | 11.04 |
| 合计 | | | 20.92 | 21.55 | 21.31 |
| 总分 | | | 80.28 | 80.50 | 80.41 |

本专项评价等级在 B 级及以上的项目有 28 个，占评价项目的 82%，其中 A 级有 1 项、B+ 级有 7 项；B 级以下的有 6 个，没有出现 D 级项目，见表 6-5。

表 6-5  增材制造（3D 打印）技术专项评价等级汇总表

| 评价等级 | A [100，90] | B+ (90，85] | B (85，75) | B− [75，70] | C (70，60] | D (60，0] |
|---|---|---|---|---|---|---|
| 2014 年 | 1 | 2 | 8 | 2 | 0 | 0 |
| 2015 年 | 0 | 5 | 12 | 3 | 1 | 0 |
| 总计 | 1 | 7 | 20 | 5 | 1 | 0 |

### 6.3.2 项目进展情况

本次评估引入技术就绪度评价标准，根据广东省重大科技专项项目关键技术的主要类型和特点，经过专家反复论证，制定了硬件产品、软件产品和服务等多类评价标准和评价细则。其中硬件产品类进一步细分为一般硬件产品、干细胞与组织工程、生物医疗 3D 打印技术及产品；服务进一步细分为技术服务和平台服务，

评价标准见表 6-6。

表 6-6　项目技术就绪水平评价标准

| 等级 | 等级描述 | 等级评价标准 | 评价依据 |
|---|---|---|---|
| TRL1 | 发现基本原理 | 基本原理清晰，通过研究，证明基本理论是有效的 | 核心论文、专著等 1~2 篇（部） |
| TRL2 | 形成技术方案 | 提出技术方案，明确应用领域 | 较完整的技术方案 |
| TRL3 | 方案通过验证 | 技术方案的关键技术、功能通过验证 | 召开的技术方案论证会及有关结论 |
| TRL4 | 形成单元并验证 | 形成了功能性单元并证明可行 | 功能性单元检测或运行测试结果或有关证明 |
| TRL5 | 形成分系统并验证 | 形成了功能性分系统并通过验证 | 功能性分系统检测或运行测试结果或有关证明 |
| TRL6 | 形成原型并验证 | 形成原型（样品、样机、方法、工艺、转基因生物新材料、诊疗方案等）并证明可行 | 研发原型检测或运行测试结果或有关证明 |
| TRL7 | 现实环境的应用验证 | 原型在现实环境下验证、改进，形成真实成品 | 研发原型的应用证明 |
| TRL8 | 用户验证认可 | 成品经用户充分使用，证明可行 | 成品用户证明 |
| TRL9 | 得到推广应用 | 成品批量生产、广泛应用 | 批量服务、销售、纳税、证据 |

专家组现场考察项目实施情况见表 6-7，本专项 34 个项目中，有 20 个项目是"按计划进度执行"，有 13 个项目是"基本按计划进度执行"，1 个项目"执行情况较差，存在较多问题"。可见，本专项整体进展情况良好，风险较小。

表 6-7　项目执行进展情况

| 年份 | 按计划进度执行 | 基本按计划进度执行 | 执行情况较差，存在较多问题 | 至今仍未开展实质性工作 |
|---|---|---|---|---|
| 2014 年 | 7 | 6 | 0 | 0 |
| 2015 年 | 13 | 7 | 1 | 0 |
| 合计 | 20 | 13 | 1 | 0 |

### 6.3.3　关键技术进展情况

本专项 2014 年、2015 年立项的 34 个项目共涉及 88 项关键技术和共性技术，平均每个项目涉及 2.6 项关键技术和共性技术，各专题关键技术就绪水平如表 6-8 所示。

表6-8　各专题关键技术元素就绪水平

| 所属专题 | 关键技术元素数量 | 立项时平均等级（TRL） | 中期评估平均等级（TRL） | 预期结题平均等级（TRL） |
| --- | --- | --- | --- | --- |
| 高性能3D打印材料 | 17 | 3.12 | 4.59 | 8.18 |
| 3D打印软件平台开发与应用 | 3 | 3.33 | 5 | 8 |
| 非金属3D打印装备及产业化 | 15 | 3.07 | 5.34 | 8 |
| 金属3D打印装备及产业化（精密金属零件3D打印技术装备及产业化） | 24 | 3.21 | 5.08 | 8 |
| 面向3D打印的共性技术研究 | 5 | 2.6 | 3.4 | 8 |
| 生物医疗3D打印技术和产品研发 | 24 | 2.33 | 4.29 | 7.38 |
| 合计 | 88 | 2.9 | 4.72 | 7.86 |

#### 1. 关键技术的技术就绪水平统计情况

本次中期评估对各项目所研究关键技术的技术就绪水平进行了评价。表6-9为各项目关键技术元素在项目启动时、中期评估时、合同截止时的技术就绪水平统计情况。

从统计情况看，专项项目立项启动时，大部分关键技术元素处于可行性分析及原理验证阶段；在中期评估时，大部分关键技术元素已初步形成目标产品并开展测试；在合同截止时，预计大部分关键技术元素可形成应用并初步产业化推广。通过专项项目实施，关键技术元素的整体技术就绪水平明显提升。

表6-9　关键技术元素在项目启动时、中期评估时、合同截止时的技术就绪水平统计情况

| 技术就绪水平 | 立项启动时 | | 中期评估时 | | 合同截止时 | |
| --- | --- | --- | --- | --- | --- | --- |
| | 关键技术数量 | 比例/% | 关键技术数量 | 比例/% | 关键技术数量 | 比例/% |
| TRL 1 | 7 | 8.0 | 1 | 1.1 | — | — |
| TRL 2 | 16 | 18.2 | 2 | 2.3 | — | — |
| TRL 3 | 47 | 53.4 | 9 | 10.2 | — | — |
| TRL 4 | 15 | 17.0 | 24 | 27.3 | — | — |
| TRL 5 | 3 | 3.4 | 35 | 39.8 | — | — |
| TRL 6 | — | — | 8 | 9.1 | 4 | 4.5 |
| TRL 7 | — | — | 8 | 9.1 | 12 | 13.6 |
| TRL 8 | — | — | 1 | 1.1 | 64 | 72.7 |
| TRL 9 | — | — | — | — | 8 | 9.1 |

### 2. 各专题关键技术的元素技术就绪水平情况

图 6.3 所示为 3D 打印专项各专题关键技术元素数量、技术就绪水平及先进性雷达图。从图中可以看出，金属 3D 打印装备和生物医疗 3D 打印产品专题产生的关键技术元素数量最多，3D 打印软件专题产生的关键技术元素数量最少。这表明 2014、2015 年专项项目中，广东省对金属 3D 打印装备和生物医疗 3D 打印产品开发较多，而 3D 打印软件开发较少。

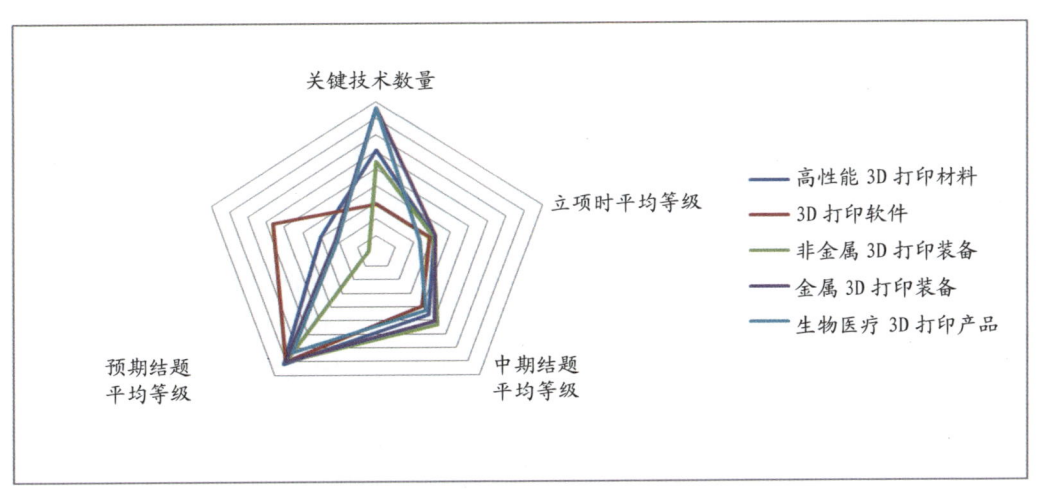

图 6.3　各专题关键技术元素数量、技术就绪水平及先进性雷达图

从技术就绪水平上看，项目立项时，生物医疗 3D 打印产品专题关键技术元素的平均技术就绪水平最低，其次是 3D 打印软件产品，表明该专题各项目立项时，关键技术元素的产业化、市场化推广应用基础较薄弱。金属 3D 打印装备、非金属 3D 打印装备和高性能 3D 打印材料专题关键技术元素的平均技术就绪水平等级相对较高，实施基础较好。

中期评估时，各专题关键技术元素的平均技术就绪水平在 4~6 级之间。其中平均技术就绪水平最低的专题为 3D 打印软件，最高的是非金属 3D 打印装备。这表明截至中期评估，3D 打印软件方向距离产业化、市场化推广应用仍有较大差距，而非金属 3D 打印装备、金属 3D 打印装备距离产业化、市场化推广应用差距相对较小。

按照项目合同截止时的状态，即项目结题时各关键技术元素的状态，生物医疗 3D 打印专题关键技术元素的平均技术就绪水平等级应达到 7 级以上，其他专题各关键技术元素的平均技术就绪水平应达到 8 级以上，即均需形成实际应用，并初步进行产业化和市场化推广。

图 6.4 所示为各专题关键技术元素技术就绪水平提升情况。从图中可以看出，高性能 3D 打印材料专题项目关键技术元素的平均技术就绪水平提升较少。立项时，该专题各关键技术元素的平均技术就绪水平已达到 3 级。中期评估时，各关键技术元素的平均技术就绪水平不到 5 级。

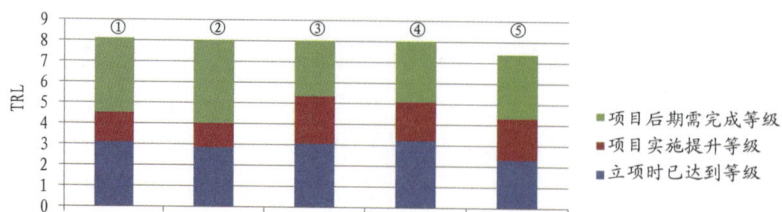

①高性能 3D 打印材料；② 3D 打印软件平台开发与应用/面向 3D 打印的共性技术研究；③非金属 3D 打印装备及产业化；④金属 3D 打印装备及产业化（精密金属零件 3D 打印技术装备）；⑤生物医疗 3D 打印技术和产品研发。

图 6.4  各专题关键技术元素技术就绪水平提升情况

3D 打印软件专题项目关键技术元素在立项以来提升等级明显低于其他专题。该专题各项目关键技术元素在立项时技术就绪水平与非金属 3D 打印装备等专题差距不大，甚至高于生物医疗 3D 打印产品。但中期评估时，3D 打印软件专题项目的关键技术元素已明显落后于非金属 3D 打印装备等专题，甚至比生物医疗 3D 打印产品专题还要低。

非金属 3D 打印装备和金属 3D 打印装备专题项目关键技术元素的平均技术就绪水平状态及提升情况良好。通过项目实施，该专题各关键技术元素平均技术就绪水平达到了 5 级以上。

从图 6.4 中可以看出，项目立项时，生物医疗 3D 打印产品的平均技术就绪水平较低，基础较薄弱；通过专项项目的实施，技术就绪水平有明显提升。由于生物医疗产品的特殊性，该专题各项目关键技术元素的目标技术就绪水平明显低于其他专题。

### 6.3.4  专项组织管理情况

#### 1. 指南设置与"实施方案"的相符性

根据"实施方案"中增材制造(3D 打印)技术专项的重点任务，专项项目组编制了 5 年实施期的推进计划。即在 5 年内，需要解决包括关键技术与装备、行业示范、服务平台、基地培育示范、产业联盟与集群、人才培养与引进、部门省市联动等八个计划任务，其中：关键技术与装备方面计划的 12 个关键技术与装备，在 2014、2015 指南中落实了 11 项，如表 6-10 所示。

行业示范方面计划的 7 项内容，在 2014 年、2015 年指南中全部落实，见表 6-11。

服务平台方面计划的 5 项内容，以大学、研究机构为基础，组建科研基地和平台，已经建立的公共服务平台有：广东省金属材料增材制造技术重点实验室（华南理工大学）、广东省增材制造技术及装备工程实验室（中科院电子所）、广东省增材制造应用技术中心（广东工业大学、广州市工业设计产业园）、广东省增材制造非金属材料工程技术中心（广东东莞银禧科技）、国家生物打印工程实验室（广州迈普、华南理工大学）等。

表 6-10　指南设置与"实施方案"相符性

| 序号 | 关键技术与装备 | 2014年指南立项数 | 2015年指南立项数 |
|---|---|---|---|
| 1 | 面向工业应用的3D打印非金属材料（ABS等塑料）及装备 | 1 | 1 |
| 2 | 金属3D打印设备 | 4 | 3 |
| 3 | 基于3D打印的个性化医疗器具、高端植入物研发与产业化 | 2 | 6 |
| 4 | 面向3D打印数据处理及三维重建软件平台 | 1 | 1 |
| 5 | 面向工业应用的3D打印非金属材料（树脂类）及装备 | 2 | 3 |
| 6 | 3D打印金属材料（钛合金、钴铬合金、铝合金、铜合金等） | 2 | 3 |
| 7 | 3D打印专用核心零部件（阵列喷头、高性能激光器、振镜及动态聚焦系统等）的研发 | 1 | 1 |
| 8 | 面向医疗应用的3D打印生物材料及装备 | 0 | 1 |
| 9 | 面向多种材料的3D打印装备 | 0 | 0 |
| 10 | 面向互联网开放的3D打印软件平台 | 0 | 1 |
| 11 | 面向行业3D打印专用软件开发 | 0 | 0 |
| 12 | 活体组织及器官3D打印技术 | 0 | 1 |

表 6-11　各行业示范立项数

| 序号 | 行业示范 | 2014年指南立项数 | 2015年指南立项数 |
|---|---|---|---|
| 1 | 手术规划医学示范应用 | 1 | 7 |
| 2 | 模具行业示范应用 | 1 | 1 |
| 3 | 汽车零配件示范应用 | 0 | 1 |
| 4 | 文化创意、动漫衍生品示范应用 | 2 | 0 |
| 5 | 口腔医学示范应用 | 1 | 1 |
| 6 | 电子产品示范应用 | 0 | 0 |
| 7 | 文物复制、时尚用品、艺术品示范应用 | 1 | 0 |

基地培育示范方面计划的6项内容，目前已经在建示范基地包括广州创意设计3D打印基地（广州荔湾区）、佛山南海3D打印产业基地（佛山高新区）、广东省3D打印教育培训基地（国防技校）、广州市3D打印基地（广州工业设计园）、东莞教育示范基地（东莞华南协同创新研究院等）、中山小榄及横栏3D打印专业镇等。

产业联盟与集群方面计划的5项内容，目前已经成立的产业联盟有：广东省3D打印产业创新联盟、广东省增材制造协会，广州市、深圳市、东莞市也成立了3D打印产业创新联盟和广州市增材制造技术行业协会。通过项目的支持，在广州、深圳、佛山、东莞建立了3D打印产业集群。

人才方面计划的3项内容，目前还没有完成。

部门省市联动方面计划的 5 项内容,目前已经与省发改委、省经信委和省质监局以及广州、深圳、珠海、东莞、佛山等 12 个地市签订了《广东省重大科技专项联合推进工作协议》等,基本完成了计划的推动。

### 2. 指南设置"专题目标及经济技术指标"的可考核性

2014 年和 2015 年增材制造 (3D 打印) 技术专项均设置了 5 个专题,每个专题支持的内容都有项目完成时应达到的"专题目标及经济技术指标",这些指标明确、可量化且可考核。

### 3. 立项项目合同签订与指南目标设置的相符性

立项的 34 个项目均已签订合同,并明确了项目承担单位与各合作单位之间的任务分工以及经费分配比例,对项目的总体进度和阶段性任务做了明确说明;按照经费使用内容做了预算。但是检查中发现有 3 个项目在签订的合同中既没有技术指标也没有经济指标、3 个项目在签订的合同中没有经济指标、2 个项目在签订的合同中有经济指标但没有技术指标、2 个项目在签订的合同中有经济指标不合理的情况。

## 6.3.5 经费管理与使用情况

表 6-12 为增材制造技术项目的经费投入情况,在 34 个项目中,7 个项目在签订的合同中没有承诺自筹经费配套,27 个项目在签订的合同中承诺在项目执行期内新增自筹资金配套,占总项目数的 79.4%。截至 2016 年 3 月 31 日,自筹经费预计总额达到 22 650 万元,预计 34 个项目总投入将达到 35 950 万元,其中自筹经费占 63%。

表 6-12　经费投入情况统计表　　　　　　　　　　　　　　单位:万元

| 年份 | 财政经费 | 自筹经费 | 项目总投入 |
| --- | --- | --- | --- |
| 2014 | 5 200 | 10 580 | 15 780 |
| 2015 | 8 100 | 12 070 | 20 170 |
| 合计 | 13 300 | 22 650 | 35 950 |

## 6.3.6 专项目标的完成情况

本专项目标是预期到 2018 年,争取培养学术和技术带头人约 50 名,申请发明专利 100 件以上,制定国家、行业和地方标准约 20 项,组建产业技术创新联盟 2~3 个;培育形成产业集群 2~3 个,扶持形成一批销售收入超亿元企业,辐射形成约 50 亿元的 3D 打印产业规模。

根据中期检查的核实情况,34 个项目中 24 个项目已经有专利或论文等成果,占项目总数的 71%。目前本专项共已申请发明专利 115 件,获授权发明专利 5 件,其中 PCT 受理 8 件,国外专利 3 件;制定企业标准 1 项;组建产业技术创新联盟 1 个。

## 6.4 增材制造重大专项取得的成效

### 1. 突破了众多共性技术和关键技术瓶颈

专项实施以来，广东省 3D 打印的关键技术与共性技术都有所突破。尤其是增材制造陶瓷－金属复合粉体制备技术、增材制造 AMF 文件完整数据处理算法、眼角膜生物球形墨水材料的制备与打印技术等 12 项关键技术取得重大突破，在国际或国内范围内处于领先水平，推动广东省 3D 打印技术的发展。

### 2. 产生一系列重大产品和装备

项目的实施也产生了一系列的重大产品和装备，主要集中在金属 3D 打印装备及产业化、非金属 3D 打印装备及产业化和生物医疗 3D 打印技术和产品研发这三个专题中。

金属 3D 打印装备方面，佛山市南海中南机械有限公司开发的激光选区熔化 3D 打印与铣削复合加工装备是一种高档复合型的智能化数控装备，其通过将激光选区熔化系统和主轴微铣削加工系统结合，提高设备成型零件的尺寸精度和表面粗糙度，达到了尺寸精度 $<\pm 0.005$mm、表面粗糙度 $Ra5\sim10\mu m$，满足传统机械加工无法制造的精密金属零件直接制造成型。国内外传统的激光选区熔化 3D 打印机只能保证尺寸精度 $<\pm 0.1$mm、表面粗糙度 $Ra25\mu m$。目前只有日本松浦机械研发出激光选区熔化与铣削复合加工设备，且进行技术封锁，国内很难直接获得这方面的设备实物和文献资料。因此，本项目研发的复合加工设备将大大提高金属 3D 打印直接成型产品的精度，抢占国内复合加工设备技术和市场制高点，为广东省乃至全国制造加工行业提供精密金属零件直接制造方法，市场前景非常好，将来可以广泛应用于生物医疗（牙科、人工关节植入体）、精密工业模具、精密机械零件快速制造、航空航天等领域。

非金属 3D 打印技术和设备方面，专项支持的广东峰华卓立科技股份有限公司研发的阵列式喷头砂型 3D 打印机，解决了国内砂型打印机在打印过程中热变形、成型尺寸受限、效率低等问题，其研发的阵列式喷头技术极大地提高了砂型打印机的打印速度，填补了国内相关领域的空白。

生物医疗 3D 打印技术和产品研发方面，专项支持的广州迈普再生医学科技有限公司开发的可吸收硬脑(脊)膜补片已在全球 40 多个国家和地区得到 3 万多例临床应用，个性化体外手术模型也已在临床应用数十例，两个产品在项目期内累计实现销售收入 1 787.18 万元，产生了良好的经济效益。广州瑞通生物科技有限公司研发出个性化舌侧矫治系统等一系列产品，并已获得 870 万元的销售额，实现临床应用数千例。

### 3. 产生良好的行业应用示范

2014 年、2015 年重大专项虽然在进行中，但也有部分项目在其所涉及的行业产生了较好的应用示范。

广州迈普再生医学科技有限公司研制的体外手术模型为外科医生设计手术方案、模拟手术操作提供了一种有效方式。其利用3D打印技术开发个性化三维实体模型，能将器官或组织内部构造的细节逼真地显示出来，实现对病变的毫米级精度的准确定位，还原疾病真相，利于外科医生制定精确的手术计划，提高手术效率，缩短手术时间，将手术风险降至最低。现已在中国人民解放军总医院（301医院）、北京协和医院、天坛医院等重点医院使用，实现了个性化体外手术模型数十例的临床应用。

广州瑞通生物科技有限公司开发的个性化舌侧正畸矫治系统是口腔医学矫治领域的新技术。个性化舌侧正畸是彻底的隐形正畸，在最大限度上满足了患者的美观要求，同时提高了矫治效率和准确性，大大降低了医生在舌侧正畸中的操作难度、劳动强度，提高了患者的舒适度，深受医生和患者欢迎。此技术推向市场后取得销售额达870万元的经济效益，并实现临床应用数千例。

南方医科大学第三附属医院以重大科技专项为基础，与华南理工大学合作根据骨盆髋臼解剖结构特点，设计出与之匹配的个性化接骨板，并利用金属3D打印的技术优势生产个性化钛合金接骨板及螺钉。使用3D打印技术生产完全匹配的个性化内固定物，已进行了世界首例严重骨盆髋臼骨折3D打印个性化内固定植入临床试验，临床试验非常成功，患者随访2个月后髋关节功能恢复良好，形成了良好的行业示范。

### 4. 建设了一批创新公共服务平台

作为本次重大专项支持的项目承担单位，南方医科大学目前已构建较为完善的医学3D打印服务平台，包括"南方医科大学医学3D打印服务网站"的构建、医学图像标准数据库构建、医学3D打印实验的建立及设备配套、3D打印相关人才培养及平台管理的规范。重点建设数据库标准体系、图像处理标准、模型构建标准、个体影像数据集管理及用户使用权限等相关内容；根据临床实际应用需求，集成并分类管理全部个体影像数据集，以此为基础建立面向医学科研与临床服务的个性化植入物参数化设计库；已建立的平台服务网站可提供用户注册、信息发布、个性化页面、数据生成、数据传输、模型展现等功能，并提供个性化服务工具集，实现服务基本组件的标准化、预开发和模板化，为临床3D打印服务提供信息化支撑。依托3D打印技术公共服务平台及辐射范围内的临床医疗机构，通过"临床需求—服务平台—临床应用"的双向联动机制，在骨科及腔镜微创外科领域开展创新应用研究，并针对个性化医疗需求开发出临床适用性强和接受度高的终端产品。目前已对接临床各单位开展50余例3D打印临床推广应用，取得良好的临床应用反馈。

### 5. 形成了一批应用示范基地

目前已经在建示范基地包括广州创意设计3D打印基地（广州荔湾区）、佛山南海3D打印产业基地（佛山高新区）、广东省3D打印教育培训基地（国防技校）、广州市3D打印基地（广州工业设计园）、东莞教育示范基地（东莞华南协同创新研究院等）、中山小榄及横栏3D打印专业镇等。

### 6. 组建众多产业技术联盟，促进产业集群发展

目前在省级层面上已经成立了广东省 3D 打印产业创新联盟和广东省增材制造协会，在地市（主要是广州市、深圳市、东莞市）成立了 3D 打印产业创新联盟和广州市增材制造技术行业协会。通过项目的支持在广州、深圳、佛山、东莞建立 3D 打印产业集群。

### 7. 推动国家、省市、部门联动，促进协同创新

目前已经与广东省发改委、省经信委和省质监局以及广州、深圳、珠海、东莞、佛山等 12 个地市签订了《广东省重大科技专项联合推进工作协议》等，其中广州、深圳、佛山、东莞等地均设立了与增材制造（3D 打印）相关的专项资金来支持本地的企业项目，基本完成了计划的推动。

### 8. 通过项目的实施产生专利、行业标准

通过专项的实施，34 个项目单位共申请了发明专利 115 件，授权发明专利 5 件，国外专利 3 件，PCT 受理 8 件；申请实用新型专利 57 件，获授权实用新型专利 40 件；申请外观设计专利 1 件；获得软件著作权 8 件；发表论文 38 篇，其中 SCI 收录 10 篇；制定企业标准 1 项。围绕项目研究内容申报超过（包括）5 项发明专利的项目承担单位就有 7 家，其中又以珠海天威飞马打印耗材有限公司最为突出，该项目承担单位在项目执行期内以项目研究为基础，申请发明专利 44 件、实用新型专利 14 件，获授权发明专利 1 件，实用新型专利 25 件，外观设计专利 1 件，PCT 受理 8 件，国外专利授权 1 件。

# 7 增材制造未来发展与政府建议

增材制造新材料与新工艺是增材制造技术保持活力并持续发展的核心动力。随着增材制造工艺的发展，其所使用材料从最开始的液态光敏树脂，扩展到种类繁多的工程塑料、金属粉体材料，并且逐渐成熟、开展应用。增材制造工艺的发展依托于能源、材料及其交互方式的创新，涉及机械、材料、物理、力学等多学科交叉领域，如图7.1所示。未来，基于金属材料、非金属材料、生物材料等体系的增材制造工艺技术与装备是发展和应用的主要方向。

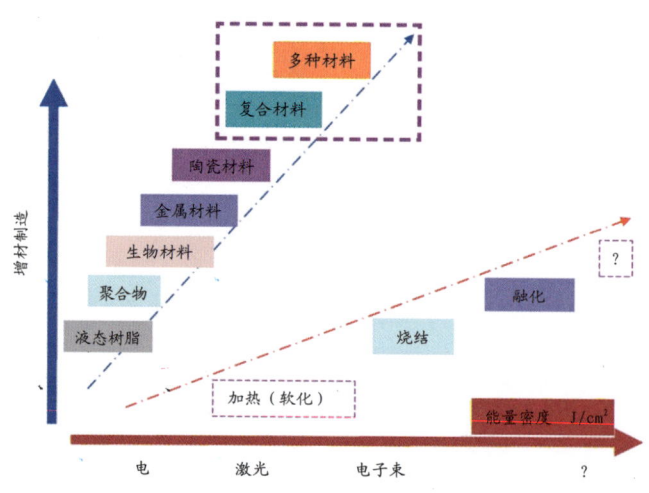

图 7.1　3D打印发展方向

## 7.1　金属3D打印未来发展

金属增材制造过程的逐点快速熔凝特征，使得增材制造的零件通常具有优异的力学性能。但北京航空航天大学王华明院士在东莞科技周报告中指出，现有科学很难以将其原理完全解释清楚。对于金属增材制造过程的应力、应变及变形控制大多仍依据经验，欠缺科学的指引。金属增材制造在小型零件高精度成型和大型零件高效率成型两个方面已经有了大量的工程应用，但精度与效率成反比是金属增材制造技术的一个基本工艺规律，难以同时兼顾高精度与高效率成型。同时对内部结构要求较高的零部件直接增材制造，后续很难进行加工，难以兼顾表面质量。此外航空航天和医学等领域往往要求一个零件的不同区域具备多种性能，多材料增材制造技术成为发展方向。

这些问题是亟待解决的问题，问题决定方向。金属增材制造未来发展的方向则是兼顾成型组织、成型效率、成型精度、成型表面质量、成型多材料方向发展。

在成型组织方面，继续发展基础科学研究，建立增材制造专用金属材料体系、增材制造热/组织/应力应变方法，建立金属增材制造在线温度、形状监测和反馈控制系统，实现金属增材制造过程形位和冶金质量的精细控制。

在成型效率与质量方面，发展多能束匹配成型工艺，提高成型效率。获得金属增材制造成型精度和效率的最优匹配控制策略；实现多能束匹配高效高精度增材制造，将效率提升5倍以上则可以满足生产需求。

在成型表面质量方面，发展复合制造方法，将增材制造与传统的铣削、磨削等方式结合，提高表面质量；将增材制造与传统制造工艺有机结合，最大限度地发挥增材制造在制造复杂结构和短流程方面的优点，同时极大地提升传统制造工艺的技术水平，是增材制造技术的重要发展方向。目前，采用增材制造与切削加工的复合，有效地提升了零件的成型精度和表面质量，日本和德国已推出商品化装备。

成型多材料方面，解决多材料增材制造技术软硬件实现方法，探索微宏观组织性能调控机制，开发多材料增材制造对应的数据格式与驱动方法，研发出多材料增材制造装备，建立多材料增材制造工艺规范与性能标准，推动增材制造在航空航天和医学医疗等领域的应用。

## 7.2 非金属3D打印未来发展

现阶段增材制造材料主要是通用性的聚合物材料，例如聚乳酸（PLA）和尼龙材料，其中聚乳酸拉伸强度在40~60MPa，弯曲强度70MPa左右，尼龙拉伸强度在65MPa左右，弯曲强度100MPa左右，这些聚合物材料的耐温性、强度等综合性能具有一定局限性。随着增材制造技术在航空航天、船舶、汽车、医疗等领域应用的不断深入，极端环境条件对于零件性能的要求不断提高，而高性能聚合物材料的出现无疑为解决这一问题提供了解决思路。例如，聚醚醚酮，其熔点334℃，拉伸强度132~148MPa，具有极好的耐温、耐腐蚀、耐冲击、阻燃、耐疲劳等综合特性；质量分数为10% CF/PLA的复合材料零件，其拉伸强度已经可以达到250MPa，因此发展高性能聚合物增材制造技术成为增材制造技术亟待解决的问题之一。由于高性能聚合物一般熔点较高（超过

250℃），极容易发生由于温度场不均匀和表面张力过大而造成的翘曲变形及分层问题，导致精度和性能下降。为实现高性能聚合物的增材制造，可重点发展精确温度场控制技术和扫描场控制技术。其中精确温度场控制技术，主要包含环境温度场和成型区域温度场控制，通过以上两种关键技术保证高性能聚合物材料单元之间的有效融合，提高整体零件的机械性能和整体精度。

陶瓷 3D 打印方面，目前，由于增材制造陶瓷产品致密度、力学性能和精度都较低，在生物医学领域应用较广，在大规模工业应用中尚缺乏应用能力。如果直接成型陶瓷材料，陶瓷材料熔点极高，预热温度通常高于 1 000℃，对制造装备的要求很高。因此开发能够大尺寸、耐高温的陶瓷增材制造设备，实现大尺寸、高致密度、低内应力的陶瓷零件的增材制造成型，致密度提升到 99% 以上，力学性能接近传统工艺产品的力学性能，是发展的方向。

在智能材料 3D 打印方面，多了一个时间维度，可以随时间调节改变结构，即 4D 打印技术。涉及 4D 打印新材料的研究比较欠缺，增材制造工艺类型单一，未能发挥出增材制造工艺的优势。建立智能材料增材制造成型器件的变形（变色）控制理论，实现适合不同应用场合的多种智能材料增材制造方法，成型具有微纳米级高精度、微秒级快速响应的智能材料器件将成为研究的重点。

在食品、细胞 3D 打印方面，是将细胞培养与 3D 打印相结合，打印出肉制品。科学家将实验室培养好的细胞与脂肪、食品添加剂、色素等混合，再采用 3D 打印技术打印出来。也许有一天 3D 打印还会与粉碎、烘焙、烹饪等更多技术相结合给我们的生活带来奇迹。

## 7.3　3D 打印共性技术未来发展

美国通用电气（GE）公司将原来 20 个零件的发动机喷嘴集成为一件，减重 25%，增效 15%。这充分显示出增材制造技术给设计方法带来的变革。但是，目前缺少相关的设计理论和支撑软件技术。未来需要大力推进设计技术和相关软件技术的发展，建立基于功能、性能驱动的结构构型、设备布局整体式的优化设计方法和软件系统，形成功能参数约束下材料、结构的设计准则。发展构型复杂多样化的非均质功能梯度结构宏微观跨尺度拓扑构型优化设计新方法，使结构件达到超轻质、高刚度和高强度的设计要求。

设计技术与方法：增材制造技术改变了产品的设计理念，有望实现从"制造约束设计"向"功能引领设计"的转变。增材制造不受工艺约束与限制，能够克服传统制造器件难实现空心、多孔、网格、异质材料和功能梯度等构造的技术瓶颈，将从根本上改变设计思路，设计从模仿型、经验型和制造优先型向创新型、数学最优化型和功能优先型发展。可以说这一理念突破了传统的制造工艺和均质材料的约束，向着结构、材料、性能、工艺一体化优化设计方向发展。

软件技术：软件市场占有率领先的 Materialize 公司的产品贯穿了增材制造的整个流程，从模型修复、支撑设计、切层到路径生成，有针对医疗行业的软件，有针对模具工业的软件，还包括面向 3D 打印的 ERP 软件。另外一个方向是"草根化"。与专业软件面向工业客户和教育行业不同，草根化的 3D 打印软件面向每个对它感兴趣的人，每个人都可以使用或维护它，比如微软发布的 3D Builder。3D Builder 的界面非常简单，即使不懂 CAD 等制图软件的初学者也能轻松学会并开始创作。国内尚没有独立销售的 3D 打印处理软件，部分厂家针对自己的设备开发了相关软件捆绑使用，但功能有限。大部分用户依赖国外软件，而且这些软件十分庞杂，良莠不齐。在使用过程中，出现难以满足使用要求、授权昂贵、使用习惯不符合等问题。未来需要大力发展增材制造软件技术，并在整个产业链上进行相关的应用。因此，在未来发展通用化的增材制造软件系统非常有必要。增材制造软件系统可以全面支持多材料与宏微观一体化制造的各类新型工艺，支持增材制造与其他加工工艺的数据融合。建立支持多色、多材料、多尺度工艺结构增材制造全过程的智能化软件和检测技术体系将成为未来发展的重点。

## 7.4 3D 打印应用的未来发展

**太空 3D 打印**：随着宇航技术的发展，人类对于远空探索、建设外星球基地乃至星球移民的科技梦想即将提上研究日程，而这些太空探索梦想的实现很大程度上依赖如何实现高效、可靠、低成本的"太空制造"，从而克服现有火箭运载发射方式在载重、体积、成本上对太空探索活动的限制，以获得远空探索所需的运载平台、工具与装备。美国宇航局 NASA 与 Made in Space 公司合作将一台 3D 打印机送上了国际空间站，实现空间站宇航员所需工具的快速制造，并于 2014 年 11 月 25 日成功打印印着"MADE IN SPACE/NASA"字样的铭牌样件，这让全球的科学家们看到了采用"航天 3D 打印"来实现"太空制造"工作的曙光。这只是迈出了太空舱内微重力制造的第一步，在真正实现对宇航器、空间站易损易耗件、备品备件、专用工具、微型人造卫星、雷达以及太阳能接收板、太空食物等零部件的按需在轨快速制造的技术，无论在学术或是工程领域还面临许多严峻的挑战。

**微纳 3D 打印**：微纳机电系统、嵌入式电子、生物医疗、组织器官、新材料（点阵材料、轻量化材料、超材料、功能梯度材料、复合材料、仿生材料等）、3D 功能电子、可穿戴设备、高清显示、微流控器件、微纳光学器件、新能源（太阳能电池、微型燃料电池等）、微纳传感器、柔性电子、软体机器人等诸多领域对于微纳增材制造有着巨大的产业需求。微纳增材制造（亦称为微纳尺度 3D 打印）是一种基于增材制造原理制造微纳结构或者功能性物体的新型微纳加工技术。与现有微纳制造技术相比，它具有成本低、结构简单、可用材料种类多、无需掩模或模具、直接成型的优点，尤其是在复杂三维微纳结构、高深宽比微纳结构、复合材料（多材料）微纳结构、宏／微复合结构以及嵌入式异质结构制造方面具有非常突出的潜能和优势。基于双光子聚合3D打印已经实现了亚微尺度任意复杂三维结构的制造。电喷印技术实验室精度已达到50nm，结合自组装，其分辨率可以达到15nm，可供打印材料几乎不受限制。其他诸如等离子3D纳米打印、基于空气动力学聚焦3D纳米打印、聚焦电子束诱导沉积3D纳米打印、激光诱导向前转移、石墨烯3D打印等新兴纳米3D打印技术不断涌现。但是亚微米和纳米尺度增材制造目前还停留在实验室和原型阶段，距离工业化应用还尚有一段距离。

**生物3D打印**：生物增材制造的发展趋势体现在以下三个方面：（1）向智能化专业化生物增材制造系统方向发展。现有的生物增材制造技术多是基于传统增材制造工艺与设备，设计部分缺乏专门针对生物医学产品（个性化结构、多孔结构、仿生结构、多细胞体系）的智能化建模与优化分析软件，阻碍着临床创新思路向概念化产品的转化；制造部分缺乏专业化的生物增材制造设备，缺乏生物兼容性的工艺环境，制约了个性化医疗产品走向临床应用的步伐。未来需要发展融合智能化设计的专业化生物增材制造软硬件系统。（2）向多种材料、梯度结构的生物增材制造技术方向发展。例如，现有的生物增材制造假体多以金属为主，存在应力屏蔽、影像学检测等临床问题，面向生物与力学性能优异的PEEK材料的个性化及假体增材制造技术将是有效解决途径；可降解组织工程支架的增材制造技术将从传统的单一材料与结构打印向多材料梯度支架打印方向发展，解决多组织界面的融合再生难题。（3）向生物活性材料增材制造技术方向发展。生物增材制造技术的终极目标是打印活体组织与器官，这就要求生物增材制造工艺与装备兼容生物活性材料如细胞、基因等，同时满足个性化宏微纳结构制造的需求。多细胞血管化软质器官的打印是未来主要方向，不仅有望缓解当前器官移植手术的严重供需矛盾，还可打印体外药物模型与器官芯片，服务于新药研发与个性化治疗。这将促进增材制造技术从无生命产品打印向生命体打印的跨越式发展。

**模具3D打印**：3D打印给模具带来了很多优势，比如模具设计改进为终端产品提供了更多的柔性，制造成本降低，模具生产周期缩短，优化工具更符合人和物的特性，定制模具实现最终产品的定制化。然而，3D打印模具仍面临相关问题，如3D打印模具的零件尺寸受限、3D打印模具的力学性能难以保证、3D打印可使用的材料受限、能够提供打印材料的供应商有限、3D打印设备核心技术及大型工业级3D打印设备缺乏。发展模具3D打印产业链，完善各环节技术沉淀，建立3D打印示范中心等措施将会进一步促进3D打印模具产业的发展。

**汽车3D打印**：汽车企业是3D打印技术的最早使用者之一，甚至早于其在航空航天与医疗领域的应用。早在3D打印技术发展的初期，一些欧美发达国家的汽车企业就将3D打印技术用作汽车的开发和小批量试制领域。在传统汽车制造领域，汽车零部件的开发不仅需要长时间的研发与测试，制造零件模具环节同样也是一个漫长的过程。3D打印可发挥的效用就在于此，由于3D打印快速成型的特点，汽车厂商将这一技术应用于汽车外形设计的研发中可极大地缩短设计时间和模型生产时间。比如丰田轻量化座椅，通过3D打印打造了复杂拓扑结构。这项创新设计使得座椅不仅能够获得最大的散热能力，而且可以节省制造座椅的材料成本，同时增强了汽车座椅的安全功能。汽车座椅的总体积降低高达72%，质量减少高达18kg。值得一提的是，这些设计并没有增加材料的成本。

3D打印技术在中国汽车市场的挑战与机遇：把3D打印技术应用到汽车领域是中国市场当下所缺乏的，这一技术目前在中国汽车市场的应用范围还不广泛。在未来发展中，充分利用3D打印缩短产品研发时间，增加汽车设计的灵敏性，降低成本则是未来汽车3D打印的主要方向。

**航天3D打印：** 航天发动机是工业界皇冠上的明珠，3D打印与航空发动机的重要结合点在于高温涡轮叶片和大涵道比风扇叶片的设计制造。二者都是因为工作温度高、压力过大而需要解决结构强度和寿命的问题。传统垄断技术聚焦在材料和工艺上。比如高温涡轮叶片普遍采用最能耐温的单晶合金和精密铸造技术，风扇叶片则采用空心结构或者碳纤维复合材料，这些方面，国内与世界先进企业存在的差距相当大，如果模仿和沿着他人足迹追赶非常困难。增材制造将打破这一技术壁垒，如果我们敢于采用增材制造这种技术，我们有信心在航空发动机和燃气轮机研制和商品化方面赶超国际寡头。未来发展方向，一方面3D打印可以一体化制造高度复杂的发动机零部件，一方面通过制备冷却效率更高的随形冷却等内部结构提高发动机零部件使用温度，此外开发梯度材料，调整材料组织结构、刚度等性能，提高调整增材制造零部件性能，提高发动机使用温度和机械载荷。

## 7.5 国外创新发展应用

美国麻省理工学院和新加坡科技设计大学开创的3D打印热响应性聚合物材料，能够记忆原来的形状，即使被暴露在极端压力下和扭转弯曲成无用的形状，只要把对象放回其响应温度下，在几秒钟内即可回到原来的形式。这种记忆材料工作原理见图7.2，该记忆合金零件弯曲成图7.2a状态后，将环境温度调整为响应温度，该零件恢复至记忆状态（如图7.2b），从而夹起工件（图7.2c）。这种材料在太阳能、医疗和太空探索领域具有应用前景，包括软性驱动器、药物胶囊、太阳能板角度调节器等。

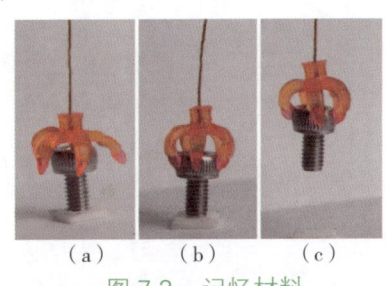

图7.2 记忆材料

美国弗吉尼亚理工大学通过微光固化技术打印了毫米大小的3D对象（见图7.3），材料是离子液体制成的导电聚合物。打印对象小到25μm，潜在

图7.3 微细3D打印

的应用涉及人类细胞。事实上，这种技术可以让工程师打印导电元件甚至组织支架。

美国约翰霍普金斯大学的研究人员研发出了一个成功的 3D 打印材料配方：混合至少 30% 粉碎的天然骨粉与一些特殊的人造塑料，并通过 3D 打印技术创建所需的形状（见图 7.4）。

Additive Elements 研发了食品级材料，由专门的惰性材料和原材料组成，而且可完全回收并且对环境无害。

美国劳伦斯·利弗莫尔国家实验室（LLNL）与加州大学圣克鲁兹分校的科学家们通过 3D 打印石墨烯超级电容让定制化电子产品成为可能。

澳大利亚斯威本大学（Swinburne University）的研究人员通过 3D 打印石墨烯薄片（图 7.5），发明了一种全新而且应用广泛的能源存储技术（从技术上讲，是一种超级电容器），可容纳更大的电荷能量，并且在一秒钟内完成充电。

苏黎世联邦理工大学(ETH)找到了一种可行的创新型方法——"纳米液滴"3D 打印。这种方法能够以金、银纳米颗粒为原料 3D 打印出超薄的"纳米墙"，从而制造出从未有过的透明导电电极，最终创造出画面质量更好，响应更精准的触摸屏（见图 7.6）。

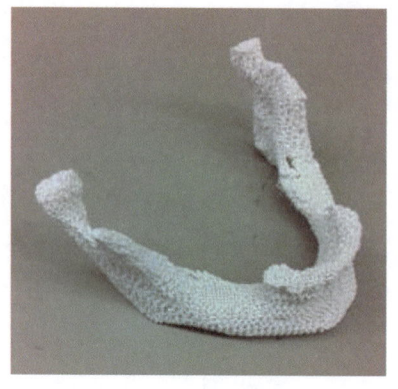

图 7.4　3D 打印混合骨

图 7.5　3D 打印石墨烯

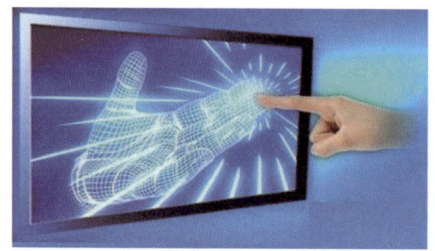

图 7.6　纳米液滴 3D 打印

位于加利福尼亚州 Malibu 的 HRL 实验室发明了可兼容与光固化/3D 打印的树脂配方，这种树脂在 3D 打印后经过过火可以生成致密的陶瓷部件（见图 7.7）。这是一个惊人的突破，因为它能够产生任意多边形陶瓷部件，且无温度弹性，陶瓷表面无任何加工，

图 7.7　3D 打印高温陶瓷

不需铸造或嵌塞。HRL通过紫外线光固化快速成型陶瓷的preceramicmonomers——"先驱体转化聚合物"，通过这些聚合物制造的陶瓷均匀收缩，几乎没有孔隙度。并且可以形成迷你网格和蜂窝状材料，不但形状复杂，并且还表现高的强度。这种密度泡沫陶瓷可以在推进零部件、热防护系统、多孔燃烧器、微机电系统和电子设备等领域获得应用。如使用在高超声速飞行器和喷气发动机中，这种陶瓷可以帮助设计者制造能抵御起飞过程中所排出的废气引起的加热和高温度的小零件。

美国麻省理工学院研发的Cilllia毛发是通过光敏树脂固化的技术打印出来的，通过将3D打印的精度控制到极其细微的程度。这对于动力学是个创新领域，改变了以往我们需要电机或者其他的动力装置才能使得物体发生移动的现状。

美国宾夕法尼亚州立大学的科学家使用3D打印技术制作的离子交换膜模型是第一个可以定量降低交换膜电阻的模型。只需一个简单的并联电阻模型就可以描述这些图案在降低这些新型膜的电阻方面发挥的影响。这一方法带给离子交换膜设计者一个设计工具，可以帮他们不断创新、设计出新的图案，以进一步改进材料的内在化学特性。

英国Bristol大学找到了代替熔融长丝的3D打印复合材料的方法，该方法是基于光敏树脂技术的3D打印技术，通过超声波用来诱导材料的微观结构排列，通过激光束来固化环氧树脂。

生长出来的3D打印军用无人机（图7.8）：世界第三大国防承包商英国的BAE系统公司宣布他们正在开发一款基于化学反应的Chemputer，这款3D打印机可以在短短几天之内从无到有"生长"出高度先进的定制化无人机。BAE系统公司投资开发此项技术的目的是要在接近战场的地方迅速建立军事设备供给，并克服任何地理、技术或数字的劣势，Chemputer打印无人机的设想是功能性强、飞行速度快、超高高度以及快速反应，目的是要克服今天的军事环境的生产限制。

图7.8　3D打印无人机

波音悬浮式3D打印技术（图7.9）：2016年初，波音公司成功获批了一项超前的3D打印技术专利。它与以往任何3D打印技术都不同，在3D打印过程中，没有任何实体的打印构建平台，打印对象可以在空中做翻转动作。打印时，打印头首先挤出一块材料，通过磁场的力量，这块打印材料被悬浮在空中，然后由围成

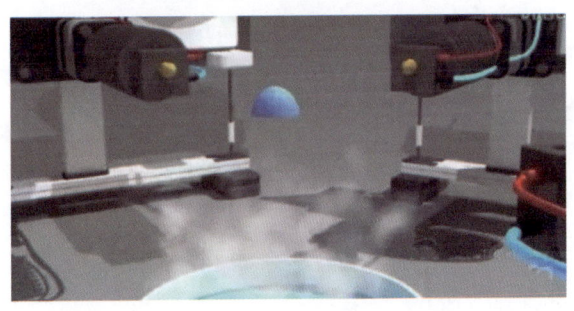

图7.9　悬浮式3D打印

一圈的多个打印头从不同的方向将其余材料逐层沉积在这块材料上。打印材料是抗磁性材料，经过超级冷却之后变成超导体。通过磁场还可以旋转 3D 打印对象，并将材料沉积在打印对象底部，实现 360° 无死角的 3D 打印。

哈佛大学带血管的人工组织 3D 打印（图 7.10）：2016 年哈佛大学获得最新的突破，可以打印出维持生物学功能并可以存活超过六个星期的组织。

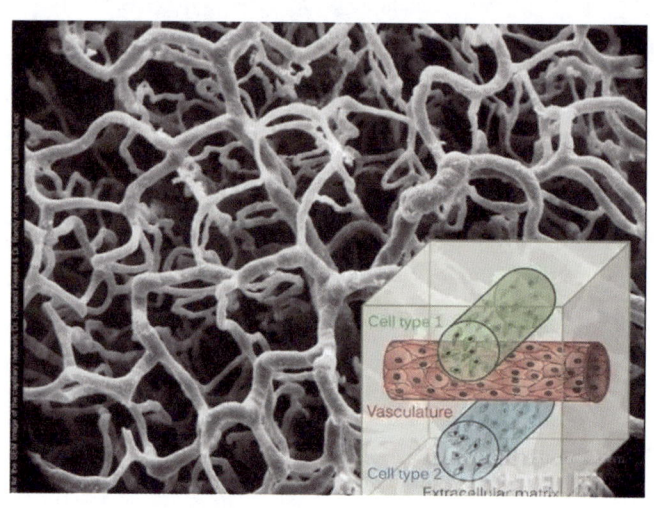

图 7.10　人工组织 3D 打印

哈佛大学的研究人员在整个打印过程中使用了三种生物墨水。其中第一种墨水含有细胞外基质，这是一种由水、蛋白质和碳水化合物构成的复杂混合物，用于连接每个细胞，从而形成一个组织。第二种墨水包含细胞外基质和干细胞。第三种用于打印血管，这种墨水在冷却过程中融化，所以研究人员可以从冷却的物质中将墨水抽出来，并保留空心管。

## 7.6　广东省增材制造 3D 打印政府建议

### 7.6.1　总体指导思想

发展增材制造技术，应明确指导思想。深入贯彻落实中共中央全面深化改革和广东省委、省政府加快创新驱动发展的战略部署，以占领增材制造技术和产业的制高点为总目标，充分发挥市场对创新资源配置的决定性作用，强化政府对增材制造技术发展与技术创新的统筹和引导作用，聚焦增材制造产业发展、科技创新的重点领域和关键环节，着力突破一批关键核心技术，推动增材制造科技成果转化，建设重大科研基地和平台，有效提升广东省自主创新能力和产业竞争力，为经济社会全面转型升级提供强有力的支撑引领。

## 7.6.2 坚持三大原则

**坚持市场导向原则。** 充分发挥市场对增材制造技术研发、各类创新要素配置的导向作用，立足全省产业转型升级、企业创新发展的实际和需求，凝练、找准增材制造技术的核心关键技术和战略产品领域。面向企业技术需求编制项目指南，遴选有条件的企业牵头组织实施产业导向类科研项目，强化企业的技术创新主体地位。

**坚持三链融合原则。** 坚持产业链、创新链与资金链相融合，系统推动增材制造技术重大科技专项的组织实施。瞄准主导产业链上下游的关键节点，广泛集聚创新资源，形成与产业链高度吻合的创新链；整合财政资金、金融资本、民营资本等资源，形成高效配套的资金链，满足产业链和创新链上各类主体创新发展的资金需求。

**坚持集群推进、协同创新。** 在重大研发平台建设、产业园区建设、科研团队引进、产学研合作等方面，整体推进实施，完善产业生态和创新链条，培育形成高端产业集群和创新集群。强化上下联动、横向协调，积极与国家有关部委沟通对接，完善"三部两院一省"产学研合作机制，加强省市联动和部门协同，大力推进增材制造产业技术创新联盟建设，促进省市有关部门、企业、高校、科研单位等多主体协同创新，形成推动重大科技专项实施的合力。

## 7.6.3 实施路径

以产业链、创新链、资金链"三链"融合为主要抓手，创新增材制造重大科技专项组织实施方式，促进科技与经济紧密结合，加快增材制造技术科研成果产业化步伐。

促进"三链融合"，坚持整体推进。依托产业链上下游的骨干企业、重点科研单位和主要集聚区域等，进一步整合技术、人才、成果和信息等创新资源，充分利用国家、省、市等各级财政资金，以及传统金融机构的金融资本、各类投资资金和基金、民营资本等，实现"三链融合"，促进增材制造科技成果产业化。与此同时，坚持将科技人才培养与增材制造科技专项的组织实施结合起来，在创新实践中为广东省增材制造技术引进人才、培养人才、凝聚人才。完善各类人才管理服务体系和考核评价机制，加快建设一支规模宏大、富有创新精神、敢于承担风险的增材制造技术研发人才队伍。

为此，制定增材制造技术重大专项关键突破点如下：

突破掌握一批核心关键技术。重点聚焦增材制造（3D打印）技术的关键核心技术。

研发推广一批重大战略产品。

强化原始创新和集成创新，在增材制造领域加速突破形成重大战略产品，并对重大新技术、新产品进行示范推广，培育高新技术品牌，辐射产业链整体发展。

全力构建一批高水平、集研发与应用一体的平台，联合产业链的上下游企业以及相关高校、科研院所，组建产业技术创新联盟和面向区域或行业发展的协同创新中心。

在重点领域培养和凝聚一批高水平的科技人才队伍，培养学术和技术带头人。

### 7.6.4 保障措施

**（一）加强组织领导。** 重大科技专项的组织实施由省政府宏观指导，省科教领导小组统筹协调，省科技厅牵头落实。建立重大科技专项专家决策咨询机制，组建总体专家组和各专项专家组。建立国家、省、市联动机制，加强与国家科技重大专项的对接与配套；引导全省各地市和有关部门的计划、项目、资金等创新资源形成合力，做好重大科技专项成果转化和产业化的对接，带动新兴产业和创新型产业集群发展壮大。

**（二）强化顶层设计。** 紧贴国际产业和技术发展前沿，借鉴发达国家科技攻关和产业培育经验，建立定位准确、组织健全、分工明确、管理有效、保障得力的重大科技专项运行机制，完善项目筛选论证、"政产学研用"协同创新、多级联动、绩效管理等机制，健全重大科技专项项目相关管理规定和制度，加强项目实施全过程监管。强化总体实施方案与各专项实施方案的衔接，加强重大科技专项与国家和省"十三五"发展规划的衔接，确保重大科技专项"有影响、有创新、有成效"。开展国际产业技术发展跟踪研究，建立科学的重大科技专项统计方法，研究制定重大科技专项配套政策等。

**（三）分类推进核心技术攻关及产业化。** 通过专家论证和编制技术路线图等方式，重点凝练和研发核心技术。掌握一批处于国际产业、技术发展前沿，我省与国际先进水平基本同步，提升我省国际地位和声誉的"明星级"技术。支持企业突破一批创新链研究开发后期、产业链成果转化阶段，具有重大引领作用的"卡脖子"技术。支持行业创新平台攻克一批符合区域发展规划、制约地方产业转型升级的"牛鼻子"技术。

**（四）建立多元化投入机制。** 针对自主研发、技术引进等不同类型项目以及项目实施的不同阶段，通过政府扶持、资本市场融资、企业兼并重组等方式，有序引导财政资金、企业自有资金、产业资金、风险投资资金、社会资本等加大投入。一是组织金融机构等参与调研筛选和论证评审，提供专业咨询并制定相应的融资方案；邀请产业资金、股权投资基金等参与项目管理，及时了解并有效对接项目实施和依托单位的资金需求。二是及时汇总项目科技成果，召开成果转化对接会，鼓励依托单位通过企业并购重组等方式获取知识产权，推动重大科技专项成果产业化。三是发挥财政资金的杠杆作用，加大省战略性新兴产业发展扶持基金的投入，加快建立重大科技专项产业投资基金，充分发挥省战略性新兴产业创业投资引导基金的引导带动作用，吸引社会资本发起设立创业投资基金，拓宽重大科技专项项目融资渠道。四是省有关部门加强协同配合，共同加大财政资金对重大科技专项及产业化的投入。

**（五）建立健全平台载体。** 一是发挥高新区和专业镇在组织重大科技专项中的主要载体作用，打造若干个创新型产业集群，促进重大科技成果实现产业化。二是发挥大中型企业的创新骨干作用，支持其牵头承担重大科技专项，并建立完善企业工程（技术）研究中心、工程实验室、企业技术中心、企业重点实验室等研发机构，牵头组建产业技术创新联盟和产业共性技术研发基地，加强产业共性技术研发和成果推广运用。

三是结合重大科技专项的实施，建设和完善各类孵化器，培育科技型中小企业，培养创新型人才。

**（六）做好舆论宣传工作。** 充分利用督查专报、政务信息报送等形式，及时报送重大科技专项的实施进展情况。加强与新闻媒体和社会公众的互动，宣传报道重大科技专项的实施情况及成效，形成关心、了解、支持重大科技专项的良好环境和舆论氛围。

## 7.6.5 实施进度

**（一）策划启动（2014年）。** 完成重大科技专项的总体方案和各专项实施方案，制定管理办法，编制申报指南，建立咨询专家组。根据各专项进展情况，按照"成熟一批、实施一批"的原则，陆续发布项目申报指南，完成重大科技专项的评审立项、项目和资金下达等工作。

**（二）重点推进（2015—2017年）。** 推进重大项目、平台载体、产业化基地、孵化器的建设；引进和培养科研团队和领军人才；开展对重大科技专项的中期考核，视考核情况予以滚动支持和动态调整。

**（三）总结推广（2018年）。** 完成各重大科技专项的结题验收和总体评估工作，形成绩效评估报告；组织重大科技成果的推广应用和宣传报道。

# 附　录

## 一、路线图绘制过程

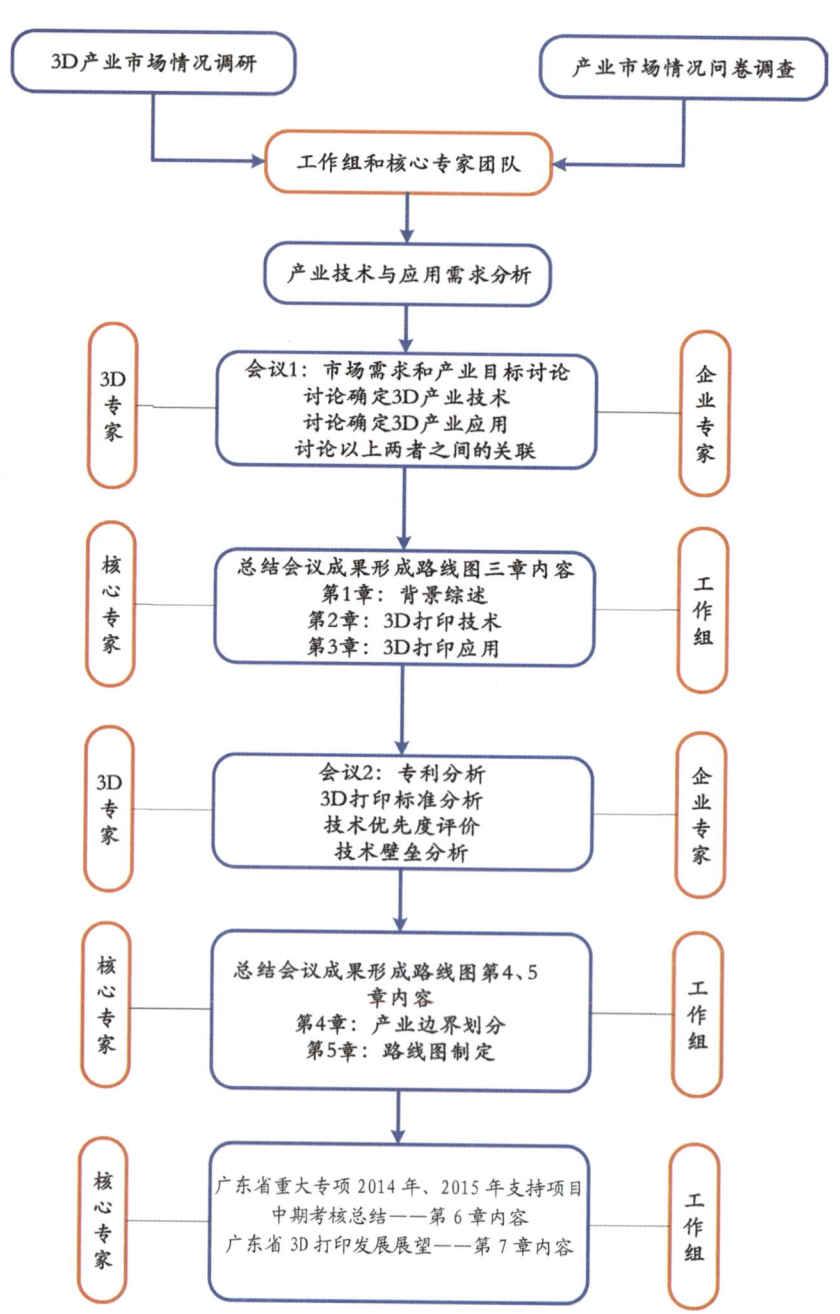

路线图启动仪式

省外专家讨论会

（前排左起：华南理工大学刘斌，华南理工大学杨永强，华中科技大学史玉升，西安交通大学李涤尘，上海交通大学王成焘，清华大学林峰；后排左起：华南理工大学王迪，广东省增材制造协会秘书长陈孝超，华南理工大学宋长辉）

省内专家研讨会

（参与专家：广州迈普再生医学科技有限公司徐弢，南方医科大学基础医学院黄文华，华南农业大学周武艺，五邑大学尹荔松，华南理工大学刘斌，深圳大学劳长石，广东工业大学伍尚华，韶关学院吴伟辉，广州市 3D 打印协会会长李一奇，华南理工大学杨永强，华南理工大学宋长辉）

路线图工作组到省内相关企业调研

## 二、路线图绘制过程调研单位名单

华南理工大学、广东工业大学、中科院电子所、深圳大学、南方科技大学、南方医科大学、中山大学附属医院、广州有色金属研究院、广州迈普再生医学科技有限公司、广州市杉迪产品设计有限公司、广州市优而特电子有限公司、广州市3D打印产业园、广州市文博智能科技有限公司、广州市网能产品设计有限公司、广州市捷和电子科技有限公司、广东波斯科技股份有限公司、广州谦辉信息科技有限公司、广州中望龙腾软件股份有限公司、广州建锦道自动控制科技有限公司、广州三的模型设计有限公司、广州市维博产品设计有限公司、广州市大业工业设计有限公司、广州立铸电子科技有限公司、广州闪固电子科技有限公司、广州优塑塑料科技有限公司、广州市阳铭新材料科技有限公司。

## 三、路线图专家名单

| 南方医科大学 | 钟世镇院士 |
| --- | --- |
| 华南理工大学 | 瞿金平院士 |
| 华南理工大学 | 刘斌教授 |
| 广州迈普再生医学科技有限公司 | 徐弢总经理 |
| 南方科技大学 | 韩品连教授 |

| 华南师范大学 | 张庆茂教授 |
|---|---|
| 中科院电子所 | 李耀棠所长 |
| 广州医科大学附属口腔医院 | 葛林虎院长 |
| 南方医科大学 | 黄文华教授 |
| 广东工业大学 | 伍尚华教授 |
| 五邑大学 | 尹荔松教授 |
| 广东工业大学 | 杨海东教授 |
| 深圳市七号科技有限公司 | 李子夫总经理 |
| 番禺职业技术学院艺术设计学院 | 张来源院长 |
| 佛山职业技术学院 | 陈开源教授 |
| 广州医科大学附属口腔医院 | 周苗主任 |

## 四、路线图工作组名单

张自勉　周　权　肖　然　林康杰　陈　杰　付　凡　吴世彪

## 五、路线图绘制参考资料

[1] 广东省科技厅　　　　　　网址：http://www.gdstc.gov.cn/
[2] 南极熊　　　　　　　　　网址：http://www.nanjixiong.com/
[3] 3D 科学谷　　　　　　　 网址：http://www.51shape.com/
[4] 华融证券专题报告　　　　网址：www.hrsec.com.cn
[5] 中国工控网　　　　　　　网址：www.gongkong.com
[6] 敏科　　　　　　　　　　网址：www.smartech.cn
[7] GBI 研究　　　　　　　　网址：www.gbiresearch.com
[8] 华融证券　　　　　　　　网址：http://www.hrsec.com.
[9] 中国专利局　　　　　　　网址：www.cnpat.com.cn
[10] 西南证券　　　　　　　 网址：www.swsc.com.cn
[11] 德国 EOS 公司　　　　　网址：www.EOS.com
[12] 比利时 materialise 公司　网址：www.materialise.com
[13] 欧洲空间局　　　　　　 网址：www.EAS.com
[14]. 沃勒斯合伙公司　　　　网址：www.Wohlers Associates.com
[15]. 日本沙迪克　　　　　　网址：http://www.sodick.com/
[16] 3D System 公司　　　　　网址：https://www.3dsystems.com/
[17] Stratasys 公司　　　　　　网址：http://www.stratasys.com/
[18] Ciba（瑞士）公司　　　　网址：http://www.Ciba.com/
[19] Dupont（美国）公司　　　网址：http://www.Dupont.com/

[20] Zeneca（英国）公司　　　　网址：http://www.Zeneca.com/
[21] RPC（瑞士）公司　　　　　网址：http://www.RPC.com/
[22]《国家增材制造发展推进计划(2015-2016年)》
[23]《加快广东省3D打印技术和应用产业发展实施方案》
[24]《2013年美国3D打印产业发展环境及态势分析》
[25]《美国1998年3D打印技术路线图》
[26]《AM-and-AMC-Summary-Jan-2012》
[27]《中国制造2025》
[28]《国家"十三五"规划》
[29]《成都3D打印产业技术路线图》
[30] ISO/TC 261"Addtitive Manufacture"会议/机械制造系统工程国家重点实验室
[31]《美国增材制造（3D打印）国家战略与技术路线图》
[32]《欧盟增材制造（3D打印）国家战略与技术路线图》
[33]《亚太增材制造（3D打印）国家战略与技术路线图》
[34]《国内增材制造（3D打印）国家战略与技术路线图》
[35]《北京市文化创意产业提升规划(2014-2020年)》
[36]《江苏省三维打印技术发展及产业化推进方案（2013—2015年）》
[37]《四川省增材制造产业（3D打印）发展路线图（2014—2023）》
[38]《广州市荔湾区关于加快3D打印产业发展的实施意见》